성장과 배움을 잇는 평가의 변화

평가, 수업이 되다

평가, 수업이 되다

초판 1쇄 발행 2025년 11월 7일

지은이 | 이명섭, 고은정, 김형식, 정윤리, 박은정, 최미현
발행인 | 최윤서
편집 | 정지현
디자인 | 김수경
마케팅 지원 | 최수정
펴낸 곳 | ㈜교육과실천
저자 강의·도서 구입 | 02-2264-7775
인쇄 | 031-945-6554 두성 P&L
일원화 구입처 | 031-407-6368 ㈜태양서적
등록 | 2020년 2월 3일 제2020-000024호
주소 | 서울특별시 중구 창경궁로 18-1 동림비즈센터 505호

ISBN 979-11-995303-0-0 (13370)
정가 20,000원

성장과 배움을 잇는 평가의 변화

평가, 수업이 되다

이명섭
고은정
김형식
정윤리
박은정
최미현

교육과실천

추천의 글

여전히 대한민국 교육은 '평가'의 늪에 빠져 있다. 우리가 이 늪에 빠져 허우적대는 동안 세계는 미래 교육의 여정을 시작했다. 이제는 교육의 본질을 되찾기 위한 근본적인 변화가 필요하다. 그것은 '평가'가 곧 '수업'이 되고, 학생 개개인의 성장을 돕는 과정이 되어야 한다.

이 책은 이러한 시대적 요구에 가장 실천적이고 구체적인 방법으로 해결책을 제시한다. 오랜 기간 교육 현장에서 평가와 수업 혁신을 고민해 온 여섯 분의 현직 교사가 쓴 이 원고는, '과정중심평가'와 '피드백'이 어떻게 학생의 자기 주도적 학습 능력과 사고력을 키우는 실질적인 무기가 되는지를 생생하게 보여 준다.

책 속에는 정답만을 찾아 헤매던 평가를 멈추고, 학생의 '배움의 경로'를 따라가며 다음 단계로 안내하는 교사들의 치열한 고민과 빛나는 성과가 담겨 있다. 수행평가 설계의 노하우부터 동료 평가와 자기 평가를 활용해 학생들에게 성찰의 기회를 제공하는 방법, 그리고 무엇보다 교실 환경과 과도한 업무 부담 속에서도 전문성을 잃지 않고 교육 혁신을 이끌어 가는 교사들의 진솔한 목소리가 깊은 공감을 불러일으킨다.

이 책은 '수업과 평가가 학생 성장의 전 과정으로 이어져야 한다'는 교육의 궁극적인 목표를 재확인한다. 평가의 본질에 대한 고민을 넘어, 당장 내일 교실에서 적용할 수 있는 구체적인 도구와 용기를 얻고자 하는 모든 교사, 그리고 자녀의 진정한 성장을 바라는 학부모들께 이 책을 강력히 추천한다. 평가를 통해 교실을 바꾸고자 하는 모든 이들에게 필독서가 될 것이다.

김덕년(생태교육연구소장, 『주도성』 저자)

일체화를 만나기 전 '평가를 위한 수업'을 했고, 때로는 평가와 수업이 전혀 다르게 수업은 활동식이지만 평가는 수능식으로 하기도 했다. 그러다 '교수평기 일체화'를 만나면서 비로소 깨달았다. 평가는 수업의 끝이 아니라 수업의 시작이자, 학생이 배우는 순간을 다시 비추는 거울이라는 것을. 이 책은 그 깨달음을 하나의 여정처럼 담아낸다. 교육과정에 기반한 수업–평가를 풀어주는 이야기를 다 읽고 나면 이런 생각이 든다. 수업은 평가를 닮고, 평가는 수업으로 완성된다. 이 책은 교사와 학생이 함께 성장하는 수업을 꿈꾸게 만든다. '평가가 수업이 되는 길'을 찾고자 하는 모든 교사에게, 이 책을 진심으로 추천한다.

고민성(운유고등학교 수석교사, '교수평기 일체화' 연구회장)

여는 글

평가는 왜 수업이 되어야 하는가

정적이 흐르는 교실, 학생들이 책상에 앉아 시험을 보고 있다. 교사는 교실 앞에서 시계를 바라보며 시험을 감독한다. 정해진 시간이 끝나면 답안지를 걷어 가고, 며칠 후 점수가 돌아온다. 학생들은 자신의 점수를 확인하고, 성적표 속 숫자로 자신의 위치를 가늠한다.

이 풍경 자체는 자연스럽다. 한 학기 동안 배운 것을 정리하고 확인하는 과정으로서의 시험은 분명 의미가 있다. 문제는 이 한 번의 시험 결과가 학생의 모든 성취를 대변하게 되고, 오직 점수와 등급으로만 학습의 결과를 판단하는 현실이다. 더 큰 문제는 이 시험이 학생들의 성장을 확인하고 지원하는 도구가 아니라, 학생들을 측정하고 변별하는 수단으로만 기능한다는 점이다.

시험은 끝났지만, 학생들은 정작 자신의 학습 상태를 알지 못한다. 시험을 통해 확인된 학습의 성과나 부족한 부분에 대한 구체적인 피드백은 제공되지 않는다. 점수는 나왔지만 무엇을 더 배워야 하는지, 어떤 부분에서 성장했는지는 여전히 미지수다. 평가가 끝나는 순간, 성장을 위한 학습 또한 멈춰 버렸다.

교육과정과 평가 체제의 모순

이러한 평가 방식의 문제는 2022 개정 교육과정이 추구하는 '모두를 위한 교육과정'과 정면으로 충돌한다. 어떤 학생도 소외시키지 않고, 모든 학생의 성장을 지원하겠다는 교육목표와 상대평가, 변별 중심의 평가 방식은 근본적으로 양립할 수 없다. 상대평가는 필연적으로 승자와 패자를 나누며, 일부 학생들을 소외시킬 수밖에 없기 때문이다.

최근 도입된 고교학점제는 이러한 모순을 더욱 선명하게 드러낸다. 학생의 진로와 적성에 맞는 과목을 선택하고 이수하는 '선택 중심 교육과정'을 지향하면서도, 평가 체제는 여전히 학생들을 성적순으로 줄 세워 경쟁을 유발하는 상대평가에 머물러 있다. 그 결과 학생들은 자신의 흥미나 진로보다는 '성적을 잘 받을 수 있는 과목'을 선택하고, 수강생이 적은 과목은 등급을 받기 어려워 폐강된다. 토론과 프로젝트 같은 협력적 학습은 상대평가 체제에서 설 자리를 잃는다.

또한, 교육과정은 최소 성취수준 보장이라는 절대평가적 제도를 설계했지만, 대학 입시와 연계된 내신 관리에서는 여전히 상대평가적 등급 산출이 요구된다. 이러한 모순적 상황은 평가의 공정성 논란을 불러일으킬 뿐만 아니라, 교사 스스로도 평가 철학의 혼란을 경험하게 만든다.

결국 '모두를 위한 교육과정'이 진정으로 구현되려면 평가 방식의 근본적 전환이 필요하다. 평가는 학생들을 줄 세우는 도구가 아니라, 각자의 출발점에서 어디까지 성장했는지를 확인하고, 다음 성장을 위한 발판을 마련하는 과정이 되어야 한다.

평가 본질의 회복 : 진단에서 처방으로

평가란 원래 '사람을 진단하여 처방하는 것'이다. 루돌프 슈타이너(Rudolf Steiner)가 말했듯이 학생은 늘 과제이고 수수께끼이며, 학생을 본질적으로 이해하려는 것이야말로 진실한 교육이다. 존 듀이(John Dewey)는 평가를 "학생들의 실제 학습과 적용을 이해하는 과정"으로, 비고츠키(Lev Vygotsky)는 "학생의 현재 능력뿐만 아니라 잠재적 발달 가능성을 파악하는 과정"으로 보았다.

이러한 관점에서 보면, 평가는 학습자가 배운 것을 제대로 배웠는지를 되물어 이해 정도와 성장 가능성을 파악하고 구체적인 피드백을 제공하는 과정이어야 한다. 그런데 현재 우리 교육 현장에서는 선발을 위한 변별성이 평가의 주된 목적이 되면서 이러한 본질이 망각되고 있다. 객관성을 중시하고 기계적인 채점을 선호하면서 정작 '배워야 할 것을 제대로 배웠는지'를 되묻는 것 자체가 불가능해지고 있다.

현실과 이상 사이의 실천적 모색

우리는 이러한 현실적 딜레마를 인정하면서도, 그 속에서 교육적 가능성을 찾고자 하였다. 기존의 평가 관련 도서들이 주로 이론적 담론이나 일반적인 방법론에 머물렀다면, 우리는 실제 교실에서 겪는 구체적인 갈등과 고민을 바탕으로 실천 가능한 대안을 제시하고자 하였다. 우리 책의 특징은 다음과 같다.

첫째, 교육과정-수업-평가-기록의 일체화를 지향하며 평가를 독립된 활동이 아닌, 교육과정 및 수업과 연결된 하나의 통합적 과정으로 바라본다. 성취기준을 중심으로 수업을 설계하고, 그 수업에서 배운 것을 그대로 되묻는 평가를 통해 진정한 의미의 '수업-평가'를 구현한다. 이는 단순히 평가 방법의 개선이 아니라, 교육 패러다임의 근본적 전환을 의미한다.

둘째, 변별과 성장의 현실적 조화를 모색하면서 성장 중심 평가의 이상을 제시하되, 여전히 변별이 필요한 현실을 외면하지 않는다. '학습 결과로서의 평가'와 '학습으로서의 평가'가 평화롭게 공존할 수 있는 방안을 탐색한다. 수행평가의 일부를 온전한 피드백 평가로 활용하거나, 지필평가에서도 배운 것을 그대로 되묻는 타당성 높은 문항을 개발하는 등의 구체적 전략을 제시한다.

셋째, 교사의 전문성과 자율성을 강조하며 교사가 단순히 주어진 교육과정을 전달하는 존재가 아니라, 성취기준을 해석하고 재구성하여 자신의 교실에 맞게 교육과정을 구현하는 전문가임을 부각한다. 성취기준을 재구성하여 '내 교실 아이들'에게 맞게 수업-평가를 설계한 과정, 변별과 성장 사이에서 고민하며 찾아낸 피드백 중심 평가의 실제, 삶과 연계된 프로젝트 기반 평가의 구체적 실천은 교사가 교육과정의 주체가 될 수 있음을 보여 준다.

교실에서 시작되는 변화의 힘

우리는 일상의 교실에서 시작한 작은 변화들을 소개하고 있다. 교사들의 실천이 모여 학교를 바꾸고, 학교의 변화가 모여 제도를 바꾸는 힘이 된다는 믿음에서다.

성취기준 기반의 수업–평가, 학생의 삶과 연계된 프로젝트, 성장을 돕는 피드백, 개별 맞춤형 모니터링은 거창한 구호가 아니라 오늘 당장 우리 교실에서 실천할 수 있는 구체적인 방법이다.

"평가가 수업이 될 때, 교육과정은 모두를 위한 것이 된다."

변별과 선발을 위한 평가에서 성장과 배움을 위한 평가로의 전환. 그 길 위에서 모든 학생이 자신만의 속도로 성장하며, 교사들은 그 성장을 세심하게 지원하는 전문가로 서게 될 것이다. 이것이 바로 우리가 꿈꾸는 '모두를 위한 교육'의 모습이다.

목차

2부. 수행평가, 수업이 되다

4장. 삶과 연계된 수업-평가

5장. 피드백이 있는 수업-평가

6장. 프로젝트 수업-평가

3부. 지필평가, 수업이 되다

1부

성취기준,
평가를 이끌다

1장

성취기준 기반 수업-평가의 필요성

1. 평가의 본질과 교육적 가능성

가. 평가란 무엇일까

평가란 원칙적으로 '사람을 진단하여 처방하는 것'이다. 본질적으로는 평가자의 주관적 가치판단을 전제로 하는 인간다운 행위라고 할 수 있다. 그런데 현재 우리 교육 현장에서는 선발을 위한 변별성이 평가의 주된 목적이 되면서, 이 인간다운 행위가 오히려 논란거리가 되고 있다. 객관성을 더 중시하게 되고, 때로는 기계적인 채점을 더 선호하게 된 것이다. 그것이 평가의 공정성과 신뢰성을 높이는 가장 좋은 방법이라고 생각하기 때문이다. 이로 인해 논술형 평가나 수행평가처럼 주관성이 개입될 가능성이 높은 평가 방식은 학교 현장에서 기피되고 있다.

결국 타당성 있는 평가의 본질인 '배워야 할 것을 제대로 배웠는지'를 되묻는 것 자체가 불가능해지고 있다. 이는 결코 바람직한 방향이 아니다.

그렇다면 공정성과 타당성을 함께 보장하는 평가는 불가능한 것일까? 평가의 본질인 타당성을 유지하면서도, 현실적인 문제인 공정성과 신뢰성을 양립시키는 방안을 고민해 볼 수는 없을까? 이를 위해서 우선 교육적 평가가 무엇인지에 대해 근원적으로 살펴볼 필요가 있을 것이다.

교육에서 평가는 물음의 형태로 존재하며, 그 방향은 대부분 학습자를 향하고 있다. 그렇다면 평가는 학습자의 무엇을 묻는 것일까? 어떻게 묻고 있을까? 왜 묻고 있는 것일까? 이 세 가지 질문에 답함으로써 교육적 평가가 근원적으로 무엇인지 살펴보고자 한다.

(1) 평가는 무엇을 묻고자 하는가

평가는 학습자가 학습한 과정과 결과를 측정하는 것이다. 즉, 학습자가 주어진 교육목표에 얼마나 달성했는지를 파악하는 것이라 할 수 있다.

'평가'에 대한 대표적인 학자들의 견해를 살펴보면, 듀이는 "학생들의 실제 학습과 적용을 이해하는 과정"이라고 하여 실제적 이해와 적용에 중점을 두었고,[1] 비고츠키는 "학생의 현재 능력뿐만 아니라 잠재적 발달 가능성을 파악하는 과정"이라고 정의하며 단순 이해를 넘어선 잠재적 가능성 파악을 강조하였다.[2] 스티긴스(Richard J. Stiggins)는 "학습 과정에서의 피드백을 제공하는 과정"이라고 하여 배운 것을 다시 확인하는 과정 자체를 중시하였다. 세 학자의 견해를 종합하면, 교육적 평가를 다음과 같이 정의해 볼 수 있다.[3]

평가란, 학습자가 배운 것을 제대로 배웠는지를 되물어, 배운 것에

1 Dewey, J.(2018). 경험과 교육. 강윤중 역. 배영사. (원서 출판 1938)
2 Vygotsky, L. S.(2021). 사고와 언어. 이병훈, 이재혁, 허승철 역. 연암서가. (원서 출판 1934)
3 Stiggins, R., & Chappuis, J.(2012). Student-Involved Assessment: For Learning(6th ed.). Pearson Education.

대한 이해 정도와 가능성을 파악하고 피드백을 제공하는 과정이다.

구체적으로 평가는 다음과 같은 역할을 한다.

- 학습자가 얼마나 배웠는지를 묻는다.
- 배울 것을 제대로 배웠는지를 확인한다.
- 제대로 배우지 못한 부분은 무엇인지를 파악하고 다시 익히게 한다.
- 앞으로 무엇을 더 배울 수 있는지를 가늠하고 계획할 수 있도록 한다.

(2) 평가는 어떻게 묻고 있는가

평가는 기본적으로 측정 도구의 '타당성'과 '신뢰성'을 확보해야 한다. 타당성은 '제대로 측정하고 있는가?' 또는 '얼마나 적합하게 측정하고 있는가?'에 대한 답이다. 신뢰성은 '일관성 있게 측정하고 있는가?' 또는 '안정적으로 측정하고 있는가?'에 대한 답이다. 이 두 가지는 서로 상호 보완적인 관계에 있다.

신뢰성이 없는 평가는 타당할 수 없다. 신뢰성을 높이기 위한 가장 좋은 방법은 이미 신뢰성이 입증된 표준화된 평가 도구를 사용하는 것이다. 우리가 흔히 평가를 체계화하는 이유도 대부분 이 신뢰성을 높이기 위한 것이다.

그러나 신뢰성이 높다고 반드시 타당한 것은 아니다. 평가의 목적 자체가 잘못 설정되어 있을 경우, 아무리 정확하게 측정하고 안정적으로 진단한다 해도 정확하게 측정된 평가라 일컬을 수 없다. 이는 마치 화살을 쏠 때 10점에 맞추지 못하고 계속 7점짜리만 맞추는 것과 같기 때문이다.

유형 중심의 선다형 문항은 신뢰성이 높다. 그러나 과연 배울 것을 제대로 측정하고 있는지에 대한 타당성은 의심받고 있다. 문항에서 공정한 변별을 너무 강조하다 보니, 신뢰성은 높지만 목적을 잃어버린 평가를 하고 있다는 반성을 하게 된 것이다.

타당성을 높이기 위해서는 평가의 목적을 명확하게 밝혀야 한다. 무엇을 평가하는지, 그것을 왜 평가해야 하는지를 명확하게 해야 한다는 것이다. 이는 결국 배워야 할 것을 제대로 배웠는지를 되묻는 과정이어야 한다.

(3) 왜 평가를 하는가

타당성을 높이기 위한 질문, 즉 '왜 평가를 하는가?' 에 대한 해답은 존재할 수 있을까? 사실 이는 평가를 이야기할 때 가장 논란이 많은 부분이다. 학교 현장에서 교사들이 가장 곤혹스러워하는 부분이기도 하다.

평가의 목적에 대해서는 두 가지 현상이 존재한다. 하나는 '구별과 선발을 위한 변별' 이고, 다른 하나는 '진단에 따른 학습적 처방' 이다.

① 변별을 목적으로 하는 인도의 사례

인도는 평가의 주된 목적을 변별에 두는 대표적인 국가이다. 이 나라의 학생 수는 약 2억 7천만 명인데, 그들 중 약 0.1%의 학생들만이 치열한 입시 경쟁을 통해 인도의 유명한 공대에 입학할 수 있다. 이렇게 선발된 소수의 탁월한 능력자들은 세계적인 엔지니어로 인정받으며, 실제로 미국의 실리콘밸리나 삼성의 연구소 등에서 크게 활약하고 있다. 이들이 인도 경제를 발전시키는 원동력이 되고 있는 것도 사실이다.

그러나 이러한 엘리트 교육의 긍정성 뒤에는 더 어두운 현실이 존재한다. 엘리트 교육에 집중하다 보니 상대적으로 기초교육에 소홀해진다는 점이다. 실제로 인도의 10세 아동 중 26%만이 기본적인 나눗셈을 할 수 있다는 통계가 있다. 더군다나 이 치열한 경쟁에서 이기기 위해 수단과 방법을 가리지 않는 교육열이 시험장에서 학부모들이 사다리를 타고 올라가 커닝페이퍼를 전달하다 떨어지는 장면으로까지 이어지고 있다. 결국 이러한 시스템은 승자독식으로 인한 사회적 양극화를 심화시키는 결과를 낳고 있다.

② 처방을 목적으로 하는 독일의 사례

반면 '무엇을 배우고, 무엇을 배우지 못했는가?'를 진단하여 더 잘 배울 수 있도록 처방하는 목적도 존재한다. 독일의 경우가 좋은 예이다. 제2차 세계대전 전 독일은 국가적 이데올로기에 부합하는 인재만이 성공할 수 있도록 하는 끔찍한 경쟁 위주의 선발 방식 교육 시스템을 가지고 있었다. 레마르크(Erich Maria Remarque)의 소설 『서부전선 이상 없다』를 보면, 주인공 파울이 전쟁터에서 겪은 끔찍한 경험을 통해 우월주의 학교 교육의 문제점을 비판하는 장면이 나온다.

> 파울은 참호 속에서 죽어가는 친구를 보며, 학교에서 배운 국가와 영웅에 대한 숭배가 얼마나 허망한 것인지 깨닫습니다. 그는 전쟁이라는 이름 아래 인간성이 얼마나 쉽게 훼손될 수 있는지, 그리고 교육 시스템이 개인을 얼마나 기계처럼 만들 수 있는지 깨닫게 됩니다.[4]

이러한 비인간적 경쟁 교육 시스템이 히틀러라는 괴물을 키웠고, 결국 세상을 전쟁이라는 비극으로 몰아넣었다. 제2차 세계대전 패망 후에야 독일은 이러한 교육의 잘못을 깨닫게 된다. 1등을 위한 교육이 아니라 모두의 깊이 있는 사고를 위한 시스템으로 전환한 것이다. 평가도 구술과 논술평가 위주로 바꾸고, 과정과 문제해결 능력, 과정중심평가 등을 중요시하도록 하였다. 모든 학생의 성장을 위한 진단과 처방을 평가의 목적으로 삼고 있는 것이다.

(4) 교육적 평가의 종합적 정의

위에서 평가는 무엇을, 어떻게, 왜 묻는 것인지에 대해 살펴보았다. 이에 따라 교육적 평가의 의미를 다시 정리하면 다음과 같다.

> 평가란, 학생들의 학습 과정과 결과를 체계적으로 측정(진단)하여 교육목표 달성 여부를 판단하고, 더 나아가 학습 효과를 높이기 위한 다양한 방안을 처방하거나 변별하는 과정이다.

간략하게 정리하면, 평가는 학습자가 배울 것을 제대로 배웠는지를 되물어 진단하고, 변별하거나 처방하는 전 과정이라 말할 수 있다.

4 Remarque, E. M. (2020). 서부전선 이상 없다. 김훈 역. 을유문화사. (원서 출판 1929)

나. 평가의 현장성, 방향성 그리고 가능성에 대해 고민해 보기

그렇다면 현재 우리나라의 평가는 어떤 모습을 가지고 있을까?

(1) 우리나라 평가의 현실

첫째, 학습의 처방을 위한 절대평가와 변별을 위한 상대평가가 공존하고 있다. 성취평가제 도입으로 개인적 성장을 위한 학습으로서의 평가를 지향하고 있으나, 현실적으로는 진학을 위한 변별 중심의 상대평가가 더 중시될 수밖에 없는 어려움에 놓여 있다.

둘째, 타당성보다는 신뢰성과 공정성을 중시하는 평가 문화가 자리 잡고 있다. 입시 위주의 평가를 중시하다 보니 '배운 것을 제대로 측정했는가?' 보다는 '변별할 수 있는가?' 에 더 큰 관심을 가지고 있다.

결국 지금 우리나라의 평가는 '선발' 과 '성장' 이라는 양면을 동시에 실현해야 하는 딜레마 상황이라고 볼 수밖에 없다. 그래서 우리나라의 교사들은 성장중심평가, 과정중심평가도 고민해야 하고, 변별적 공정성을 바탕으로 한 1등급 만들기, 이의 제기를 받지 않기 위한 출제 오류 없애기도 해야 하는 등 평가에 대한 고민이 깊어질 수밖에 없는 현실에 놓여 있는 것이다.

(2) 딜레마 해결의 가능성

그렇다면 이러한 딜레마에서 벗어날 수 있는 가능성은 존재할까?

사실 이 문제를 학교 현장이나 교사들이 해결하기에는 역부족이다. 평가에 대한 제도와 문화의 변화가 우선되어야 하기 때문이다. 또한 평가의 기본인 '가르친 자가 평가한다' 라는 원칙에 입각하여 교사의 자율적 평가권이 확대되어야 하는데, 현재로서는 쉽지 않은 상태이다. 그럼에도 불구하고 일정 부분 학교 현장에서, 그리고 교사가 노력해야 할 부분도 남아 있다고 믿는다. 교육의 주체로서, 또 교육 전문가로서, 무엇보다도 학생들과 마주하고 직접 수업과 평가를 해야 하는 현장 교사의 입장에서 이 문제를 풀어 가려는 고민과 노력은 필요하다고 본다.

(3) 교사 차원의 실천 방안

첫째, 평가의 현실성에 바탕을 두되, 평가의 방향성을 잃지 않는 것이 중요하다.

우리나라 평가 현실이 가진 부정적 모습이 무엇인지를 먼저 인지해야 한다. 학습 결과로서의 평가 시스템은 결국 소수의 승자만이 성공하게 되는 승자독식의 구조에서 벗어나기 어렵다는 점이다. 이러한 시스템에서 학습자는 다음과 같은 말들을 하게 된다.

"저번 시험보다 반 등수가 4등이나 올랐어."
"다행히 이 문제는 다른 친구들도 다 틀렸네."
"점수는 올랐는데 등수는 떨어져서 속상해."

교사들도 소수의 학생들을 변별하기 위해 시험 문제를 어렵게 내야 한다는 현실적 강박관념에 빠질 수밖에 없다. 이 현실에서 머리를 들어 평가의 방향성을 다시 새겨 보아야 한다. 그래야 평가의 보다 바람직한 방향성을 모색해 볼 수 있기 때문이다. 우리나라도 소수를 위한 경쟁 교육에서 벗어나려는 움직임이 강해지고 있다.

- 양적 평가에서 질적 평가로
- 목표 달성 중심에서 학생 중심으로
- 단일 평가 도구에서 다양한 평가 도구로
- 결과 평가보다는 과정 중심 평가로

이러한 구조에서는 학생들이 평가를 통해 자기가 부족한 부분은 무엇인지를 스스로 점검하고 성찰하는 과정을 통해 다시 학습하는 선순환적 학습을 하게 된다. 이는 2022 개정 교육과정이 중요시하는 깊이 있는 학습을 위한 자기 주도성과도 일맥상통하는 흐름이기도 하다. 이러한 평가의 현실성과 방향성 사이에서 교사는 교육적 가능성을 고민하고 실천해 볼 수 있다. 우리는 이를 '교육적 가능성이 있는 선택으로서의 평가관'이라고 부를 수 있다.

학습의 결과도 중요시하지만, 그 결과를 만들어 내는 학습 과정도 중요시하는 것이다. 그럼으로써 학습자 모두를 승자로 만들 수는 없지만, 최소한 승자와 패자가 함께 공존할 수 있을 것이다. 이것이 현재 우리나라가 실행하고 있는 성취평가제 정착을 위한 현실적 가능성이 될 수 있다고 본다. 학교 현장에서도 이런 화두들이 보다 자연스럽게 나오기를 기대한다.

"이 성취기준을 학생들이 70% 이상 달성한 것 같아."

"시험 문제가 너무 어려워서 학생들 50%가 넘게 50점 이하네. 다음에는 난이도를 좀 더 조절해야겠어. 그러기 전에 학생들이 무엇을 어려워하는지 진단하고 수업 전략을 다시 세워 봐야겠어."

아직은 일반화되기 어려운 이야기들이지만, 조금씩 더 고민하고 실천해 나간다면 분명 내 교실의 학생들은 한 뼘 더 성장해 있을 것이다.

둘째, 교육과정과 수업, 평가를 별개의 것으로 분리하지 않아야 한다.

학습자의 입장에서 보면 '무엇을 배우는가', '어떻게 배우는가', '제대로 배웠는가'는 각기 다른 과정이 아니라 서로 연결되고 영향을 미치는 것이다. 이는 마치 교육과정이라는 뿌리와 수업이라는 줄기, 평가라는 가지에 열린 꽃과 열매와 같다. 학습적 성장이란 이 나무를 잘 살리는 것과 같다. 그런데 우리는 가끔 나무를 베어서 잘라 놓고 그것으로 멋진 의자나 탁자를 만들고 있는 것은 아닐까 고민해 봐야 한다. 이미 그 나무는 죽어 버렸는데도 말이다.

결국 '무엇을 배워야 하는지', '어떻게 배워야 하는지', '배울 것을 제대로 배웠는지'를 한 덩어리로 고민하고 실천해야 한다. 특히 수업과 평가가 분리되지 않도록 해야 한다. 학습자가 수업 시간에 배운 것과 시험 볼 때 평가받는 것이 다르면, 그 학습자는 다시는 그 배운 것을 되새기지 않을 가능성이 크다. 배운 것, 즉 수업을 다시 되묻는 것인 평가는 다른 것이 아니라 하나의 학습 과정이어야 한다.

따라서 수업과 평가를 따로 떼어 내서 말하는 것보다는 한 몸으로 인식하는 것이 바람직하다. 배우고, 제대로 배웠는지를 되묻고, 다시 배우는 선순환의 일체화가 필요하다. 이 책에서 수업과 평가를 별도로 나누지 않고 '수업–평가'라는 용어를 사용하는 이유이기도 하다.

2. 성취기준 기반 수업-평가가 필요한 이유

앞서 언급했던 세 가지 질문을 다시 상기하여 수업-평가의 교육적 가능성을 구체적으로 모색해 보고자 한다.

- 누가 왜 수업-평가를 받는가?
- 무엇을 수업-평가받는가?
- 어떻게 수업-평가를 받는가?

가. 누가 왜 수업-평가를 받는가
- 학생의 성장을 위한 진단과 처방

(1) 법적 근거와 교사의 역할

「초·중등교육법」 제20조에 따르면 "교사는 법령에서 정하는 바에 따라 학생을 교육한다"고 되어 있다. 자격증을 부여함으로써 '교사는 학생을 교육하는 전문가'임을 강조하고 있다. 그렇다면 교육에서 말하는 학생은 누구일까?

(2) 루돌프 슈타이너의 학생관

슈타이너는 "학생은 늘 과제이고 수수께끼"라고 말한다. 그래서 "학생을 본질적으로 이해하려는 것, 그리고 그의 병적인 징후를 더듬어 가는 것"이 최상의 교육이라고 역설한다. 그는 학생을, 의사를 찾아온 환자와 같다고 보았다. 그래서 본질적인 측정 또는 진단이 진실한 교육이라고 말한다.

> 결코 완전한 선생은 있을 수 없다. 어떤 학생도 나름대로 새로운 과제이고 새로운 수수께끼이기 때문이다. 학생을 본질적으로 이해하려는 것, 그것은 대단히 힘든 작업이지만 유일한 진실한 작업이다. 깊은 관심을 가지고 아이들의 병적 징후를 더듬어 갈 때, 우리들은 최상의 자기 교육을 하는 것이다.[5]

(3) 존 듀이의 교육관

그렇다면 학생이 받아야 할 교육은 무엇일까? 존 듀이는 『민주주의와 교육』에서 "교육의 기준은 성장이고, 그것에 대한 열의와 그 실천을 위한 수단을 제공하는 것"이라고 말한다. 교육의 목적은 오로지 성장이고, 그것의 수단은 처방이라는 것이다.

> 교육은 그 자체 이외의 다른 목적을 가지지 않는다. 학교교육의 가치를 판단하는 기준은 그것이 계속적인 성장에의 열의를 얼마나 일으키는가, 그리고 그 열의를 실천에 옮기는 수단을 얼마나 제공하

5 Steiner, R.(2017). 교육은 치료다. 김성숙, 다카하시 이와오 역. 물병자리. (원서 출판 1924)

는가에 있다.[6]

(4) 수업-평가의 궁극적 목적

두 학자의 견해를 종합하면, '누가 왜 수업-평가를 받는가?'에 대한 해답은 '학생이 자신의 성장을 위해 진단받고 처방받는 것'이라고 정리할 수 있다. 여기서 말하는 학생의 성장은 '스스로 살기'와 '더불어 살기'에 대한 실천력이다. 결국 학생이 스스로 살기와 더불어 살기를 경험하고 성찰하는 것이 수업-평가의 궁극적 목적이다. 따라서 수업-평가는 학생이 단순한 지식 습득을 넘어, 한 사람의 신체적·지적·사회적·영적인 안녕을 위해 스스로 살기와 더불어 살기를 경험하고 성찰하는 과정이다.

나. 무엇을 수업-평가받는가

- 내 교실에 맞게 성취기준을 재구조화한 것

(1) 교육과정과 성취기준의 의미

「초·중등교육법」 제23조에는 "학교는 교육과정을 운영해야 한다"고 명시하고 있다. 이를 앞서 언급한 제20조 제3항의 "교사는 법령에서 정하는 바에 따라 학생을 교육한다"와 연결해 보면, 교사는 교육과정을 통해 학생을 교육해야 한다는 것이다.

그렇다면 교육과정이란 무엇인가? 이는 학생의 맥락적 성장을 위해

---

6 Dewey, J.(2018). 민주주의와 교육. 이철우 역. 교육과학사. (원서 출판 1916).

'학생들의 성장을 위한 의도된 계획과 실행'을 세워 놓은 것이다. 학습자가 교실에서 무엇을 배우고, 어떻게 배우고 경험할지를 담은 문서라고도 한다. 2022 개정 교육과정 문서에는 '교육과정의 성격 및 목표, 내용 체계와 성취기준, 교수·학습 및 평가'로 구성되어 있다.

(2) 성취기준의 중요성

이 문서에서 교사가 눈여겨봐야 할 것은 성취기준이다. 성취기준은 '무엇을 배우고, 어떻게 배워야 하는지'에 대한 기준을 세워 놓은 것이기 때문이다. 김종윤 등(2018)이 "교육과정이 교육 내용을 담는 중요한 문서이듯 교육 내용은 성취기준에 담긴다"고 말한 것과 같다.[7]

우리나라는 7차 교육과정을 채택하면서부터 교육과정에 성취기준을 도입하였다. 2015 교육과정에서는 교육 내용–교수·학습–평가의 일관성을 강조하면서 성취기준 중심의 수업–평가를 강조하였다. 2022 개정 교육과정에서는 '학교와 교사는 성취기준에 근거하여 교수·학습과 평가 활동이 일관성 있게 이루어지도록 한다'는 취지를 확실하게 밝히고 있다. 따라서 교육과정을 가지고 수업과 평가를 한다는 것의 구체적 의미는 '성취기준 중심의 수업과 평가'를 한다는 것이다.

(3) 성취기준의 의미 변화

성취기준은 교육과정마다 조금씩 다르게 정의되고 있다.

- 7차 교육과정: 수업이나 평가에서 실질적인 기준이나 지침의 역할

7 김종윤 외(2018). 성취기준 질 제고를 위한 국제 비교 연구. 한국교육과정평가원.

을 수행할 수 있도록, 현행 교육과정상의 목표와 내용을 분석하여 상세화한 목표와 내용의 진술문

- 2015 교육과정: 학생들이 교과를 통해 배워야 할 내용과 이를 통해 수업 후에 학생들이 할 수 있거나 할 수 있기를 기대하는 능력을 결합하여 나타낸 수업 활동의 기준
- 2022 개정 교육과정: 배워야 할 내용 요소를 학습한 결과, 학생이 궁극적으로 할 수 있거나 할 수 있기를 기대하는 도달점

특히, 2022 개정 교육과정에서 내용 요소는 세 가지 범주로 구성된다.

- 지식·이해: 학습자가 알아야 할 개념, 원리, 법칙 등
- 과정·기능: 학습자가 수행할 수 있어야 할 기능과 과정
- 가치·태도: 학습자가 갖춰야 할 가치관과 태도

결국, 성취기준이란 교과 수업–평가 활동의 기준을 문장으로 표현한 것으로서, 배워야 할 내용 요소인 지식·이해와 과정·기능 그리고 가치·태도를 학습하고, 이를 바탕으로 학생이 도달해야 할 수행 기준이다. 주목할 점은 총론에서 "학교와 교사는 성취기준에 근거하여 교수·학습과 평가 활동이 일관성 있게 이루어지도록 해야 한다"고 강조하고 있다는 것이다. 이는 두 가지 중요한 의미를 담고 있다.

- 성취기준 중심의 수업–평가를 해야 한다는 점
- 교육과정과 수업과 평가가 일체화를 이루어야 한다는 점

성취기준의 의미

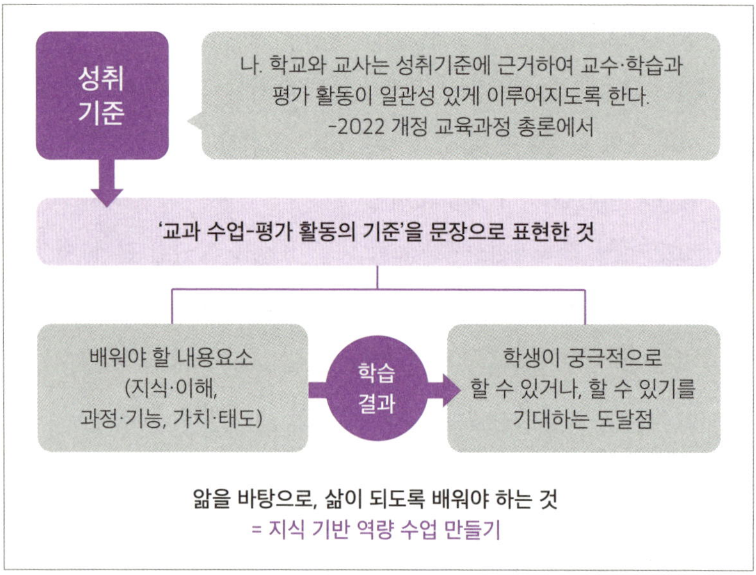

다. 어떻게 수업-평가를 받는가

- 성취기준의 재구조화

(1) 교사들의 일반적인 질문

성취기준을 가지고 수업-평가를 해야 한다고 하면, 이런 질문을 할 수도 있다. "성취기준은 잘 모르겠고, 그냥 교과서를 잘 연구해서 가르치면 되는 것 아닌가?" 일부분 맞는 말이다. 교과서는 교육과정, 그중에서도 성취기준을 구체화하고 실현해 놓은 것이기 때문이다. 그러나 유념해야 할 부분이 있다.

(2) 교과서만 활용할 때의 한계

교과서는 어디까지나 성취기준을 구체화한 매개체 역할에 충실한 텍스트 문서다. 그런데 오로지 교과서만 가지고 수업-평가를 할 경우 다음과 같은 오류에 빠질 수 있다.

① 획일화된 수업-평가의 문제

내 교실 아이들의 생활이나 삶과 동떨어져 있을 가능성이 크다. 교과서는 전국의 모든 불특정 학생들을 대상으로 제작된 것이기 때문이다. 내 교실 아이들의 생활이나 삶에 맞춤화되어 있지 않은 것이다.

② 교사 자율성 침해의 문제

교과서 텍스트 중심의 획일화된 수업을 하다 보니, 내 교실 아이들에 맞게 재해석하고 재구성하는 교사의 자율성이 쉽게 침해될 가능성이 높다. 이는 결국 사교육에서의 수업 내용과도 다르지 않게 된다. 학생들은 교실 수업을 등한시하게 되고, 사교육, 참고서, 자습서, 문제집에 의존하는 경향이 생긴다. 이는 학생들의 맞춤형 수업-평가를 통한 성장 자체를 방해한다.

③ 학습 내용 간 연결성 부족의 문제

무엇을 제대로 배워야 하고, 그것들이 서로 어떻게 연결되어 있는지에 대한 명시적 언급이 명확하지 않다. 오히려 학습 내용을 단원 등으로 배열해 놓아서 단원 간 서로 분절되어 있기 십상이고, 내용 위주로 되어 있기에 진도 나가기가 힘겹다.

(3) 성취기준 중심 수업-평가의 필요성

그렇다고 교과서를 버려야 한다는 것은 아니다. 교과서를 하나의 도구로 인식해야 한다는 것이다. 성취기준을 가르치되, 교과서로 가르친다는 생각을 가져야 한다. 교사는 항상 성취기준을 이해하고, 해석하고, 때로는 재해석할 수 있는 전문성을 가져야 한다. 그리고 교과서를 도구로 하여 내 교실 아이들이 잘 배울 수 있도록 해야 한다.

문학 교과서에 나오는 『햄릿』을 예로 들어 보자.

① 교과서 중심 수업의 경우

- 작가 소개부터 시작
- 줄거리 파악
- 구성, 인물, 표현법, 주제 분석
- 시간이 많이 걸리고 산만한 평가
- 자습서나 참고서 내용과 크게 다름없음.

② 성취기준 중심 수업의 경우

성취기준이 '작품 속 인물들이 처한 상황을 바탕으로 다양한 삶의 방식을 이해할 수 있다' 라고 한다면, 교사는 학생들에게 이렇게 학습을 안내할 수 있다.

"얘들아, 교과서에 나오는 『햄릿』을 읽게 될 거야. 어떤 인물들이 나오는지 한번 동그라미 쳐 볼까? 그리고 그들이 어떤 상황에 놓여 있는지 너희들끼리 이야기해 봐! 그러고 나서 문학작품 속에 나타난 다양한 삶에 대해 선생님하고 정리해 보자꾸나. 아마도 평가 문항도 '문학작품 속 인물들의 상황과 다양한 삶' 에 대한 것이지 않겠니?"

즉, 수업-평가는 학생이 성취기준을 배우되, 교사가 학생에게 맞도록 재해석하고 재구성한 것을 배우고, 그것을 제대로 배웠는지를 되묻는 것이어야 한다. 교사의 교육과정 상상력이 곧 내 교실 아이들의 성장과 직결된다는 점을 잊지 말아야 한다.

성취기준을 교과서를 활용하여 달성하는 순서

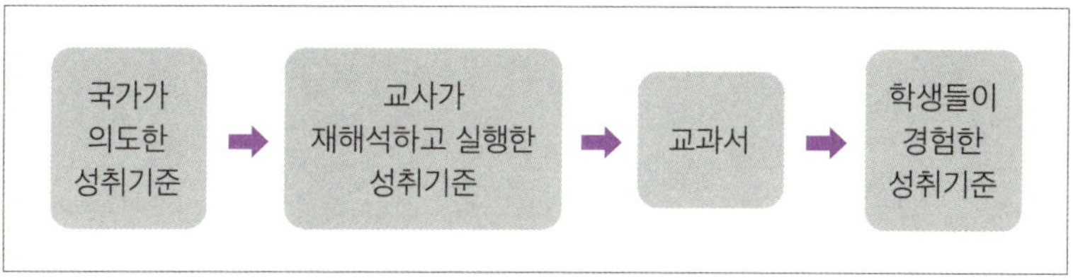

(4) 정리

결국 평가는 학습자의 성장을 위한 진단과 처방을 위해 성취기준을 재구조화하고 교과서를 이용하여 가르치는 것이라고 정리할 수 있다.

평가의 의미와 가능성

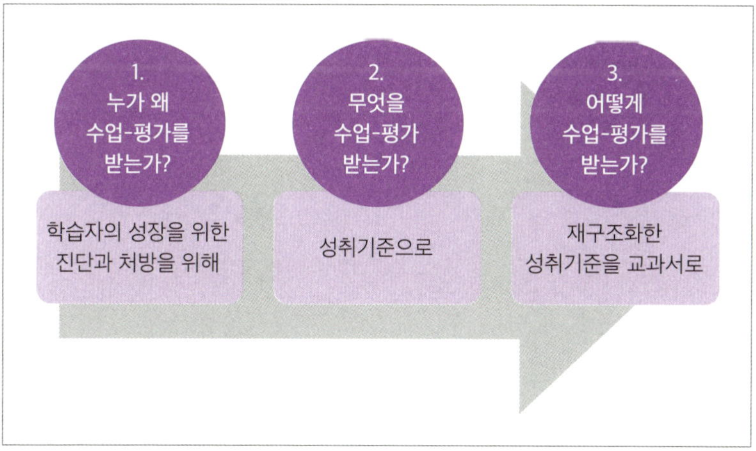

2장

교육과정 문해력으로 시작하는 성취기준 활용

1. 교육과정 읽기의 필요성

가. 왜 교육과정을 읽어야 하는가

(1) 피카소의 성장 과정에서 배우는 교훈

입체주의의 창시자인 피카소를 우리는 흔히 천재라고 한다. 이미 20대에 현대 회화의 첫걸음이라 일컫는 〈아비뇽의 아가씨〉와 그의 대표작인 〈게르니카〉를 완성했기 때문이다. 그러나 그가 유년기나 청소년기에 어떤 그림을 그렸는가를 보면, 그가 절대 갑자기 툭 튀어나온 천재가 아니라는 사실을 곧 깨닫게 된다.

특히 아이들을 가르치는 교사들은 20대에 성공한 피카소가 아닌 그의 성장 과정을 봐야 한다. 그는 어린 시절에는 어린아이다운 그림을 그렸고, 그 후 기초적인 데생 과정을 거쳐 사실화를 그리다가 자신만의 추상화로 발전해 갔다는 것을 잊어서는 안 된다.

물론 한 아이가 성장하는 것은 개인적 차이에 따라 들쭉날쭉하다. 빠른 아이가 있는가 하면, 느린 아이도 있다. 그러나 누구에게나 어느 정도의 시간, 즉 '축적의 시간'이 필요하다. 가장 중요한 것은 그 성장을 하기 위한 '배움의 맥락과 절차'가 필요하다는 것이다. 여기서 말하는 배움의 맥락과 절차가 곧 '교육과정'이다.

(2) 2015 국어과 교육과정의 말하기·듣기 영역 사례

그 맥락과 절차를 잘 표현해 놓은 2015 국어과 교육과정을 예로 들어 보겠다.

2015 국어과 내용체계표 중 말하기 예시

초등 1-2학년	초등 3-4학년	초등 5-6학년	중등 1-3학년	고등 1학년
인사말, 감정 표현, **자신 있게 말하기,** 집중하며 듣기	대화의 즐거움, 회의, **표정, 몸짓, 말투,** 요약하며 듣기	**토의, 토론(절차, 규칙), 발표,** 공감하며 듣기	면담, **토의(문제 해결), 발표**(내용 구성), 비판하며 듣기	**토론(논증 구성),** 협상, 의사소통 과정의 점검과 조정, 담화 관습 성찰

초등 1-2학년을 보면 '자신 있게 말하기'가 있다. 흔히 '주눅 들지 않는 교육과정'이라고도 하는 부분이다. 한 아이가 엄마 품에서의 편안한 사적인 대화를 하다가 학교에 와서 공식적인 말하기를 하려고 하니 얼마나 두려울까? 망설이고 더듬거리며 힘들게 말을 하게 될 것이다. 그때 교사가 자신감을 잃지 않도록 지지와 격려를 해 주라는 것이다.

그런데 그때 우리 교실에서는 어디선가 의기양양하게 손을 드는 아이가 있게 마련이다. 그리고 그 아이는 똑 부러지게 "제 생각은 이렇습니다. 첫째~, 둘째~, 셋째~"라고 말을 한다. 선행학습이 된 아이인 것이다. 이 순간 앞에서 힘들게 발표했던 아이는 좌절하고 자신감을 잃어버리게 된다.

초등 3-4학년 때는 '표정, 몸짓, 말투', 즉 비언어적 표현의 사용에 대해 실제로 연습하도록 되어 있다. 그런데 학교 현장에서 이 수업을 하는 교사들은 학습은 안 하고 놀고 있다는 학부모 민원을 받기도 한다. 결국 그냥 밑줄 치게 하여 외우게 하고 “다음 중 비언어적 표현으로 가장 적절하지 않은 것은?” 같은 시험을 보기도 한다. 그리고 이를 잘 맞힌 학생이 잘 배운 것이라고 높은 성적을 준다. 과연 이것이 말하기를 제대로 배운 것일까?

토의나 토론은 초등 5–6학년 때부터 시작하게 되어 있다. 중등에서는 문제 해결을 위한 토의를, 고1(10학년)에 가서야 논증 구성을 통한 토론에 도달하도록 구성되어 있다. 그런데 대부분의 아이들은 10년 동안 차근차근히 순서대로 토론하는 법에 대하여 배우지 못할지도 모른다. 단지 몇몇 아이들의 탁월성에 기대어서 초등학교 때도 토론 대회, 중학교 때도 토론 대회, 고등학교 때도 토론 대회를 하니, 대부분의 아이들은 구경만 하며 박수치고, 친구가 상 받는 것을 부러워하면서 박수치다가 그렇게 10년을 배우지 못하고 지내 왔는지도 모른다.

(3) 교육과정 무시의 문제점

이는 결코 교육과정의 맥락과 절차를 따르는 것이 아니다. 대부분 학생들의 성장에 맞게 단계적으로 긴 시간에 걸쳐 배우게 하는 것과는 거리가 멀다. 결국 소수의 앞서가는 아이들과 대부분의 뒤처진 아이들이라는 승자독식의 구조를 만들고 만다. 이는 차이를 넓히는 사교육적 행태일 뿐이다. 공교육은 차이를 넓히는 것이 아니라 좁히는 도구가 되어야 한다. 바로 여기서 교사가 교육과정을 읽어야 하는 이유가 생긴다. 공교육 교사는 교육과정의 맥락과 절차에 따라 수업을 해야 할 책무가 있는 것이다.

2022 개정 교육과정 역시 학생의 성장에 따른 절차와 맥락을 잘 정리해 놓고 있다. 각 과목별 내용체계표의 일부를 살펴봐도 그 사실을 잘 이해할 수 있다.

2022 개정 교육과정 내용체계표 과목별 예시

과목	초등 1-2	초등 3-4	초등 5-6	중등 1-3	고등 1
국어 - 읽기	• 친숙한 화제의 글		• 일상적 화제나 사회문화적 화제의 글	• 인문, 예술, 사회문화, 과학, 기술 등 다양한 문화의 글	
영어 - 표현	• 쉽고 간단한 단어, 어구, 문장의 소리, 철자, 강세, 리듬, 억양		• 간단한 단어, 어구, 문장의 강세, 리듬, 억양	• 단어와 문장의 강세, 리듬, 억양, 연음이나 축약	• 다양한 단어나 어구 • 다소 복잡하고 다양한 구조의 문장
수학 - 수와 연산	• 한 자리 수의 곱셈	• 자연수의 곱셈과 나눗셈	• 분수와 소수의 곱셈과 나눗셈	• 제곱근과 실수	• 인수분해
사회 - 자연환경과 인간 생활		• 우리 지역의 기온과 강수량의 변화	• 우리나라의 계절별 기후에 따른 기후 변화	• 기후변화에 대한 지역별 대응 노력	• 자연관, 환경문제, 생태시민
과학 - 생명		• 동물의 생김새	• 세포의 구조	• 세포와 생물 구성 단계	• 생명 시스템의 기본 단위 • 물질대사 • 유전자와 단백질

나. 교육과정을 어떻게 읽어야 하는가

그렇다면 교육과정을 어떻게 읽는 것이 바람직할까?

(1) 교육과정을 전체적 흐름으로 읽기

자신이 중학교 사회를 가르친다고 중학교 사회 교육과정만 읽는다면 별로 의미가 없다. 앞서 언급했듯이 아이들의 교육적 성장을 위한 단계와 절차, 즉 교육과정의 위계와 연계를 잘 아는 것이 중요하기 때문이다. 따라서 교육과정을 읽을 때의 바람직한 자세는 '교육과정을 처음부터 끝까지 읽는 것'이다. 우선 자신의 과목 교육과정을 1학년부터 9학년까지 순서대로 읽어 보자. 그리고 10학년과 12학년의 선택 과목까지 읽어 볼 수 있어야 한다.

(2) 처음부터 끝까지 교육과정 읽기의 효과

이렇게 처음부터 끝까지 교육과정 읽기를 하는 이유는 무엇일까?

첫째, 내가 만나는 아이가 어떤 교육과정을 거쳐 왔는지, 내가 어떤 교육과정을 해야 하는지, 나를 지나가면 어떤 교육과정을 배우게 되는지의 흐름을 잡게 된다. 따라서 교육과정상 교사인 나의 역할과 쓰임에 대해 판단하고 실행할 수 있게 된다. 뚜벅뚜벅 교육과정을 밟아 가는 아이의 입장에서 보면, 교사는 결코 1의 존재가 아니다. 이 아이가 교육과정상에서 만나는 1/N인 것이 교사가 되어야 한다. 그렇게 된다면 현재 심하게 분절되고 단절되기까지 한 초등학교와 중학교와 고등학교 간, 학년 간의 연계와 공유도 자연스럽게 가능해질 것이다.

둘째, 어떤 학생이 교육과정을 제대로 밟고 오지 못하고 구멍이 생겼을 경우, 그것을 어떻게 메꿔 주어야 하는지를 고민할 수도 있을 것이다. 물론 여기에는 더 많은 수고가 수반될 수밖에 없다.

셋째, 탁월성 교육을 위해 애써 교육과정의 단계를 뛰어넘어 힘들게 가르치는 일을 하지 않아도 될 것이다. 학교에는 배움이 느린 아이들이 많은 것이 아니라, 교사가 너무 빨리 나가고 있지 않은가를 성찰해 보아야 한다.

이제 내 교실 아이들의 교육적 성장을 고민하는 교사라면 교육과정 읽기부터 시작하자. 그것이 나와 마주하고 있는 아이들에 대해 배려하고 사랑하는 첫 번째 단서가 될 것이고, 교사의 전문성을 확보하는 출발점이 될 것이다.

2. 교육과정 쓰기의 중요성

국가에서 주어진 교육과정은 실제로는 어떻게 학생들에게 전달될까? 일단 국가 교육과정은 의도된 교육과정으로서 문서로만 존재할 가능성이 높다. 그 최종 목적지인 교실까지 가져가기 위해서는 보다 구체화되고 실천화되는 절차들이 필요하다. 그 구체화와 실천화는 다음과 같이 '지역 수준 → 학교 수준 → 교사 수준' 으로 진행하게 된다.

교육과정의 수준

국가 수준	지역 수준	학교 수준	교사 수준	학생 수준
의도된 교육과정 (이론)		의도된 교육과정 (이론+실천)	실행된 교육과정 (실천)	학습 성과로서의 교육과정 (경험)

가장 핵심적인 구체화와 실천화가 이루어지는 단계는 교사 수준의 교육과정이 일어날 때이다. 교실에서 학생들이 경험하지 못하는 교육과정은 존재 의미가 없고, 그 교육과정을 교실에서 구현하는 당사자가 바로 교사이기 때문이다. 국가가 교육과정을 만들었지만, 그것을 학생에게 맞게 다시 가공하는 작업을 하는 것이 교사의 몫이다. 교사가 교육과정

구현의 주체가 되어야 한다는 뜻이기도 하다. 그런 의미에서 교사는 교육과정과 관련하여 다음과 같은 존재가 되어야 한다.

첫째, 주어진 교육과정(방향성)과 내 교실(현장성)의 차이를 가장 잘 이해하는 존재여야 한다.

교사는 누구보다도 자신의 학교와 아이들을 가장 잘 아는 존재이기에, 누구도 대신할 수 없는 현장에 대한 이해력을 가졌다. 따라서 어떤 1타 강사도 내 교실에서는 그 의미가 사라지게 된다. 그 교실을 가장 잘 이해하고, 그 교실의 아이들이 가장 잘 배울 수 있도록 교육과정을 가공하고 전달하는 힘을 가졌다는 뜻이다.

둘째, 국가의 목표 중심 교육과정을 내 아이들을 위한 성장 중심 교육과정으로 재해석하는 존재여야 한다.

내 교실 아이들을 잘 이해하고 있기에, 국가 교육과정을 내 아이들이 잘 받아들일 수 있도록 재가공하는 것은 반드시 필요한 일이다.

셋째, 국가 교육과정을 읽고 분석하여 충실-변형-개발의 사이에서 늘 고민하는 존재여야 한다.

국가 교육과정에 충실하게 따를 경우, 학습 내용이나 진도 등을 차질 없이 수행할 수 있다. 그러나 이 경우 내 교실 아이들의 학습 정도나 학습 상황을 놓치기 쉽다. 그리고 이럴 경우 교사의 필요성은 약화되고 사교육에 의존하게 되는 경향이 커진다. 또 다른 방법은 개발하는 것이다. 교사의 의도나 학생들의 필요성에 의해 없던 것을 만들어 내는 방법이다. 그런데 이 방법은 실제로 학생들이 배워야 할 것과 다른 임의의 것을 가르치기 십상이다. 결국 가장 좋은 방법은 충실과 개발 사이에서 고민하면서 변형을 시도하는 것이다. 그것은 국가 교육과정에 충실하되, 내 교실 아이들에게 맞게 재구조화 또는 재구성하는 방법이다. 이러한 변형 능력은 '교사의 교육과정 상상력'으로 나타난다. 그 상상력의 힘이 내 교실 아이들의 배움의 크기를 결정하는 중요한 요소라고 생각된다.

교사들은 이러한 세 가지 존재적 고민을 통해 교육과정을 다시 설계하고 실행하여 수업을 해야 한다. 그리고 필연적으로 학생들이 제대로 배웠는지를 평가를 통해 진단하고, 다시금 재설계하는 최적화 노력을 하기를 바란다. 그런데 이러한 교육과정 재구성, 즉 교육과정 상상력에는 몇 가지 지켜야 할 원칙이 있다.

첫째, 교사의 교육과정 전문성과 자율성을 기반으로 해야 한다.

둘째, '임의대로'나 '제멋대로'가 아닌 공동체성을 출발점으로 삼아야 한다. 이때의 공동체성이란 국가 교육과정을 읽는 것과 밀접한 관련이 있어야 한다. 또한 지역사회 또는 학교 교육과정과도 긴밀하게 연결되어야 한다.

셋째, '내 교실 아이들'(학생들의 삶과 경험)에게 초점이 맞춰져야 한다.

넷째, 교사 자신의 교육적 의도와 철학이 담겨야 한다.

교사의 교육과정 문해력, 즉 읽고 쓰기는 교사의 전문성을 확보하는 지름길이기도 하다. 그 지름길은 모범적인 정답을 찾거나 주어진 규범 등에 무조건 충실한 것이 아니라, 교사의 교육과정에 대한 전문성을 바탕으로 교육적 상상력을 마음껏 발휘해 보는 것이어야 한다. 교육과정은 단순한 문서가 아니다. 그렇다고 교과서도 아니다. 그것은 교사 자신이어야 한다.

3장

성취기준 재구성 방법과 실천

1. 성취기준 재구성 원리와 지침

가. 국가 수준 성취기준의 특징

국가 수준의 성취기준은 목표 중심으로 되어 있으며, 그 진술이 대강화되어 있거나 추상화되어 있다. '~을 이해한다', '~을 설명한다', '~을 안다', '~을 내면화한다', '~을 성찰한다' 라고 애매하게 진술되어 있는 경우가 대다수다. 이렇게 추상적으로 표현하고 있는 이유는 교사가 학생의 실태, 즉 수준이나 지역적 특성, 상황, 또는 시사성 등을 고려하여 재구성하라는 의미를 담고 있기 때문이다. 그러므로 교사에게는 이를 내 교실의 아이들이 구체적으로 배우고 경험할 수 있도록 변형하는 작업이 우선적으로 필요하다.

나. 성취기준 재구성의 법적 근거

교육부(2025)는 이와 관련하여 다음과 같이 언급하고 있다.

> 성취기준을 통합하거나 일부 내용을 압축하여 재구조화할 경우, 성취기준의 내용 요소 일부가 임의로 삭제되지 않도록 유의해야 한다. 또한, 일부 내용 요소를 추가해야 하는 경우에는 학생의 학습 및 평가 부담이 가중되지 않도록 학년(군), 학교급 및 교과(군) 간의 연계성을 충분히 고려해야 한다.[8]

재구조화는 성취기준을 통합하거나 일부 내용을 압축하는 것은 가능하나, 성취기준의 내용 요소 중 일부가 삭제되지 않도록 유의해야 한다는 것이다. 이때 내용 요소는 성취기준 진술상으로 보았을 때 '무엇'에 해당하는 것이라 할 수 있다. 예를 들면 '남북 분단과 동아시아의 역사 갈등 상황을 분석한다'라고 했을 때, '남북 분단과 동아시아의 역사 갈등 상황'이 내용 요소라 할 수 있다. 이 내용 요소를 삭제하지 않는 것에 유의하면, 성취기준을 재구조화 또는 재구성하는 것은 충분히 허용된다는 것을 의미한다.

---

8 교육부(2025). 2025학년도 학교생활기록부 기재 요령(고등학교). 교육부.

2. 성취기준 재구성의 4가지 방법

가. 압축하기

이는 최소 성취수준을 진술하는 것과 같은 원리라고 생각하면 된다. 성취기준의 진술을 약화시키는 덜어 내기(–)가 그것이다. 예를 들면 '탐구한다'라는 부분을 덜어 내서 '설명한다' 정도로 바꾸거나, 이를 더 약화시켜서 단순히 '안다' 정도로 바꾸는 것이다. 때로는 '이해하고 적용한다'라고 되어 있는 것을 '이해한다'까지만 하도록 일부를 생략하는

성취기준 재구성 – 압축하기 중 약화하기 예시

과목	기본 성취기준	약화하기
독서	글에서 자신과 사회의 문제를 해결하는 방법이나 필자의 생각에 대한 **대안을 찾으며 창의적으로 읽는다.**	글에서 자신과 사회의 문제를 해결하는 **방법을 찾으며 읽을 수 있다.**
영어	실생활 중심의 일반적 주제에 대해 글을 읽고 **요지를 쓸 수 있다.**	실생활 중심의 일반적 주제에 대한 글을 읽고 **세부 정보에 알맞지 않은 내용을 찾아낼 수 있다.**

방법도 가능하다.

위의 표에서 영어의 예를 보면, '글을 읽고 요지를 쓸 수 있다' 라고 되어 있으나, 이를 최소 성취수준으로 약화시켜서 '세부 정보에 알맞지 않은 내용을 찾아낼 수 있다' 로 바꿔 놓았음을 알 수 있다.

(1) 압축하기의 또 다른 방법: 나누기(÷)

하나의 성취기준을 두 개 이상의 성취기준으로 나누는 것이다. 이는 하나의 성취기준이 복합적이어서 단계별로 다시 나누어 활동하는 것이

성취기준 재구성 - 압축하기 중 나누기 예시

과목	기본 성취기준	나누기
통합 사회	남북 분단과 동아시아의 역사 갈등 상황을 **분석하고,** 우리나라가 국제사회의 평화에 기여할 수 있는 방안을 **탐구한다.**	남북 분단의 역사적 갈등 상황을 모둠별로 구체적 사건을 중심으로 조사하고 **분석한 후** 원인과 결과와 의미에 대해 발표한다.
		우리나라가 국제사회의 평화에 기여할 수 있는 구체적인 방안(무엇을, 어떻게, 왜)을 **서로 이야기한다.**
문학	**문학을 통하여 자아를 성찰하고 타자를 이해하며 상호 소통하는 태도를 지닌다.**	1단계 : 윤동주의 시를 읽고, 자신의 경험에 비추어 **자아를 성찰하는** 글을 써서 발표한다.
		2단계 : 윤동주의 시를 읽고, 부모형제나 친구 또는 친지 등 인연이 깊은 사람과의 **관계에 대해 성찰하고,** 공감하는 편지를 써서 소통한다.
		3단계 : 자아성찰과 타인 이해 활동을 하고 난 후, 읽은 시를 중심으로 모둠을 편성하여 **시낭송회를 실시한다.**

좋겠다고 판단했을 때 사용할 수 있다. 예를 들면 '읽고 쓰고 발표한다' 라는 하나의 성취기준을 '읽는다', '쓴다', '발표한다' 로 다시 나누어 단계별로 활동하게 하는 것이다.

나. 순서 바꾸기

이는 교사가 내 교실 아이들이 잘 배울 수 있도록, 본인의 의도와 철학에 따라 성취기준의 순서를 다시 배열하는 방법이다. 대체로 2월이나 8월, 학기가 시작되기 전에 한 학기의 성취기준을 대상으로 동 학년 동 교과 교사들이 모여서 공동으로 작업을 하는 것이 일반적이다.

이때 교사들은 국가 교육과정에 나와 있는 순서나 교과서의 단원 순서가 아닌, 교사의 상상력에 의해서 성취기준을 연결하거나 이어가기, 때로는 되돌아가기, 뛰어넘기 등을 시도해 볼 수 있다.

(1) 순서 바꾸기의 방법

방법은 의외로 단순하다. 교과서를 일단 배제하고, 한 학기 동안 가르칠 성취기준을 가지고 와서 '어떤 순서로 가르치면 아이들이 잘 배울 수 있도록 스토리화할 수 있을까?' 를 고민하면 된다.

연결하는 기준은 주제별도 좋고, 활동별도 좋고, 영역을 통합하는 방식도 좋고, 난이도별, 친근감별 등 다양한 기준을 활용할 수 있다. 이는 교과서 자체를 놓고 순서를 정하는 것과는 전혀 다른 접근 방식이다. 교과서의 단원이나 텍스트를 놓고 순서 바꾸기를 한다고 해도, 그것들을 서로 유기적으로 연결하기는 쉽지 않다. 오히려 스토리화한 성취기준의 순서에 따라 그에 합당한 교과서의 텍스트를 선택하여 배치하는 것이 더 자연스럽게 연결될 수 있다.

(2) 순서 바꾸기의 교과별 사례

① **역사** : 어느 역사 선생님은 '왜 우리와 거리가 먼 원시인부터 배워야 하는가?'를 고민하였다. 그리고 그는 아버지의 역사부터 시작하여 할아버지 역사, 증조할아버지 역사로 거슬러 올라가는 소위 '거꾸로 역사 수업'으로 재구성하였다.

② **과학** : 상황별 과학 수업을 한 과학 교사도 있었다. 길거리에서 찾은 과학, 교실에서 발견하는 과학, 방 안에서 움직이는 지구 등…. 보다 학생들의 생활에 밀접한 상황을 바탕으로 성취기준의 순서를 재연결한 경우다.

③ **수학** : 수학은 학생들이 많이 어려워하는 과목이다. 일단 쉬운 예제부터 다 풀어 보고, 다시 돌아와서 연습 문제, 다시 돌아와서 심화 문제를 풀게 하는 '쉬운 것부터 해결하는 수학'을 편성한 수학 교사도 있었다.

④ **국어** : 국어의 경우는 성취기준 자체가 영역별로 분절되어 있는 경우가 많다. 최근에 이를 극복하기 위하여 '읽고－말한 후에－써 보고－다양한 매체로 표현해 보는' 통합적 국어 활동이 가능하도록 재구성하는 사례들이 많이 보인다.

(3) 문학 수업 순서 바꾸기 사례

성취기준 재구성하기 - 순서 바꾸기 예시

시기(월별)	성취기준	문학작품(교과서 쪽)
3월	• 문학이 내용과 형식의 유기적 구조체임을 이해하고 감상할 수 있다.	• 정일근의 「흑백사진-7월」 등(122쪽) 다양한 작품의 예
4월	• 문학작품 속 인물들이 처한 상황을 바탕으로 다양한 삶의 방식을 이해할 수 있다. • 문학작품을 읽고 작품에 나타난 작가의 문제의식과 주제를 설명할 수 있다.	• 『햄릿』(128쪽) → 『회색 인간』(교과서 외) 등 다양한 작품
5월	• 문학작품을 읽고 타인의 생각을 이해하고 수용할 수 있다. • 문학작품 속 인물들의 삶과 생각을 통해 자신의 삶과 생각을 평가하고 성찰할 수 있다. • 문학작품을 창의적으로 재구성하고 창작할 수 있다.	• 김영랑의 「돌담에 속삭이는 햇발」(13쪽) • 이성부의 「봄」(14쪽) • 신석정의 「꽃덤불」(32쪽) • 김춘수의 「꽃」(57쪽) • 윤동주의 「별 헤는 밤」(58쪽) • 김광섭의 「저녁에」(93쪽)

이 표는 문학 수업을 하면서 성취기준의 순서를 바꿔서 '읽고–생각하고–쓰기'로 통합시키려고 한 경우를 보여 준다. 그리고 거기에 합당한 교과서의 텍스트를 재배치한 것이다. 그러다 보니 첫 출발이 교과서의 맨 앞이 아니라 122쪽이 된다. 교과서의 순서가 뒤죽박죽이 된 것이다. 그리고 교과서에는 없는 외부의 글도 자연스럽게 채택하게 된다.

(4) 순서 바꾸기의 효과

학생들이 봐야 할 시험 범위와 순서도 교과서와는 다르고, 자습서와 문제집만으로는 시험을 제대로 대비할 수가 없게 된다. 자연스럽게 학생들은 교사의 수업에 적극적으로 참여하게 되고, 내신을 잘 받기 위해서 학원 가는 학생도 줄어들 가능성이 높아진다. 이제 학원이 선행학습을 시키는 것이 아니라, 교사의 수업을 보충해 주는 보습의 원래 역할에 충실하게 될 것이다. 공교육과 사교육의 역할이 분명하게 구별되는 순간이다.

다. 구체화하기

구체화하기는 교육과정 재구성의 핵심이라 할 수 있다. 이는 앞서 설명했듯이, 포괄적이고 추상적이며 대강화되어 있는 국가 수준의 성취기준을 내 교실에서 수업에 바로 적용할 수 있도록 학습 상황과 도구의 활용, 학생 활동과 성취수준, 지녀야 할 가치나 태도 등으로 구체화하여 진술하는 것을 의미한다.

성취기준 재구성하기 - 구체화하기 예시

과목	기본 성취기준	구체화하기
국어	인물, 사건, 배경에 주목하며 작품을 이해한다.	우투리의 영상을 보고, 인물과 사건과 배경이 어떻게 되는지를 찾아서 모둠 내에서 서로 이야기해 보고, 활동지에 작성한 후, 게시하고 발표한다.
수학	두 점 사이의 거리를 구할 수 있다.	수직선 위의 두 점 사이의 거리를 이해하고, 좌표평면 위의 두 점 사이의 거리를 구한 후, 지도에서 좌표축을 정하고 실제 거리를 구할 수 있다.

영어	실생활 중심의 일반적 주제에 대해 글을 읽고 요지를 쓸 수 있다.	실생활과 관련된 쉽고 친숙한 책을 읽고, 스토리를 구성하는 주요 문장 5개를 찾아 쓰고, 요약하는 글을 쓴 후, 친구들 앞에서 발표할 수 있다.
과학	지구의 기후변화를 설명하는 다양한 가설을 설명할 수 있고, 이에 대한 이해를 바탕으로 가설을 지지하는 근거를 과학적으로 제시하여 논증을 구성할 수 있다.	1. 지구온난화를 온실효과와 비교하여 정리할 수 있다. 2. 인간 활동이 지구온난화의 원인임을 근거를 들어 주장할 수 있다. 3. 자연적 변화가 지구온난화에 미친 영향을 근거를 들어 주장할 수 있다.

(1) 구체화하기의 의의

사실 이러한 방식은 이미 학습과정안을 만드는 과정에서 해 오고 있던 작업이기도 하다. 그러나 학습과정안은 지나치게 도식화되어 있고 형식화되어서 교육과정을 실행하는 데 분절화와 파편화를 벗어나기가 어렵다고 본다. 이를 극복하고 수업의 장면과 활동과 감상 등을 구체적인 문장으로 진술함으로써, 실제 수업에서 학생이 어떤 수업 활동을 어떻게 하는지를 잘 파악할 수 있도록 한 것이라 할 수 있다.

라. 통합하기와 융합하기

최근 교사들이 많은 관심을 가지고 있는 재구성의 방법으로, 두 개 이상의 성취기준을 하나로 묶어 주는 방법이다. 이때 기존의 성취기준이 가지고 있던 속성보다는 큰 개념이거나 다른 형태의 주제로 진술되어 나타난다.

대체로 교과 내에서는 통합하고, 교과 간에는 융합하게 된다. 예를 들면 '읽는다', '쓴다'라는 두 개의 성취기준이 있을 때, 이를 '읽은 후에 쓴다'로, '그린다'와 '적용한다'라는 두 개의 성취기준이 있을 때 '그려서 적용한다'로 통합하는 것이 있을 수 있다.

(1) 통합하기 사례

성취기준 재구성하기 – 통합하기 예시

과목	기본 성취기준	통합하기
국어	읽기는 읽기를 통해 서로 영향을 주고받으며 소통하는 사회적 상호작용임을 이해하고 글을 읽는다.	사회적 이슈가 되었던 글을 통해, 읽기는 서로 영향을 주고받으며 소통하는 사회적 상호작용임을 이해하고, 이에 참여하는 글을 써서 발표한다.
	쓰기는 의미를 구성하여 소통하는 사회적 상호작용임을 이해하고 글을 쓴다.	

(2) 융합하기 사례

융합의 예는 다음과 같다. 영어과에서 '영어로 말한다'라는 성취기준과 음악과에서 '노래를 부른다'라는 성취기준이 있다고 가정하면, 이를 '영어로 말한 후, 노래를 만들어 부른다'로 바꾸는 것이 가능하다.

또한 수학과의 '포물선의 원리를 안다'라는 성취기준과 사회과의 '마을의 모양을 이해한다'라는 성취기준을 융합하여 '마을의 모양에서 포물선의 원리를 이해한다'로 융합해 볼 수 있다.

(3) 융합 프로젝트 수업 사례

다음 표는 '지구촌 환경문제'라는 주제로 과학, 국어, 사회, 음악이 융합한 후 프로젝트 수업을 한 사례이다.

성취기준 재구성하기 – 융합하기 예시

과목	기본 성취기준	융합하기
과학	[6과05-03] 생태계 보전의 필요성을 인식하고 생태계 보전을 위해 우리가 할 수 있는 일에 대해 토의할 수 있다.	지구촌의 환경문제에 관한 동영상을 보고, 생태계가 파괴되면 어떤 일이 생길지 토의한다. 우리 지역의 환경문제를 조사하고 해결 방안을 탐색하며, 배경음악을 넣은 동영상을 만들어 환경문제 해결을 위한 행사에 참여하고 실천하는 자세를 기른다. 환경문제 해결을 위해 주장하는 글을 적절한 근거를 들어 글로 쓴다.
국어	[6국03-04] 적절한 근거와 알맞은 표현을 사용하여 주장하는 글을 쓴다.	
사회	[6사08-05] 지구촌의 주요 환경문제를 조사하여 해결 방안을 탐색하고 환경문제 해결에 협력하는 세계시민의 자세를 기른다.	
음악	[6음03-01] 음악을 활용하여 가정, 학교, 사회 등의 행사에 참여하고 느낌을 발표한다.	

이처럼 성취기준 재구성의 네 가지 방법을 통해 교사는 국가 수준의 추상적인 성취기준을 내 교실 아이들에게 맞게 구체적이고 실천 가능한 형태로 변형할 수 있다. 이는 단순한 기법이 아니라 교사의 교육과정 전문성과 상상력이 발휘되는 창조적 과정이라 할 수 있다.

3. 사례로 보는 성취기준 기반의 수업-평가

가. 중학교 1학년 영어 과목 사례

성취기준 기반의 수업-평가 영어과 예시

과목	국가 성취기준	수업	평가
영어 (중1)	• 일상생활에 관한 방법과 절차에 대해 설명할 수 있다. • 주변의 위치나 장소에 대해 묻거나 답할 수 있다.	뉴욕에서 길을 잃은 사람이 되어 주변의 관광지를 찾아가는 질문을 던지고 이를 활용한 대화를 완성한 후 뉴욕시의 지도를 보고 길을 찾는 사람에게 길을 찾아가는 방법을 현재 위치 기준에서 순서대로 설명해 줄 수 있다.	• 길, 방향을 묻는 대화문의 빈칸을 채워 짝꿍과 함께 소리 내어 읽을 수 있는가? • 길 찾기에 관련된 표현들을 이용하여 발화된 말을 듣고 설명이 가리키는 위치를 정확하게 찾아 학습지에 표시할 수 있는가? • 뉴욕시의 실제 지도를 보고 장소의 이름이 삭제된 지도에 친구의 설명을 듣고 이름을 써 넣을 수 있는가? (3개 이상의 장소) • 반대로 친구에게 목표 장소까지 가는 방법을 영어로 설명할 수 있는가? (2개 이상의 장소)

국가 교육과정에서 성취기준은 '일상생활에 관한 방법과 절차에 대한 설명'과 '주변의 위치나 장소에 대해 묻고 답하기'이다. 이를 담당 교사가 교육과정 상상력을 발휘하여 교과서에는 없는 '뉴욕 여행을 갔을 때 관광지의 위치를 묻고 답하는 대화로 만든 후, 길 찾기 지도 만들기'로 재구성한 것이다. 그리고 그것을 그대로 질문으로 바꾸어서 '대화문을 읽는가?', '지도에 위치를 표현할 수 있는가?', '지도에 장소의 이름을 써 넣을 수 있는가?', '다시 영어로 길 찾기를 안내할 수 있는가?' 등의 평가 요소를 만들어서 수업 시간 중 학생들의 활동 자체를 그대로 관찰 평가하였다.

나. 고등학교 3학년 미적분 과목 사례

성취기준 기반의 수업-평가 수학과 예시

과목	국가 성취기준	수업	평가
미적분 (고3)	함수의 그래프의 개형을 그릴 수 있다.	함수의 그래프를 정확하게 그리기 위해 지금까지 배운 개념을 사용하여 필요한 요소를 생각해 보고 주어진 함수를 극한과 미분을 이용하여 함수의 그래프를 좌표평면에 정확하게 그려 본다. 다양한 함수를 직접 만들어 그래프로 나타내어 본다.	• 그래프를 정확하게 그리기 위해서 필요한 요소는 어떤 것들이 있는지 설명할 수 있는가? • 주어진 함수의 그래프를 좌표평면에 정확하게 그려낼 수 있는가? • '지오지브라'로 그린 그래프와 자신이 그린 그래프가 일치하는가?

국가 교육과정에서 성취기준은 '함수 그래프의 개형 그리기' 이다. 교사는 '함수를 그리기 위해 필요한 요소를 생각해 보고, 좌표평면에 극한과 미분 함수의 그래프를 만든 후, 다양한 함수 그래프 나타내기' 라고 구체화하여 수업을 진행하였다. 평가는 위의 수업 활동을 그대로 관찰 평가하는 수행평가로 진행하였다.

다. 중학교 3학년 도덕 과목 사례

성취기준 기반의 수업-평가 도덕과 예시

과목	국가 성취기준	수업	평가
도덕 (중3)	• 사람다운 삶을 살아가기 위해 도덕이 필요한 이유를 설명하고, 왜 도덕적이어야 하는지 그 근거와 이유를 제시할 수 있다. • 인간 존엄성과 인권, 양성평등이 보편적 가치임을 도덕적 맥락에서 이해하고, 타인에 대한 사회적 편견을 통제하여 보편적 관점에서 모든 인간을 인권을 가진 존재로서 공감하고 배려할 수 있다.	• 인간이 동물과 다른 이유와 도덕이 필요한 이유 • 도덕적이지 않은 사람들과 함께 살았을 때 공동체가 겪는 문제에 대해 생각해 보기(뉴스와 사례 제시) • 왜 도덕적으로 살아야 하는지 이유와 근거를 제시하여 논술하기	• 인간과 동물의 유의미한 차이를 다양하게 작성하였는가? • 도덕성 영상물을 집중하여 시청하였고 영상물 내용을 학습지에 꼼꼼하게 작성하였는가? • 비도덕적 개인이 공동체에 어떤 악영향을 미치는지 구체적으로 작성하고, 도덕적인 삶이 개인의 행복으로 이어진다는 것을 이해하고 있는가? • 왜 도덕적으로 살아야 하는지 근거와 이유를 제시하고 있는가?

성취기준 여러 개를 크게 덩어리지어 통합하여 핵심 아이디어처럼 재구성하였다. 그런 후, 구체적인 맥락으로 수업을 재구성하고 평가하는 방식을 선택한 모습을 볼 수 있다.

위에서 보다시피 교사가 국가 교육과정의 성취기준을 재구조화하고, 수업–평가를 설계하는 것에는 모범 답안이 있을 수 없다. 그것은 결코 교과서나 참고서 또는 자습서 등에는 존재하지 않는다. 다만, 교사가 '내 교실의 아이들이 누구냐?' 에 대한 고민에서 출발하여, '왜, 무엇을 가지고 어떻게 배우도록 할 것인가?' 에 대한 교육적 의도와 철학에 따라 상상력을 발휘하는 것이 중요하다. 교사의 판단과 의도와 철학에 의한 교육과정 상상력이야말로, 내 교실 속 아이들의 성장 가능성을 향한 더 큰 상상력으로 이어질 것이라 믿고 실천하면 되는 것이다.

2부

수행평가, 수업이 되다

4장

삶과 연계된 수업-평가

1. 가치지향을 반영한 교육과정 재구성

가. 성취기준, 무엇을 담을 것인가

설명 방법을 어떻게 사용할 것인가는 교과서 제재를 통해 충분히 다룰 수 있다. 그러나 성취기준의 내용과 기능이 교과서 학습으로 충족된다 하더라도, 학습경험을 통해 학생의 삶 속에서 가치와 태도까지 영향을 미치게 하려면 '학생에게 어떤 대상을, 어떤 주제로 설명하게 할 것인가'를 결정하는 교사의 수업 철학이 필요하다. 예를 들어, 국어과 성취기준 [9국03-01]은 "대상의 특성에 적합한 설명 방법을 활용하여 글을

[9국03-01] 대상의 특성에 적합한 설명 방법을 활용하여 글을 쓴다.	
성취기준 분석하기	
지식·이해	• 대상에 적합한 설명 방법을 사용하여 쓴 글
과정·기능	• 다양하게 표현하기
가치·태도	• 쓰기에 대한 성찰

쓴다."고 제시되어 있다. 이 성취기준은 기능적 표현을 중심으로 기술되어 있지만, 그 기능을 삶의 어떤 주제로 확장할 것인지를 교사가 결정하는 것이 중요하다.

교육과정 재구성은 단지 성취기준에 따라 수업을 설계하는 것을 넘어, 그 기준에 담긴 기능적 요소 속에 교사의 교육철학과 지향하는 가치를 녹여내는 과정이다.

비에스타(Gert Biesta)는 "교육은 기술적인 실천이 아니라 도덕적 실천이라는 점을 인식하는 것이 필요하다"고 이야기한다.[9] 따라서 방법적으로는 설명 방법을 활용하여 설명하는 글을 쓰는 것이지만, 그 내용에 '무엇을 담는가'에 교사의 수업 철학이 반영되는 것이다.

학습자가 자신의 삶 속에서 '무엇을' 설명하고, 그 설명을 통해 '무엇을' 탐구하며, 삶의 주체로서 어떠한 도덕적인 실천을 하게 할 것인가 고민하며 수업–평가를 재구성해 보았다.

나. 픽토그램을 활용한 사회문제 해결 프로젝트

본 수업에서는 '사회적 문제 해결'이라는 주제를 중심에 두고, 모둠이 제작한 픽토그램을 설명하는 글쓰기 활동으로 재구성하였다. 학생들이 실생활에서 발견한 공공 예절 관련 문제를 픽토그램이라는 시각적 상징으로 표현하고, 설명 방법을 활용하여 그 제작 배경과 의도를 서술하는 활동이다.

---

9 Biesta, G.(2023). 우리는 교육에서 무엇을 평가하고 있는가. 이민철 역. 씨아이알. (원서 출판 2020).

이 과정에서 학생들은 분류, 인과, 정의, 분석 등의 다양한 설명 방법을 활용하고, 제작 의도와 상징적 표현을 글로 정리하면서 자신이 기획한 해결 방안을 타인과 소통하는 능력을 기르게 된다.

삶과 연계된 설명문 쓰기 6단계

단계	활동 내용	기획 의도
1. 설명 방법 알기	• 설명하는 글을 읽으며 설명 방법 개념 정리하기 • 각기 다른 설명 방법이 어떤 대상이나 화제에 적합한지 이해하기	사고의 틀 마련, 기초 지식 구성
2. 픽토그램 제작하기	• 해결 방안이 필요한 문제 상황 포착하기 • 해결 방안을 시각적으로 디자인하기(픽토그램) • [뤼튼 활용] 픽토그램의 관습적 상징 적용하기	가치지향 수업 재구성, 문제 해결 기획
3. 설명문 작성하기 (구글 문서)	• 설명 방법 4가지 이상 사용하여 픽토그램 소개하기 • 픽토그램을 제작한 배경과 시각적 디자인의 상징적 의미 설명하기 • 픽토그램에 담은 해결 방안과 메시지 강조하기	개념 적용, 실천 담론 형성
4. 또래 피드백 (패들렛)	• 작성한 설명문과 픽토그램을 공유하며 피드백 받기 • 친구들의 의견을 반영하여 설명문 고쳐쓰기	성찰과 공동체 역량 강화
5. 숏폼 영상 제작 (캔바& 클로바 더빙)	• 고쳐 쓴 설명문을 기반으로 1분 내외의 영상 제작하기 • 영상 구성 ① 문제 상황 제시 ② 픽토그램 설명 ③ 해결 방안 제안하기	매체 표현력 향상, 의미 확산
6. 발표 및 공유 (유튜브)	• 완성된 영상을 학급에서 상영하고 친구들과 공유하기 • 작품을 SNS에 공유하며 함께 실천하도록 독려하기	학습의 사회적 실천, 공동체 기여

(1) 설명 방법의 개념을 익히며 사고의 틀 세우기

수업의 출발점은 교과서 속 설명문을 함께 읽으며 정의, 인과, 분석, 분류 등 다양한 설명 방법의 개념을 이해하는 데 두었다. 각 설명 방법이 어떤 대상이나 상황에 적절히 적용될 수 있는지 사례를 통해 탐색하면서, 학생들은 '설명'이라는 언어 행위를 구성하는 논리적 사고의 틀을 마련해 나간다.

이 단계는 단지 지식 기반의 개념 습득에 머무는 것이 아니라, 세상을 구조화하여 바라보는 도구로서 설명 방법을 인식하게 하는 지적 준비 활동으로 구성하였다.

(2) 삶의 문제를 픽토그램으로 시각화하며 실천적 상상력 기르기

설명 방법의 개념을 바탕으로, 학생들은 자신의 일상 속에서 개선이 필요한 공공 예절이나 사회적 문제를 스스로 포착한다. 모둠별로 주제를 선정한 뒤, 그 문제를 해결하기 위한 방안을 시각적으로 전달하는 픽토그램을 디자인하게 하였다.

픽토그램은 단순한 이미지가 아니라 색채와 도형이 담고 있는 관습적 상징성을 내포한 하나의 시각 언어로 기능한다. AI 도구를 활용하여 색상과 상징의 의미를 탐색하고, 이를 디자인에 반영하도록 함으로써 학생들은 시각적 문해력을 기르고 문제해결 능력을 창의적으로 확장해 나간다.

(3) 설명문을 통해 시각적 메시지를 언어로 풀어내는 표현의 확장

픽토그램을 디자인한 이후에는 이를 제작하게 된 배경과 디자인에 담긴 상징적 의미, 해결 방안의 내용 등을 중심으로 모둠의 픽토그램을 소개하는 설명문을 작성한다. 이때 학생들이 앞서 학습한 설명 방법 중 네 가지 이상을 실제 글쓰기 과정에 적용하도록 조건을 제시하였다.

설명문 쓰기 활동은 단지 모둠의 픽토그램을 해설하는 글이 아니라, 스스로 포착한 문제 상황과 그에 대한 비판적 인식, 실천 방안을 통합적으로 담아내는 글로 확장된다. 설명문 쓰기 활동은 픽토그램이라는 시각적 상징을 언어적 담론으로 확장하고, 나아가 자신의 삶 속 문제를 구성하고 타인에게 설득력 있게 전달하는 역량을 기르게 된다.

(4) 또래와의 피드백을 통해 공동체 속에서 성장하는 학습자 되기

작성한 설명문과 픽토그램은 패들렛을 통해 전체 모둠과 공유하며, 학생들은 서로의 결과물을 읽고 공감의 댓글이나 구체적인 조언을 남기게 된다. 이러한 상호 피드백은 학습자의 자기 성찰을 유도하고, 다른 시선을 통해 자신의 생각을 점검해 보는 기회를 제공한다.

더 나아가 친구들의 피드백을 반영하여 설명문과 픽토그램을 수정함으로써 학생들은 협력적 의미 구성과 고쳐쓰기의 중요성을 경험하게 된다. 이 과정은 학습을 공동체적 행위로 인식하게 하며, 자신의 언어에 책임감을 갖도록 하는 태도적 전환을 이끈다.

(5) 숏폼 영상 제작을 통해 학습의 의미를 사회와 소통하기

고쳐 쓴 설명문을 바탕으로 학생들은 1분 이내의 숏폼 영상을 제작한다. 영상은 문제 상황을 제시하고, 픽토그램의 의미를 소개한 후, 해결 방안을 제안하는 흐름으로 구성된다. 캔바와 클로바 더빙 등 친숙한 디지털 도구를 활용하여 학생들은 자신의 메시지를 시청각 자료로 구현해 낸다.

이때 영상 제작은 단지 결과물 만들기가 아니라, 의미의 시각화–조직화–전달이라는 고차 사고의 통합 과정이며, 디지털 리터러시와 매체 문식성, 표현력까지 동시에 신장되는 활동이다. 학생들은 자신이 설정한 문제를 다양한 방식으로 해석하고 구성하며 사회적 실천의 메시지로 탈바꿈시키게 된다.

(6) 학급과 사회를 연결하는 공유와 실천의 마무리

완성된 숏폼 영상은 학급에서 함께 감상하고, 클래스룸이나 유튜브, SNS 등을 통해 외부와 공유한다. 친구들의 작품을 함께 시청하며 공감하고 응원하는 시간은 단순한 감상이 아니라, 사회적 문제 해결의 실천적 참여로 이어지는 연결고리가 된다.

학생들은 자신이 만든 픽토그램과 메시지가 사회 구성원에게 어떻게 전달되고, 어떠한 공감과 행동을 이끌어 낼 수 있게 되는지 경험하며, 학습의 결과가 개인적 성장을 넘어 공동체적 기여로 확장될 수 있음을 체감하게 된다. 이 활동은 교실 안에 머물던 학습을 지역과 사회로 확장하는 마무리이자 교육의 사회적 실천을 가능케 하는 결정적 단계이다.

다. 가치지향 수업이 만드는 교육적 변화

설명하는 글쓰기 활동은 6단계로 구성되었으며, 각 단계는 성취기준 [9국03-01]의 지식, 기능, 태도 요소를 유기적으로 통합하고 있다. 학생은 문제 상황을 스스로 포착하고, 이를 픽토그램으로 시각화한 뒤 설명문을 통해 그 해결 방안을 사회 구성원의 시선으로 설명하고 공유하는 과정을 경험하게 된다.

삶과 연결된 수업은 학습자의 시선을 삶으로 향하게 한다. 문제해결력을 기른다는 것은 단지 지식과 기술을 익히는 것이 아니라, 문제를 직시하고 공동체를 위한 실천적 대안을 고민하는 힘을 기르는 것이다.

이 수업은 '설명문 쓰기' 라는 기존 활동을 재구성하여 학습자 중심의 의미 있는 배움으로 전환해 본 하나의 실천 사례이다. 설명문 쓰기 수업이 삶과 연결될 수 있도록 교육과정을 재구성하고, 이를 통해 학생이 문제를 인식하고 실천할 수 있는 민주시민으로 성장하도록 돕는 것, 그것이 이 수업의 핵심이다. 삶 속에서 스스로 문제 상황을 포착하고, 이를 해결하고자 하는 실천 의지를 글로 표현하게 하는 것, 그 과정이 바로 '삶의 주체로서 문제해결력을 기르는 학습경험' 이 될 것이다.

이 과정에서 학생은 단지 설명 방법을 익히는 데 그치지 않고, 삶을 성찰하고 사회에 목소리를 내는 시민으로서의 태도와 책임의식을 기르게 된다. 즉, 글쓰기를 설명 방법 연습에만 머무르게 하지 않고, 삶을 구성하고 변화시키는 가치를 다양한 설명 방법으로 표현하고 실천하게 함으로써 학생들이 그 과정을 내면화하도록 수업을 설계하고 운영한 것이다.

이러한 가치 중심의 교육과정 재구성은 수업의 방향성을 더욱 분명하게 하고, 평가 또한 결과 중심의 기능적 측정이 아닌 태도와 철학을 담는 기준으로 확장될 수 있도록 돕는다. 이 모든 흐름은 교사가 성취기준에 덧붙인 삶의 문제에 응답할 수 있는 도덕적 실천 능력을 구체화한 결과라 할 수 있다. 학생들이 학교에서 배운 지식과 기능을 넘어, 삶의 문제를 성찰하고 개선하며, 나아가 삶의 주체가 되기를 바란다. 그런 점에서 문제해결력을 기르는 학습경험은 단순한 수업을 넘어 교육의 본질과 가치를 실현하는 길이다.

2. AI를 활용한 수업-평가의 설계

가. AI, 수업-평가의 새로운 동반자

평가 요소와 성취수준을 사전에 설계하면, 학습자는 자신이 무엇을 배우고 어떤 점을 개선해야 하는지 자연스럽게 인식한다. AI는 단순한 수업 도구를 넘어 평가와 학습을 유기적으로 연결하는 동반자가 될 수 있다. 생성형 AI는 교사의 교육적 의도를 구체화하고, 학습자 중심의 평가 문화를 구축하는 데 효과적이다.

본 수업에서는 '뤼튼'[10]을 활용해 탐구 질문을 수립하고, 평가 요소와 성취수준, 채점 기준을 체계화하였다. 이를 통해 수업과 평가가 자연스럽게 통합되도록 설계하였다.

---

10 뤼튼은 미성년자도 사용 가능한 생성형 AI다. 따라서 학생들이 수업에 사용하는 뤼튼을 필자도 직접 경험하고자 다양한 생성형 AI 중에 뤼튼을 활용해 보았다.

나. 수업 방향을 설정하는 탐구 질문

수업의 핵심 질문은 학습 방향을 제시하고 평가 기준이 된다. '픽토그램을 통해 우리는 어떤 사회적 메시지를 전달할 수 있는가?' 라는 질문은 학생들에게 문제 인식, 해결 방안 제시, 표현 방식에 대한 고민을 이끌어 낸다.

뤼튼을 통해 도출한 탐구 질문은 수업 전반의 사고 흐름을 안내하는 이정표 역할을 한다. 평가 요소도 설명 방법 활용, 픽토그램의 명확성과 창의성, 사회적 연관성, 협력과 의사소통, 논리적 글쓰기 등 학습 전 과정을 아우르도록 설계하였다.

'탐구 질문'과 '평가 요소'에 관한 프롬프트 및 답변[11]

#지시문

정의, 인과, 분석, 분류 등 설명 방법을 바로 알고, 모둠별로 세상을 바꾸는 픽토그램을 제작한 후에 제작한 픽토그램을 설명하는 글을 쓸 건데, 앞서 배운 설명 방법 4가지 이상을 사용하여 설명하는 글을 쓸 거야.

11 프롬프트를 작성할 때는 형식을 만들어 주는 규칙인 마크다운(#)을 활용하여 구체적으로 제시하면 더 세부적인 답변을 얻을 수 있다. '#지시문'에서는 무엇을 요청하는지 명확하게 제시하고, '#제약 조건'에서는 관련 글이나 성취기준, 주제를 제공하면서 이 자료를 바탕으로 도와 달라는 것을 밝히고, '#출력 조건'은 몇 줄 이상, 줄글인지 개조식인지, 아니면 5단 척도를 A-B-C-D-E로 제시해 달라는 등의 명령어를 구체적으로 입력한다.

#제약 조건

성취기준 '[9국03-01] 대상의 특성에 적합한 설명 방법을 활용하여 글을 쓴다.' 와 관련하여 작성해 줘.

#출력 조건

이러한 수업을 운영할 탐구 질문과 평가 요소를 기술해 주어야 해!

<탐구 질문>

1. 픽토그램을 통해 우리가 **전달하고자 하는 메시지**는 무엇인가?
2. 선택한 주제가 **사회에 미치는 영향**은 무엇인가?
3. 효과적인 **픽토그램 디자인의 요소**는 무엇인가?
4. 픽토그램 제작 과정에서 어떤 **협력과 의사소통**이 이루어졌는가?
5. 픽토그램의 설명을 위해 **어떤 설명 방법을 사용하여 효과적으로 전달**할 수 있는가?

<평가 요소>

1. **설명 방법의 활용** : 정의, 인과, 분석, 분류 등 설명 방법을 적절히 사용하였는가?
2. **픽토그램의 명확성** : 제작된 픽토그램이 주제를 명확하게 표현하고 있는가?
3. **창의성과 독창성** : 픽토그램의 디자인과 아이디어가 얼마나 창의적

이고 독창적인가?

4. **내용의 깊이** : 설명 글의 내용이 깊이 있고, 논리적이며 설득력이 있는가?

5. **협력과 의사소통** : 모둠 내에서의 협력과 의사소통이 얼마나 원활하게 이루어졌는가?

6. **사회적 연관성** : 픽토그램이 현재 사회문제와 어떻게 연결되는지를 잘 설명하였는가?

이러한 탐구 질문과 평가 요소를 통해 학생들이 픽토그램 제작 과정에서의 경험을 깊이 있게 반영하고, 다양한 설명 방법을 활용하여 보다 효과적으로 메시지를 전달할 수 있도록 유도할 수 있습니다.

이 프롬프트를 통해 픽토그램의 주제와 사회적 영향, 디자인 요소, 모둠활동 중 협력과 의사소통, 설명문의 설명 방법까지 총체적인 탐구 질문을 얻었다. 평가 요소도 설명 방법, 픽토그램의 명확성, 창의성과 독창성, 내용의 깊이와 협력적 의사소통, 메시지와 사회문제의 연결성까지 수업 흐름과 성취기준에 부합하는 의미 있는 답변을 받았다.

다. 성취수준과 채점 기준 구체화

탐구 질문과 평가 요소를 설정한 후, 학생의 성장을 구체적으로 파악할 수 있는 성취수준과 채점 기준을 마련하였다. '매우 명확하고 설득력 있게 문제를 제시할 수 있다'에서부터 '제시할 수 없다'까지 5단계 성취 기술을 바탕으로 각 항목별 채점 기준을 정량화하였다.

이 기준은 학생이 자기 학습을 되돌아보고 스스로 개선할 수 있는 자기 점검의 틀이 된다. 교사의 피드백도 구체적이고 일관된 방향으로 제공할 수 있다.

픽토그램 제작 및 설명하는 글쓰기, '성취수준'과 '채점 기준'의 프롬프트 및 답변[12]

#지시문

세상을 바꾸는 픽토그램을 제작한 후에 대상에 적합한 설명 방법을 활용해서 픽토그램을 설명하는 글을 쓰는 수행평가를 진행할 거야.

#제약 조건

성취기준 '[9국03-01] 대상의 특성에 적합한 설명 방법을 활용하여 글을 쓴다.'와 연관지어서

1) 픽토그램을 통해 개선하고자 하는 사회문제가 명확하게 제시되었는지
2) 픽토그램의 디자인에 주제가 명확히 표현되었는지
3) 대상의 특성에 부합하는 설명 방법이 적절히 사용되었는지

12 출력 조건에서 '성취수준 5단계 A~E로' 라든가 '정량적으로' 라는 구체적 표현을 사용하면 더 체계적인 답변을 얻을 수 있다. 만약 뤼튼의 답변이 구체적이지 않거나 원하는 답이 나오지 않을 경우에는 추가 질문으로 질문의 의도를 세부적으로 표현해 보면 질문자의 의도에 따라 더욱 세부적인 답변을 얻을 수 있다.

4) 설명하는 글이 논리적이고 설득력이 있는지

5) 모둠 내에서 협력과 의사소통이 얼마나 원활하게 이루어졌는지

#출력 조건

1) 제약 조건을 반영해서 성취수준 5단계 A~E로 '~할 수 있다' 고 표현하여 제시해 주면 좋겠어.

2) 제약 조건을 반영해서 채점 기준을 정량적으로 5단계에 맞춰서 제시해 주면 좋겠어.

성취수준 5단계 ('~할 수 있다' 표현)

평가 요소	A	B	C	D	E
1. 사회 문제 제시	학생은 문제를 매우 명확하고 설득력 있게 제시할 수 있다.	학생은 문제를 명확하고 구체적으로 제시할 수 있다.	학생은 문제를 명확하게 제시할 수 있다.	학생은 문제를 제시하나, 명확하지 않다.	학생은 픽토그램을 통해 개선하고자 하는 사회문제를 제시할 수 없다.
2. 디자인 표현	학생은 주제를 창의적이고 완벽하게 표현할 수 있다.	학생은 주제를 매우 잘 표현할 수 있다.	학생은 주제를 잘 표현할 수 있다.	학생은 주제를 다소 표현할 수 있으나 불분명하다.	학생은 픽토그램의 디자인에 주제를 표현할 수 없다.
3. 설명 방법 활용	학생은 설명 방법을 매우 효과적으로 사용할 수 있다.	학생은 설명 방법을 효과적으로 사용할 수 있다.	학생은 설명 방법을 적절히 사용할 수 있다.	학생은 설명 방법을 부족하게 사용할 수 있다.	학생은 설명 방법을 사용할 수 없다.

4. 논리적 글쓰기	학생은 논리가 매우 탄탄하고 설득력이 있다.	학생은 논리가 우수하다.	학생은 논리가 양호하다.	학생은 논리가 부족하다.	학생은 설명하는 글에서 논리를 갖출 수 없다.
5. 협력과 의사소통	학생은 협력이 매우 원활하게 이루어질 수 있다.	학생은 협력이 우수하다.	학생은 협력이 양호하다.	학생은 협력이 부족하다.	학생은 모둠 내에서 협력과 의사소통을 전혀 할 수 없다.

채점 기준

평가 요소	5점(탁월)	4점(우수)	3점(양호)	2점(보통)	1점(미비)
1. 사회 문제 제시	문제 제시가 매우 명확하고 설득력이 있음.	문제 제시가 명확하고 구체적임.	문제 제시가 명확함.	문제 제시가 있으나 모호함.	문제 제시가 불명확함.
2. 디자인 표현	주제가 완벽하게 표현되고 창의적임.	주제가 매우 잘 표현됨.	주제가 잘 표현됨.	주제가 다소 표현됨.	주제가 불분명함.
3. 설명 방법 활용	설명 방법이 매우 효과적으로 사용됨.	설명 방법이 효과적으로 사용됨.	설명 방법이 적절히 사용됨.	설명 방법이 부족함.	설명 방법이 사용되지 않음.
4. 논리적 글쓰기	논리가 매우 탄탄하고 설득력이 있음.	논리가 우수함.	논리가 양호함.	논리가 불충분함.	논리가 결여됨.
5. 협력과 의사소통	협력이 매우 원활하게 이루어짐.	협력이 우수함.	협력이 양호함.	협력이 부족함.	협력이 전혀 이루어지지 않음.

라. AI 활용의 한계와 교사의 역할

성취수준과 채점 기준에 대한 뤼튼의 답변은 '매우 탄탄–우수–양호–불충분–결여' 등 기존 성취수준 상–중–하 용어와 큰 차이가 없어 아쉬웠다. 하지만 이렇게 만들어진 채점 기준을 활용하면 학생들의 결과물을 채점할 때 더 명확한 기준을 적용할 수 있다.

생성형 AI는 평가의 객관성과 구체성을 높이고, 수업 흐름을 체계적으로 설계하는 데 효과적이다. 뤼튼을 활용한 프롬프트 설계는 교사의 평가 고민을 명확히 구조화하고, 학습자의 성장 경로를 구체적으로 안내하는 데 도움을 주었다.

하지만 AI가 제안한 결과물을 그대로 수용해서는 안 된다. 교사는 이를 반드시 검토하고, 학교 환경과 학생 수준을 충분히 고려해 수업과 평가의 흐름을 책임감 있게 설계해야 한다.

마. 성취기준 재검토와 보완

세 차례에 걸쳐 생성형 AI 뤼튼에게 수업과 평가에 필요한 질문을 던지고, 받은 답변을 꼼꼼히 검토해 실제 수업 설계에 반영하였다. 성취기준 '[9국03–01] 대상의 특성에 적합한 설명 방법을 활용하여 글을 쓴다.'는 픽토그램 디자인보다 설명 방법의 이해와 활용 능력에 초점을 두어야 하므로, 평가 항목 간 배점을 재조정하였다.

또한 이 성취기준의 가치·태도 요소인 '쓰기에 대한 성찰'이 초기 평가 요소에서 누락된 점을 발견하였다. 학습자의 성찰과 고쳐쓰기 과정이 소홀히 다루어지지 않도록, '[9국03-08] 쓰기 과정과 전략을 점검·조정하며 글을 쓰고, 독자를 고려하여 글을 고쳐 쓴다.'의 성취기준을 추가로 반영해 평가 계획을 수정하였다.

바. 매체 기반 평가로의 확장

수정된 설명문은 숏폼 영상 제작으로 이어진다. '문제 상황 제시-픽토그램 소개-해결 방안 제안' 구성으로, 시각적 요소와 내레이션, 자막 등을 활용해 내용을 전달하게 하였다.

영상 제작 활동은 성취기준 '[9국06-03] 복합양식성을 고려하여 영상 매체 자료를 제작하고 공유한다.'와 연계하였다. 결과물 중심 평가를 넘어 학습자의 기획력, 시각적 구성, 창의성, 전달력 등 복합적 역량을 진단할 수 있도록 재구성하였다.

뤼튼이 제안한 명확성, 시각적 효과, 창의성, 정보의 충실도, 매체 활용 능력 등의 평가 요소는 수업 상황에 맞게 충분히 적용할 수 있었다. 이를 통해 매체 기반 수행평가의 기준을 보다 구체적으로 마련할 수 있었다.

사. 평가가 학습 설계의 중심이 되다

평가 요소와 성취수준을 수업 전 과정에 사전 설계하면, 학습자는 자신이 무엇을 배우고 어떤 점을 개선해야 하는지 자연스럽게 인식한다. 수업과 평가가 긴밀하게 연결되면, 평가는 단순한 결과 판별 도구가 아니라 배움 과정에서 학생의 성장을 실질적으로 지원하는 기제로 작동한다.

지금까지 뤼튼과 나눈 대화를 활용해 학습 과정으로서의 평가 계획을 수립하였다. 생성형 AI(뤼튼)를 활용해 탐구 질문, 평가 요소, 성취수준 등을 사전에 설계한 경험은 교사의 사고를 구조화하고 수업 흐름을 객관화하는 데 도움을 주었다. 평가가 수업의 마지막 절차가 아니라, 수업 전체를 견인하는 학습 설계의 중심이 된 것이다.

설명 방법을 활용하여 픽토그램을 설명하는 글쓰기 평가 계획

성취기준	평가 기준	
[9국03-01] 대상의 특성에 적합한 설명 방법을 활용하여 글을 쓴다. [9국03-08] 쓰기 과정과 전략을 점검·조정하며 글을 쓰고, 독자를 고려하여 글을 고쳐 쓴다.	상	설명하고자 하는 사물, 인물, 개념, 사건 등의 특성에 적합한 설명 방법을 사용하여 설명 대상이 효과적으로 드러나도록 글을 쓸 수 있다. 고쳐쓰기의 일반 원리를 반영하여 자신이 쓴 글을 능동적으로 점검하고, 독자가 이해하기 쉽게 고쳐 쓸 수 있다.
	중	설명하고자 하는 사물, 인물, 개념, 사건 등의 특성에 적합한 설명 방법을 사용하여 글을 쓸 수 있다. 고쳐쓰기의 일반 원리를 반영하여 자신이 쓴 글을 점검하고 고쳐 쓸 수 있다.
	하	설명하고자 하는 사물, 인물, 개념, 사건 등의 특성에 부분적으로 적합한 설명 방법을 사용하여 글을 쓸 수 있다. 고쳐쓰기의 일반 원리를 반영하여 자신이 쓴 글을 부분적으로 점검하고 고쳐 쓸 수 있다.

평가 요소	
사회문제 제시하기 (3점)	1. 삶 속에서 사회문제를 명확하게 제시하였는가? 2. 문제 상황을 해결하기 위한 실천 방안을 제시하였는가? 3. 해결을 위한 실천 촉구를 설득력 있게 제시하였는가?
픽토그램 디자인 표현하기 (4점)	1. 주제가 픽토그램에 효과적으로 반영되었는가? 2. 픽토그램의 관습적 상징을 적절하게 활용하였는가? 3. 픽토그램 디자인을 창의적으로 제작하였는가? 4. 색상이나 구조가 주제를 표현하기에 적합한가?
설명 방법 활용하기 (5점)	1. 사물, 인물, 개념, 사건 등의 특성에 적합한 설명 방법을 사용하였는가? 2. 분류, 구분, 분석의 설명 방법 중 하나 이상을 적절하게 활용하여 주제를 효과적으로 표현하였는가? 3. 비교, 대조의 설명 방법 중 하나 이상을 적절하게 활용하여 주제를 효과적으로 표현하였는가? 4. 예시, 정의, 인과의 방법 중 하나 이상을 활용하여 설명하는 대상을 정확하게 표현하였는가? 5. 주제를 효과적으로 드러내기 위해 활용한 설명 방법이 적절하였는가?
논리적인 글쓰기 (5점)	1. 설명의 목적을 고려하여 내용을 풍부하고 충실하게 생성하였는가? 2. 글의 내용이 주제에 맞게 일관되고 통일성 있게 조직되었는가? 3. 글의 흐름이 도입-전개-정리의 논리적인 과정으로 서술되었는가? 4. 독자의 이해와 반응을 이끌어 내기에 적합한가? 5. 어휘의 선택이 적절하고 문장을 매끄럽게 연결하여 어법에 맞게 표현하였는가?
상호 공감 활동하기 (3점)	1. 공감의 댓글 달기 활동에 참여하였는가? 2. 자신의 성장에 도움을 준 친구의 댓글에 답글을 달았는가? 3. 친구의 피드백을 반영하여 고쳐 썼는가?
총점	20

3. 과정중심평가로
삶과 연계된 학습경험 제공하기

가. 학습 과정으로서의 평가, 메타인지를 기르다

> 학습 과정으로서의 평가는 학습자가 자신의 학습에 책임감을 가지고 앞으로 나아갈 방법을 결정하는 메타인지적 과정이다. 사실, 이것이 학습의 과정이다.[13]

오늘날 평가의 개념은 단지 산출된 성적에 머무르지 않는다. 학습자가 자신의 학습을 주도적으로 관리할 수 있도록 돕는 과정으로 변화하고 있다. '학습 과정으로서의 평가'는 학습자가 자신의 배움을 돌아보며 메타인지적 사고를 통해 다음 단계로 나아갈 방법을 스스로 찾아갈 수 있도록 하는 성장의 기회를 제공한다.

메타인지는 '자신의 인지 과정에 대하여 한 차원 높은 시각에서 관찰·발견·통제하는 정신 작용'을 의미한다. 즉, '알게 된 것에 대한 생각'을 다시 조합하고 한 단계 더 성장하는 사고이다. 따라서 교사는 학생들이

13 Earl, L. M.(2022). 학습 과정으로서의 평가. 온정덕, 윤지영 역. 학지사. (원서 출판 2013).

스스로를 평가할 수 있는 구조화된 기회를 제공하고, 그에 필요한 기준을 명확히 안내하며, 학습 과정에서 성찰과 개선이 이루어질 수 있도록 경험을 설계해야 한다.

나. AI가 만드는 정교한 피드백 설계

생성형 AI를 활용한 학습으로서의 피드백 설계는 교사의 실천을 더욱 정교하게 만들어 준다. 탐구 질문, 평가 요소, 성취수준 등을 바탕으로 수업과 평가를 설계해 두면, 학습자의 성장 방향을 수업 속에서 분명히 조망할 수 있게 된다.

무엇보다 AI는 평가 기준을 구체화하고 구조화하는 데 도움을 준다. 이를 바탕으로 교사는 배움이 어려운 지점에 도달한 학생에게 적절한 시기와 내용의 개별 피드백을 제공할 수 있다. AI는 교사의 판단을 더욱 세밀하게 돕는 도구로 기능하며, 단계별 학생 성장의 초점을 교사에게 객관적으로 제시한다.

다. 학습 과정 안내
- 학습 의도와 성취기준 명확히 공유하기

교사는 학기 중 여러 차례에 걸쳐 수업의 흐름과 목표를 반복적으로 공유하며, 학생 스스로 학습 의도를 예측하고 준비할 수 있는 기회를 제공한다.

먼저 평가 요소와 성취수준, 채점 기준이 반영된 평가 계획을 바탕으로, 전체 17차시의 학습 흐름과 의도를 학생들에게 사전에 안내한다. 예를 들어, "다음 달부터 우리는 '설명 방법을 활용하여 글을 쓴다'를 배울 거예요. 설명 방법의 종류를 먼저 배우고, 제대로 알고 있는지 적용하는 활동을 하겠지요? 교과서를 통해 지식을 익히고 우리 삶에서 개선이 필요한 장면을 선택해서 문제 해결을 위한 픽토그램을 모둠별로 제작할 건데, 모둠별로 제작한 픽토그램을 다른 친구들에게 설명하는 거예요. 이때 설명하는 글을 쓰면서 앞서 배운 설명 방법의 종류를 되새기면서 활용할 거예요. 우선은 '우리 사회에 개선이 필요한 공공 예절은 무엇일까?'라는 질문의 사례들을 수업 전까지 고민해 오도록 해요."라고 안내하며 클래스룸에 수업 안내문, 평가 계획, 활동지 등을 미리 탑재해 학습에 대한 안내를 꼼꼼히 진행한다.

아울러 모둠활동지도 함께 탑재함으로써 수업에 대한 예측 가능성을 높였다. 교사가 재구성한 수업의 과정을 학생들도 정확하게 이해하고, 꼼꼼히 준비하여 제 역량을 충분히 발휘할 수 있도록 17차시를 체계적으로 디자인하며 학습경험을 예측할 수 있도록 돕는 안내문이 바로 활동지인 것이다.

이처럼 학습 과정을 안내하며 학습 의도와 성취기준을 명확하게 안내해야 하는 것은 교사가 학습경험을 고민했던 시간만큼 학생들도 질문의 답을 고민할 수 있는 시간을 제공해야 하기 때문이다. 교사가 학습 의도와 평가 기준을 충분히 공유할 때, 학생 역시 자신의 배움을 설계하는 주체자로서 참여하게 된다.

라. 과정중심평가로 학생 성장 촉진하기

학습목표와 성취기준을 명확하게 안내하는 것은 수업 설계의 출발점이다. 하지만 학생을 실질적으로 성장시키는 힘은 '피드백'이다. 피드백은 단순히 정답을 알려 주거나 결과를 판단하는 행위가 아니다. 피드백은 학습의 방향을 점검하고 다음 단계로 나아갈 수 있도록 안내하는 역할을 한다.

학생이 수업 목표에 도달하기 전에 어떤 어려움을 겪고 있는지 파악하고, 그 어려움을 놓치지 않도록 다시 돌아보게 하는 일은 교사의 몫이다. 그 과정에서 피드백은 수업의 가장 중요한 중간 개입으로 작동한다.

학생의 성장은 일률적인 기준에 따라 일괄적으로 측정될 수 없다. 따라서 본 수업에서는 학생 성장의 과정을 고려한 평가를 미리 설계하고, 각기 다른 성장의 속도를 예측하며 어떤 피드백을 통해 성장을 촉진해야 할지 계획하였다.

'학습 과정으로서의 평가' 관점에서 보면 과정중심평가는 '결과'로서 끝나는 마침표가 아니라, '성장의 과정'을 확인하며 어떤 피드백을 제공해야 하는지 초점을 파악하는 쉼표이다. 학습의 중간 지점마다 학습자를 멈춰 세우고 자신의 생각을 돌아보게 하며, 필요한 전략을 다시 구성하게 하는 촉진의 과정이 '학습 과정으로서의 평가'이다.

(1) 세 가지 프롬프트 전략

과정중심평가를 위해 클라크[14]가 제안한 '세 가지 프롬프트'를 활용하

---

14 김선, 반재천(2024). 학생의 배움과 성장을 지원하는 과정 중심 피드백. 세담북스.

였다.

첫째, 상기 프롬프트는 학생이 학습목표를 정확히 인식하고 있는지 확인하고, 배움의 방향성을 명확히 잡을 수 있도록 돕는다.

둘째, 비계 프롬프트는 학습목표를 안다고 해도 스스로 해결하지 못하는 경우, 학습자가 부딪힌 구체적인 어려움을 하나씩 짚어 나갈 수 있도록 안내한다.

셋째, 예시 프롬프트는 학생에게 구체적인 모델을 보여 주고, 이를 바탕으로 스스로 적용하거나 응용해 보도록 유도하는 방식이다.

앞서 설계한 단계별 수업에 맞춰 '사회문제 제시하기, 픽토그램 디자인 표현하기, 설명 방법 활용하기, 논리적 글쓰기, 상호 공감 활동하기, 숏폼 제작하기'에서 세 가지 프롬프트를 각각 적용하였다.

① 사회문제 제시하기

사회문제 제시하기 ⬇	상기 프롬프트	"우리는 지금 공공 예절에서의 사회적 문제를 포착하고, 이를 해결하기 위한 방안을 모색하는 방법을 배우고 있다는 것을 기억해야 해요. 각자의 경험을 바탕으로 문제를 찾아보는 것이 중요해요."
	비계 프롬프트	"여러분이 찾아온 문제 상황 중에서 가장 많은 사람들이 공감할 수 있는 문제는 무엇인지 생각해 볼까요? 그 문제에 대해 어떤 예시를 들 수 있을까요? 좋아요, 이제 그 예시를 바탕으로 구체적인 해결 방안을 논의해 보세요."
	예시 프롬프트	"예를 들어, '카페에서 큰소리로 대화하는 것'이 공공 예절 문제라고 할 수 있어요. 이 문제를 해결하기 위해 '조용히 대화하기'라는 픽토그램을 디자인하고, 그 이유를 설명하는 글을 써 보세요. 여러분의 경험을 반영하여 새로운 아이디어를 추가해도 좋아요."

공공 예절과 관련한 사회적 문제를 포착하여 제시하도록 한다. 이때 포스트잇을 활용하면 모둠원이 동시에 의견을 제시할 수 있으며, 제시한 의견을 공유하는 데도 효율적이다. 한 달 전부터 학생들에게 삶 속의 문제 상황을 관찰하고 찾아올 수 있도록 지속적으로 안내한다. 그리고 모둠 안에서 각자의 의견을 공유한 후에는 모둠의 문제 상황을 선정하게 되며, 이후 픽토그램을 디자인하고 이를 설명하는 글쓰기 활동으로 이어진다. 이러한 안내가 다소 복잡하게 느껴질 수 있으나, 구글 클래스룸에 수업과 평가의 전체 과정이 미리 안내되어 있고, 관련 자료도 제공되어 있어 학생들이 이후 활동을 예측하며 준비할 수 있도록 돕는다.

활동 중에는 현재 수행 중인 과제가 무엇인지 다시 안내함으로써 활동의 주제를 명확히 하고, 문제 상황을 포착하지 못하는 학생들에게는 '가장 많은 사람들이 공감할 수 있는 문제는 무엇일지'에 대해 사고를 유도하는 비계 프롬프트를 제공한다. 그럼에도 불구하고 이해가 어려운 경우에는 예시 프롬프트를 통해 활동을 구체적으로 안내한다.

모둠별 생각 나누기 활동 사례

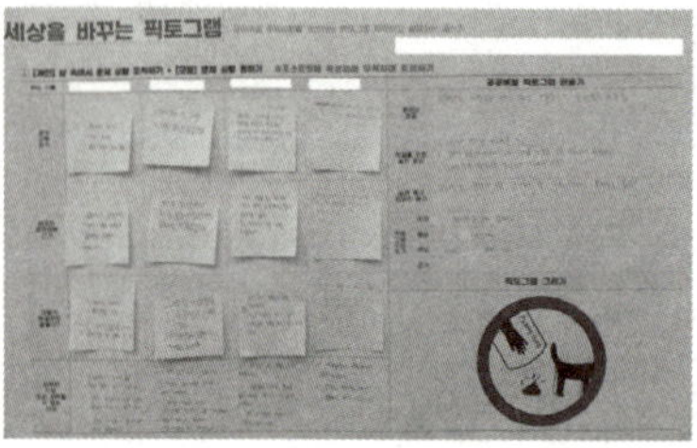

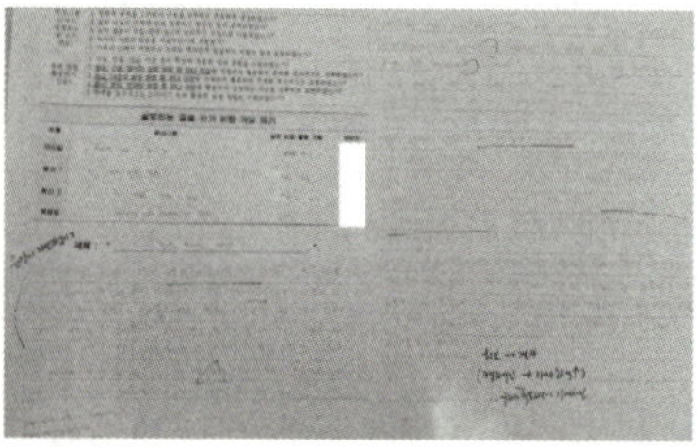

② 픽토그램 디자인 표현하기

픽토그램 디자인 표현하기 ⬇	상기 프롬프트	"우리는 지금 모둠이 선정한 삶의 문제 상황을 바탕으로 픽토그램에 담을 메시지를 작성하고 디자인하는 방법을 배우고 있다는 것을 기억하세요. 이 과정에서 픽토그램이 가진 상징적 의미를 탐구하는 것이 중요해요."
	비계 프롬프트	"여러분의 픽토그램에 담고 싶은 메시지가 무엇인지 다시 생각해 볼까요? 그 메시지를 표현하기 위해 어떤 색이나 도형을 사용할 수 있을까요? 각 색이나 도형이 가진 의미를 고려하면서 아이디어를 나눠 보세요."
	예시 프롬프트	"예를 들어, '환경보호'를 주제로 픽토그램을 디자인할 때, 녹색과 나무 모양을 사용할 수 있어요. 이 픽토그램의 메시지는 '우리가 지켜야 할 지구'라는 의미를 담고 있습니다. 여러분도 이런 방식으로 주제를 정하고, 의미 있는 색과 도형을 선택해 보세요."

모둠이 선정한 삶의 문제 상황을 바탕으로, 픽토그램에 담을 메시지인 캠페인 문구를 작성하고, 이를 시각적으로 표현한 픽토그램을 디자인한다. 이 과정에서 학생들이 픽토그램이 무엇인지, 픽토그램이 지닌 관습적 상징에는 어떤 것들이 있는지를 탐구할 수 있도록 생성형 AI 뤼튼을 활용한다.

이미지 검색뿐 아니라, 빨간색과 파란색 같은 색채, 원과 세모 등의 도형이 가지는 상징적 의미에 대한 정보를 수집함으로써 모둠의 픽토그램에도 상징성을 담아낼 수 있도록 운영한다. 학생들은 뤼튼을 통해 탐색한 정보를 구글 문서에 정리하며 모둠원과 공유하고, 교사 역시 공유된 문서를 통해 개별 피드백을 제공한다.

예를 들어, 픽토그램에 사용된 빨간색과 파란색 원이 가지는 상징적 의미를 탐구하게 한 활동은 상기 프롬프트에 해당한다. 여기에 더해, 남자는 파란색, 여자는 분홍색이라는 성 역할의 관습적 색 구분을 뛰어넘어, 두 색을 혼합한 보라색으로 남녀노소 모두를 표현한 모둠의 사례는 비계 프롬프트의 결과라 할 수 있다.

이처럼 AI 도구와 프롬프트 전략을 적절히 연계하면, 학생 스스로 시각적 메시지의 상징성을 해석하고 재구성하는 과정을 통해 표현과 사고 모두에서 성장할 수 있는 피드백 중심의 수업을 설계할 수 있다.

픽토그램 디자인 표현하기 사례

③ 설명 방법 활용하기+논리적인 글쓰기

설명 방법 활용하기 ⬇ 논리적인 글쓰기 ⬇	상기 프롬프트	"우리는 지금 모둠의 픽토그램을 효과적으로 소개하는 설명문을 쓰는 방법을 배우고 있다는 것을 기억하세요. 어떤 설명 방법을 활용할 때, 여러분의 픽토그램을 효과적으로 설명할 수 있을까요?"
	비계 프롬프트	"여러분의 설명문에서 독자가 이해하기 쉽게 하기 위해 어떤 구조를 사용할 수 있을까요? 예를 들어, 서론, 본론, 결론의 형태로 나눌 수 있을 텐데, 각 부분에 어떤 내용을 담을지 생각해 보세요."
	예시 프롬프트	"예를 들어, '우리의 픽토그램은 환경보호를 강조합니다'라는 문장으로 시작할 수 있어요. 그런 다음, '이 픽토그램에서 사용한 녹색은 자연을 상징하고, 나무 모양은 생명의 소중함을 나타냅니다'라는 식으로 설명을 이어갈 수 있습니다. 여러분도 이런 형식을 참고하여 각자의 아이디어를 적용해 보세요."

모둠의 픽토그램이 완성되면 이를 소개하는 설명문 쓰기 활동이 시작된다. 이 활동은 성취기준 '[9국03-01] 대상의 특성에 적합한 설명 방법을 활용하여 글을 쓴다.' 에 해당하며, 따라서 학습 과정에서의 피드백이 더욱 집중적으로 이루어진다.

설명 대상에 적합한 설명 방법이 사용되었는지, 해당 방법을 정확히 이해하고 적용하고 있는지를 점검하며, 학생들이 자주 범하는 공통의 오류는 전체를 대상으로 다시 정리하고 개념을 명확히 안내한다. 이를 통해 학생이 설명 방법을 글의 맥락에서 보다 자유롭고 유연하게 활용할 수 있도록 피드백을 제공한다.

학생들은 개요를 함께 작성하고 역할을 분담하여 협력적으로 글을 완성한다. 이 과정에서는 교사와 학생 간의 피드백뿐만 아니라, 학생들 사이의 협력적 의사소통 또한 활발하게 이루어지도록 유도한다. 평가를 위한 글쓰기가 아닌, 공동의 의미를 구성하는 글쓰기 과정으로 수업을 운영한다.

또한, 지금 우리가 무엇을 하고 있는지 지속적으로 안내하고, 설명의 방향이 흐트러지지 않도록 적절한 피드백을 제공한다. 특히, '대상에 적합한 설명 방법은 무엇인가', '우리가 제작한 픽토그램을 왜 만들었는가', '이 표현을 통해 어떤 문제를 개선하고자 하는가' 와 같은 질문을 중심으로 개요를 설계할 수 있도록 비계 프롬프트를 제공한다. 그럼에도 어려움을 겪는 모둠에게는 예시 프롬프트를 통해 구체적인 사례를 제시함으로써 서로 다른 학습자의 성장 속도에 부합하는 맞춤형 피드백을 실천한다.

강아지 똥도 치우고, 환경도 지키자!

여러분은 공원에서 산책하는 강아지를 본 적이 있나요? 반려견을 키우는 가정이 늘어나면서 강아지 배설물 처리 문제가 증가하고 있습니다. 강아지를 키우는 여러분이라면 대수롭지 않게 넘어갈지 모르지만, 다른 이에게는 매우 불쾌한 일일 것입니다. 강아지를 키우는 사람들이 강아지 똥을 치우지 않아서 계속해서 공원이 더러워지고 있고, 환경미화원분들의 수고도 늘고, 공원을 찾는 발길도 줄어들고 있습니다. 저희는 그런 일을 막고 모두가 행복한 공원을 만들기 위해서 공공 예절 픽토그램을 제작하게 되었습니다. 우리는 여러분 모두가 이 픽토그램을 보고 다른 사람을 배려하고 공원 환경을 깨끗이 하는 것에 관심을 두기 바랍니다.

그럼, 이제 저희가 제작한 픽토그램을 소개해 보겠습니다. 이 픽토그램은 테두리, 강아지, 배설물, 수거 봉투로 이루어져 있습니다. 픽토그램의 테두리를 파란색으로 표현한 것은, 파란색은 빨간색이 금지의 의미를 표현한 것과 달리 '~하자' 라는 권유와 실천의 의미를 가지고 있기 때문입니다. Picking dung의 의미는 '똥을 줍자' 는 메시지를 직접적으로 제안하며 함께 실천하자는 의미를 표현했습니다.

공원에서 강아지 똥을 치우라는 픽토그램은 대중에게 책임감을 일깨우는 중요한 메시지를 전달하고 있습니다. 일반적인 강아지 배설 금지 픽토그램은 단순히 강아지가 배설하는 행위를 금지하는 내용을 담고 있지만, 이 픽토그램은 반려동물 소유자에게 똥을 치우도록 하는 '책임감' 을 강조합니다. 일반적인 픽토그램은 단지 규제를 나타내는 일방적인 메시지에 그치지만, 이 픽토그램은 행동을 촉구하는 의미를 포함하고 있습니다. 즉 단순히 규제하는 것이 아니라, 공공장소의 청결을 유지하기 위해 필요한 행동을 명확히 제시합니다. 이와 같이 픽토그램은 단순한 경고를 넘어서 공동체의 일원으로서의 의무를 인식시키고, 공공장소의 안전 및 청결을 유지하기 위한 중요한 의미를 전합니다.

그렇다면 우리는 이 픽토그램을 통해 강아지 똥을 치우지 않는 것에 경각심을 가지게 되는데요, 이로 인해 공원에서 강아지 배변은 줄어들고, 공원은 점차 깨끗해지게 되며, 공원에 찾아오는 사람들은 많아지게 됩니다. 이 모든 것이 여러분의 작은 실천에서부터 시작합니다. 작은 변화가 큰 차이를 이루어 낼 수 있으니 모두 함께 노력합시다. 이 픽토그램을 모든 사람들이 이해하고 꼭 실천하면 좋겠습니다.

④ 상호 공감 활동하기

상호 공감 활동하기 ⬇	상기 프롬프트	"우리는 지금 서로의 설명문에 댓글을 달아 의견을 나누고, 이를 통해 모둠의 성장을 도울 수 있는 방법을 배우고 있다는 것을 기억하세요. 여러분의 피드백이 매우 중요하니, 책임감을 가지고 소중한 의견을 남겨 주세요."
	비계 프롬프트	"여러분이 작성한 댓글에서 어떤 점이 가장 돋보였나요? 그 댓글이 왜 좋은지, 또는 어떤 조언이 도움이 될 수 있는지 구체적으로 생각해 보세요. 예를 들어, 어떤 부분이 명확했거나, 어떤 점을 더 보완할 수 있을지 이야기해 보세요."
	예시 프롬프트	"예를 들어, '이 부분은 정말 잘 설명되어 있어요, 하지만 예시를 하나 더 추가하면 더 좋을 것 같아요'라는 식으로 댓글을 달 수 있습니다. 또는 '이 아이디어는 흥미롭지만, 추가적인 설명이 필요할 것 같아요'라고 조언할 수도 있어요. 여러분도 이런 형식을 참고하여 댓글을 작성해 보세요."

완성한 모둠의 설명문은 공유 링크를 통해 패들렛에 탑재하고, 이를 바탕으로 상호 공감의 시간인 댓글 달기 활동을 진행한다. 이 활동에서 학생들은 다른 모둠의 글을 읽고 공감하거나 조언을 남기며, 평가의 과정이 단지 결과의 채점이 아닌 서로의 성장을 돕는 상호작용의 과정임을 경험하게 된다.

학생들에게 우리 모둠의 성장을 도와준 가장 좋은 댓글 두 개 이상을 선정하게 하여 그 의견을 공유하도록 운영했는데, 이러한 활동을 지속적으로 운영하면 학생들은 자신의 언어에 책임감을 느끼게 되고, 칭찬과 조언의 말 또한 더욱 진지하게 제시하게 된다. 이후, 선정된 댓글 속 조언을 반영하여 원고를 수정하는 과정을 거치며, 수정된 설명문은 곧바로 수행평가의 결과물로 반영된다.

이 활동은 평가의 목적이 단지 결과의 기록이 아니라, 수업과 함께 성장의 궤적을 따라가도록 하는 데 있다는 점에서 의미가 있다. 설명 방법을 제대로 이해하고, 이를 자신의 삶 속에서도 적절히 활용할 수 있도록 돕는 것이 이 평가의 핵심 목표이다.

상호 성장을 돕는 피드백이 이루어지도록 학생들에게 댓글 작성의 방향을 안내한다. 활동 전에는 진정성 있는 칭찬과 조언이 어떤 것인지 상기 프롬프트를 통해 설명하고, '어떤 점이 더 보완되었으면 좋겠는가', '내가 해당 모둠의 구성원이라면 무엇을 수정하고 싶은가'와 같은 구체적 질문을 중심으로 비계 프롬프트를 제시한다. 필요에 따라 교사가 직접 의견을 덧붙여 예시를 보여 주는 예시 프롬프트도 함께 활용한다.

상호 공감 활동은 평가 계획에 포함하여 개인별 점수를 부과함으로써 활동에 대한 책무성을 높이도록 설계한다. 또한 학기초부터 예시 프롬프트를 활용해 활동의 방향과 기대 수준을 꼼꼼하게 안내하며, 학습 과정 중 피드백하지 못한 개인별 활동 결과는 이후 따로 검토하여 추후 지도를 병행한다.

모둠활동 결과 나눔 사례 : 패들렛 활용

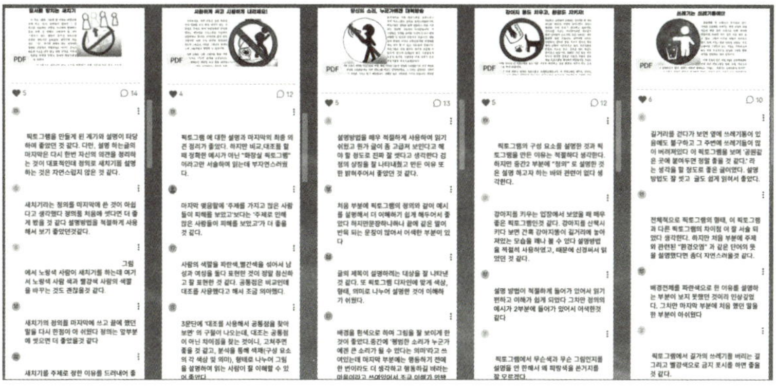

⑤ 숏폼 제작하기

[학기말 활동] 조언을 반영하여 숏폼 제작하기	상기 프롬프트	"우리는 지금 모둠의 결과를 피드백하고, 이를 바탕으로 원고를 수정하여 최종 결과물을 만들려고 하고 있어요. 여러분의 협력이 중요한 만큼, 서로의 의견을 소중히 여겨 주세요."
	비계 프롬프트	"여러분이 픽토그램에 담으려고 했던 메시지는 무엇이었나요? 숏폼을 통해 더 많은 사람들에게 전달하려고 했던 메시지가 잘 드러나도록 친구들과 선생님의 조언을 반영하여 원고를 수정해 보세요."
	예시 프롬프트	"메시지를 화면 상단에 지속적으로 노출하는 방법도 있어요. 또는 2모둠처럼 강조하고자 하는 메시지를 그림으로 간략하게 표현하는 방법도 좋겠지요? 여러분도 이런 형식을 참고하여 숏폼을 제작해 보세요."

'캔바'와 '클로바 더빙'은 학생들이 익숙하게 활용해 온 에듀테크 도구이다. 지필평가가 종료된 이후 학기말 활동으로 진행된 이번 수업에서는 다른 모둠의 피드백과 교사의 조언을 반영하여 설명문의 마지막 원고를 수정하고, 이를 바탕으로 클로바 더빙을 활용해 음성 파일을 제작하였다. 이후 학생들은 해당 음성 내용에 적합한 시각 자료를 직접 설계하고, 페이지를 나눈 후 캔바를 활용하여 숏폼 영상을 공동 제작하였다.

완성된 영상은 유튜브에 게시한 뒤, 전체 학생이 함께 감상하고 별점을 주며 서로의 활동을 응원하는 영상제로 운영하였다.

활동의 흐름이 지필고사로 인해 일시적으로 중단되었기 때문에, 수업 재개 시 학생들에게 '우리가 무엇을 하고 있는가', '이 숏폼은 왜 제작하는가'와 같은 질문을 상기 프롬프트로 지속적으로 제공하였다. 또한 활동의 목적과 메시지를 다시 떠올리고, 이전에 받은 피드백과 조언을 어떻게 반영할지를 고민하도록 유도하였다. 이는 학생들이 단순한 영상 제작을 넘어, 모둠의 메시지가 제대로 전달되도록 구성 전략을 다시 설계해야 함을 인식하게 하는 비계 프롬프트로 작동하였다.

필요할 경우, 다른 모둠이나 타 학급의 우수한 사례를 예시 프롬프트로 제시하여 학생들이 다양한 표현 방식과 구성 전략을 비교하고 스스로의 작업을 조정해 볼 수 있도록 지원하였다.

숏폼 제작 사례

(2) 피드백의 교육적 의미

이 세 가지 프롬프트는 단순한 말 걸기를 넘어서, 학생의 사고와 표현을 확장시키고, 학습이 목표 지향적으로 전개될 수 있도록 돕는 중요한 촉진 전략이다. 특히 설명문 쓰기 수업에서는 학생이 픽토그램의 메시지를 어떻게 풀어낼지 막막해 할 때, 예시 프롬프트를 통해 다양한 설명 방법의 사례를 안내하고, 이를 바탕으로 자신만의 방식으로 적용할 수 있도록 유도하였다. 글의 전개 방향이 학습목표에서 벗어날 때에는 상기 프롬프트를 통해 다시 핵심 개념을 일깨우며 글의 방향을 조정하도록 도왔다.

이러한 피드백은 단순히 개별 기술을 고치는 데서 끝나지 않고, 학생 스스로 자신의 학습과 사고 흐름을 점검하는 기회로 확장되었다. 특히 Change Maker 프로젝트에서는 학생들이 모둠별로 삶의 문제를 분석하고 해결 방안을 찾는 과정 속에서 피드백을 중심으로 협의하고 조율하며 글쓰기 전략을 구체화하였다. 수업은 더 이상 교사가 이끄는 일방적 진행이 아니라, 학생 스스로 자신의 배움을 점검하고 설계해 나가는 참여적 흐름으로 전환되었다.

결국 '학습 과정으로서의 피드백'은 학생이 자신의 사고를 외면하지 않도록 멈추게 하고, 방향을 점검하도록 도우며, 필요하다면 돌아갈 수 있는 쉼터가 되었다. 교사는 이 피드백을 미리 설계된 평가 구조 안에서 정교하게 작동시키며, 그 안에서 학생들은 자신만의 배움의 속도로 성장하게 된다.

평가는 마침표가 아니라, 학습 도중에 이루어지는 관찰과 조언을 통해 학생의 성장을 설계해 나가는 여정이어야 한다. 이런 의미에서 수업과 긴밀히 연결된 촘촘한 평가 계획은 단순한 결과 확인을 넘어, 학습의 흐름 속에서 학생 개개인의 이해와 변화를 세심하게 살피며 배움의 여정을 안내하는 나침반이 된다. 특히 학습 과정 자체를 평가의 장으로 삼을 때, 교사는 학생의 사고 흐름을 주의 깊게 관찰하고, 적절한 시점에 의미 있는 안내를 제공함으로써 성장의 방향을 함께 설계할 수 있다.

생성형 AI를 활용한 사전 설계는 이러한 흐름을 보다 구조화하고 객관화하는 데 도움을 주며, 학습과 평가를 자연스럽게 잇는 교육적 비계로 기능한다. 이를 통해 학생은 자신의 속도와 관점에 맞추어 사고를 확장하고, 교사는 그 과정에서 개별의 성장을 실질적으로 지원할 수 있다.

가치지향을 반영한 교육과정 재구성은 단순히 수업의 한 차시, 한 단원을 설계하는 차원이 아니다. 이는 교사가 교육과정을 어떻게 바라보고 해석하는지, 그리고 그 속에서 학생들의 어떤 성장을 이끌어 내고자 하는지에 대한 철학적 응답이다. 특히 2022 개정 교육과정이 강조하는 삶과 연계된 배움은 교사의 교육과정 재구성을 통해 비로소 실질적인 교육 경험으로 구현된다. 학생이 배우는 설명문 쓰기 활동이 기능적 훈련에서 머무르지 않고 삶의 문제를 해석하고 해결책을 모색하는 과정으로 확장될 때, 그 경험은 학생의 세계관 형성과 공동체적 책임 의식에 직접적인 영향을 미친다. 이때 교사의 역할은 지식의 전달자가 아니라 따뜻한 인생의 선배로 전환된다.

또한 가치지향적 수업은 교사에게도 성찰의 기회를 제공한다. "나는 학생들에게 어떤 주제를 다루게 하고, 그 과정을 통해 어떤 사람으로 성장시키고자 하는가?"라는 질문은 수업을 넘어 교사의 존재 이유를 되묻게 한다. 따라서 교육과정 재구성은 교사와 학생이 함께 성장하는 상호적인 실천이 된다.

궁극적으로 가치지향을 반영한 교육과정은 지식과 기술을 넘어, 삶을 성찰하고 세상을 변화시키는 힘을 기르는 교육으로 나아가게 한다. 이러한 흐름 속에서 학생은 문제를 바라보는 시선을 넓히고, 교사는 교육의 본질을 회복한다. 바로 이 지점이 교육과정 재구성의 핵심이며, 우리가 지향해야 할 교육의 길이다.

5장

피드백이 있는 수업-평가

1. 피드백이 있는 수업-평가의 이해와 실천

4장에서 삶과 연계된 수업-평가의 사례들을 살펴보면서 과정중심평가와 피드백의 중요성을 확인하였다. 특히 픽토그램을 활용한 사회문제 해결 프로젝트에서는 또래 피드백 단계를 통해 학생들이 서로의 의견을 반영하여 설명문을 고쳐 쓰는 과정이 포함되었다. 이처럼 4장에서도 과정중심평가나 피드백이 언급되었지만, 이 장에서는 보다 깊이 있게 피드백이 있는 수업-평가에 집중하여 다루고자 한다. 4장이 삶과 연계된 평가의 전반적인 설계와 실천에 중점을 두었다면, 5장은 그 중에서도 특히 피드백을 중심으로 한 수업-평가의 구체적인 방법과 실천 사례를 제시한다.

가. 평가 패러다임의 전환

- 변별에서 성장으로

우리나라에서는 시험에서 좋은 점수를 받기 위해 공부하는 경향이 강하다. 그래서 평가에서 가장 중요한 것은 공정한 변별을 위한 객관성을 확보하는 것이라 생각하기 쉽다. 거대 담론상으로만 절대평가이고 성장 중심의 평가를 표방하고 있으나, 현실적으로는 타인과의 비교를 통한 변별과 그 변별을 확고히 해 줄 공정성에만 관심이 클 수밖에 없기 때문이다. 그러다 보니 학교 현장에서는 평가에 대하여 다음과 같이 해석하는 경향이 강한 듯하다.

- 1등급을 만들어 내야 한다. 그러기 위해서는 시험 문제가 어려워야 한다.
- 서술형이나 논술형 시험 문제는 채점의 객관성이 떨어진다. 따라서 선다형을 선호한다.
- 선다형 문제는 그럴듯한 오답을 만들어 내야 한다. 함정을 만드는 것이 중요하다.
- 시험 문제를 내기 위해서라도 수업 시간에 많은 양의 내용을 가르쳐야만 한다.

그런데 이러한 생각이 강하면 강할수록 평가의 타당성, 즉 '배운 것을 제대로 측정했는가?'를 덜 고민할 수밖에 없게 된다. 평가의 변별성에 대한 집착이 강하다 보니, 오히려 배운 것에 해당하는 교육과정이나 수업이 평가 그 자체에 종속되고 만다. 이런 구조에서는 오로지 승자만이 평가에 성공하여 독식하는 모양새가 되고, 대부분의 아이들은 '학업 실패', 또는 '학업 좌절'이라는 낙오자가 되어 학업 자체를 포기하는 현상이 일어나곤 하는 것이다.

이것은 결코 평가의 원래 목적이 아니다. 평가는 승자를 가려내기 위한 선발적 기능을 넘어서야 비로소 바로 설 수 있다. 승자와 패자가 모두 공존하는 목표 중심의 평가로 나아가야 하고, 궁극적으로는 모두가 승자가 되는 성장 중심의 평가를 지향해야 하는 것이다.

(1) 성장 중심의 평가는 어떻게 하는 것일까

'제대로 배웠는가?'를 측정한 후, '제대로 배우지 못하였다면, 그 이유는 무엇일까?'를 진단한 후, '다시금 제대로 배우도록' 비계를 놓아 주어야 하는 것이다. 그래야 학생들이 현재의 학습 상태에서 한 뼘 더 성장하는 학습 효과를 볼 수 있기 때문이다.

여기서 평가는 결코 수업과 별개의 것이 아니다. 수업을 통해서 평가하고, 평가를 통해서 다시금 수업을 시작하는 선순환이 이루어져야 하는 것이다. 그러기 위해서 수업–평가에는 다음과 같은 원칙이 따라야 한다.

첫째, 모든 학습자가 수업–평가를 통해 성장할 수 있다는 믿음을 가져야 한다.

둘째, 학습을 위한 평가와 학습으로서의 평가가 되어야 한다.

셋째, 일회적이고 단면적 평가가 아닌, 지속적이고 다각화된 평가가 되어야 한다.

넷째, 학생의 학습이나 경험과 분리되지 않는 프로젝트 기반의 평가여야 한다.

다섯째, 학습자가 스스로 참여하는 과정이 있어야 한다.

여섯째, 모든 평가는 다시금 수업으로 연결되는 피드백 과정이 되어야 한다.

나. 피드백의 개념과 교육적 의미

(1) 피드백이라는 말은 무슨 뜻일까

사전에서 찾아보면, '되먹임, 되알림, 환류, 송환' 등으로 해석되어 있다. 제어공학 용어에서는 이를 '출력한 결과를 다시 입력측에 되돌려 출력하는 과정'이라고 하고 있기도 하다. 평가를 언어적 의미로 '되묻는 것'이라고 보았을 때, 결국 피드백은 '되물어서 되먹이는 것'이라고 정의할 수 있을 것이다.

전통적으로는 피드백은 주로 형성평가 등을 통해 학습자의 오류를 지적하고 수정하는 데 중점을 두어 왔다. 이러한 피드백은 주로 결과 중심적이며, 학습자가 무엇을 잘못했는지에 대한 정보를 제공하는 데 초점을 맞추고 있었다. 당연히 그 주체는 교사였다.

그러나 차츰 학습자의 주도성, 그리고 성장 자체에 주목하게 되면서 이 개념은 단순히 오류를 지적하는 것을 넘어, 학습자의 성장을 돕고 자기 주도적 학습을 촉진하는 도구라는 인식을 가지게 된다. 프레이(Nancy Frey)와 피셔(Douglas Fisher)는 피드백을 피드업(feedup), 피드백(feedback), 피드포워드(feedforward)의 세 가지로 나누어 설명하고 있다.[15] 피드업은 학습 목표를 명확하게 하는 것이고, 피드백은 현재 상태를 평가하는 것이며, 피드포워드는 미래의 학습 방향을 제시하는 역할을 한다고 말하고 있다. 이와 같이 피드백은 학습 과정 전반에 걸쳐 지속적으로 제공되며, 학습자가 목표에 도달할 수 있도록 방향을 제시하고 동기를 부여하는 역할을 한다는 것이 강조되고 있는 것이다.

---

15 Frey, N., & Fisher, D.(2021). 피드백, 이렇게 한다. 강정임 역. 교육을 바꾸는 사람들.

결국 피드백이란, 교사와 학생의 상호작용을 통해서 학생들의 학습을 개선해 가도록 유도하는 절차라 볼 수 있다. 그것은 학생들의 학습에 대하여 교사와 학생이 교류하게 되는 의사소통의 과정 전반에 관여하게 되는 것이다.

(2) 수업-평가에서 피드백을 해야 하는 이유는 무엇일까

그것은 학습자의 학습 개선을 위한 구체적이고 즉시적인 정보를 제공해 준다는 것이다. 그것을 통해 학습자가 스스로 학습 성장을 위한 또 다른 학습을 할 수 있다는 것이다. 또한 이 과정에서 교사에게는 수업–평가의 방법을 개선시켜 주기도 할 것이다. 아울러 학습자에게 한 뼘 성장할 수 있도록 학습 동기를 부여한다는 것이다.

(3) 가장 효과적인 피드백 방법은 무엇일까

첫째, 즉시 제공해야 한다.
둘째, 개인별 특성에 맞는 맞춤형이어야 한다.
셋째, 학생의 한 뼘 성장이 무엇인지 고민해 보는 것이어야 한다.
넷째, 도달해야 할 기준점인 성취기준과 관련이 있어야 한다.
다섯째, 학습자의 학습 동기를 촉진해야 한다.
여섯째, 교사의 협력에 의한 학생의 주도적인 활동을 보장해야 한다.

여섯째와 관련하여 피셔와 프레이는, 그것은 결코 피드백의 책임을 학생에게 전가시키는 것이 아니라고 말한다. 그러한 책임의 확대가 학생의 자신감과 역량을 바탕으로 계획에 따라 이루어져야 한다는 것이다. 그러면서 '학습에 대한 책임의 점진적 이양, GRR 프레임워크'를 다음과 같이 제시하고 있다.

프레이와 피셔의 GRR 프레임워크

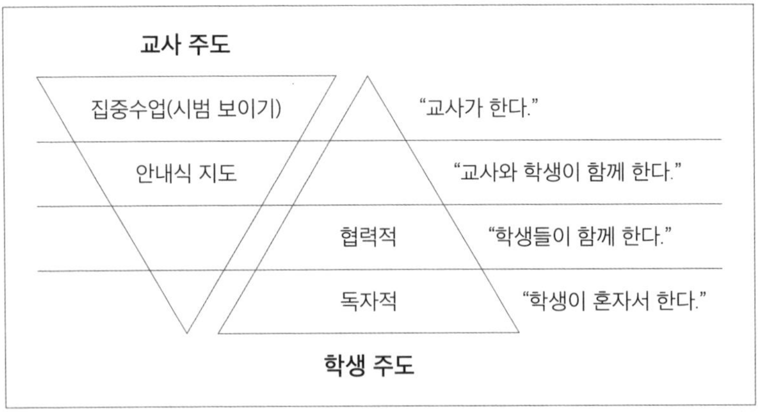

(Frey & Fisher, 2008, p.4)[16]

이 수업 프레임워크는 학습 책임의 주체가 교사에서 학생으로 점차 이양되는 형태를 기반으로 하고 있다. 이 프레임워크에서는 다음 네 가지 절차를 포함하고 있다.

첫 번째 단계는 '교사가 한다'는 것이다. 학생에게 아무것도 주지 않고 그냥 마음대로 하라고 하면 학생들은 오류만 경험하게 될 것이다. 자칫 활동만 넘치는 수업, 도구만 나열된 수업의 폐해만 남게 될 가능성이 커진다. 따라서 교사가 시범을 보이는 과정이 매우 중요한 교사의 역할이라고 말하고 있다.

---

16 Fisher, D., & Frey, N.(2014). Better Learning Through Structured Teaching: A Framework for the Gradual Release of Responsibility. ASCD.

두 번째 단계는 '교사와 학생이 함께 한다'는 것이다. 교사가 안내식 지도를 하는 것이다. 즉 학생들이 앞으로 무엇을 어떻게 학습해 나가는지를 질문하고, 길잡이 정보, 단서 등으로 제공하면 학생들이 이를 잘 이해하는 과정이라고 말하고 있다.

세 번째 단계는 '학생들이 함께 한다'라는 과정이다. 그것의 대표적인 활동이 바로 모둠활동일 것이다. 프레이와 피셔는 이를 각 구성원의 상호작용을 바탕으로 한 '생산적 모둠활동'이라고 말하고 있다.

네 번째 단계는 '학생이 혼자서 한다'라는 과정이다. 이를 '독자적 과제 수행'이라고 명명하였는데, 이를 통해 학생은 학습을 한 단계 업그레이드하여 내면화할 수 있다고 본 것이다.

이러한 교사의 주도성에서 점차 학생의 주도성으로 전이되는 수업-평가 방식은 파이크(Robert W. Pike)의 『밥 파이크의 창의적 교수법』에서도 언급하고 있는데, 그것은 바로 'CPR 방식'이다. 교사의 설명과 시범, 즉 코멘트(comment)로 시작해서 학생의 연습, 즉 프랙티스(practice)하도록 하고, 반드시 함께 정리하는 리뷰(review)의 과정을 거친다는 것이다.

밥 파이크의 CPR 수업법

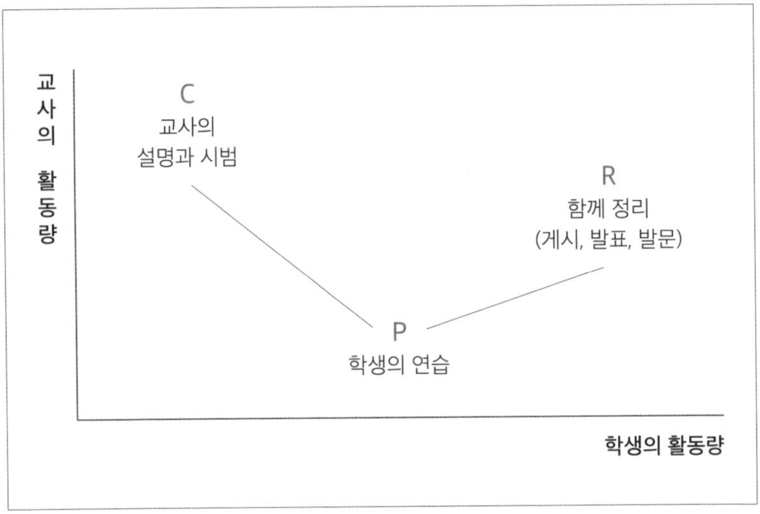

이러한 방식은 결국 깊이 있는 학습과도 연관될 수 있다. 학생이 학습을 스스로 예측하고 실행하고 성찰하여 삶에 전이할 수 있도록 도와주는 역할을 하는 것이기 때문이다. 이때 교사의 설명과 시범 부분은 예측하기와 관련이 될 것이고, 학생의 연습은 곧 실행이나 탐구일 것이며, 함께 정리하는 것은 곧 성찰과 전이의 과정이라 볼 수 있다. 이 점이 피드백이 있는 수업-평가의 의미이기도 한 것이다. 결론적으로 피드백이 있는 수업-평가란 다음과 같다.

> 학습자가 도달해야 할 성취기준을 명확히 설정하고, 학습 내용을 교사가 설명하거나 시범을 보여 주어야 하며, 학습 내용을 학습자가 탐구하고, 학습 내용을 제대로 배웠는지를 되물어 되먹여 주는 것이다. 그것을 통해 학습자가 스스로 학습을 되돌아보고 다시 학습하는 것이다.

(4) 피드백이 있는 수업-평가의 실천 전략

첫째, 학습자가 잘 이해할 수 있도록 구체적이고 명확한 피드백을 제공해야 한다.

둘째, 학습자의 성취를 인정하고, 긍정적인 피드백을 통해 동기를 부여해야 한다.

셋째, 학습자의 학습 과정에서 즉시적인 피드백을 받을 수 있도록 해야 한다.

넷째, 학습자가 스스로 평가하고 동료와 피드백을 주고받을 수 있는 기회를 제공해야 한다.

다섯째, 학습 내용을 분명하게 다시 말해 주는 '상기'와 힌트를 제공하는 '비계', 그리고 예를 들어 주어 이해시키는 '예시' 등의 방법을 적극 활용해야 할 것이다. 상기는 학습목표를 다시 분명하게 말해 주는 것이다. 수업-평가 중 학습자가 '무엇을 배우고 있는지'에 대해 환기시켜 줌으로써 집중된 학습을 할 수 있도록 도와주는 것이라 할 수 있다. 비계는 학습자가 학습의 단계를 높일 때마다 도움을 주거나 힌트를 주는 것을 말한다. 흔히 '실문-불충분한 내답-덧붙임-다시 질문함-다시 내답함'의 단계적 발문의 형태로 많이 활용해 볼 수 있다. 이는 평가에서도 세트 문항의 형태로 활용해 보는 것으로 나타나기도 한다.

한용운의 시 「나룻배와 행인」을 배우는 것을 예로 들어 보자.

교사 이 시의 화자는 누구니?

학생 '나룻배'라고 하고 있네요.

교사 무엇을 하고 있지?

학생 행인을 안고 물을 건너고 있습니다.

교사 행인은 나에 대해 어떤 태도를 취하고 있지?

학생 흙발로 짓밟고 있습니다.

교사 그러면서도 나룻배는 행인을 계속 기다리고 있잖니. 그러면 나룻배와 행인은 어떤 관계일까?

학생 ….

교사 둘을 사람이라고 생각해 봐. 서로 사랑하는 사이라면? 그렇다면 이 시의 주제는 무엇일 수 있을까?

이렇게 단계적으로 질문과 덧붙임을 해 가면서 결국 이 시가 의미하는 바를 학생들이 스스로 찾아갈 수 있도록 비계를 놓아 주는 것이다. 이런 예시는 강의식 수업을 할 때 매우 효과적으로 작동할 수 있다. 즉 사례를 통해 학생들이 일반적 원리에 다가가게 하는 방법이다. 미술 수업에서 인상파와 비인상파 화가의 작품들을 보여 주며 특징을 비교하게 하여 인상파의 특징을 찾게 하는 방법도 그 예라 할 수 있다.

다. 피드백이 있는 수업-평가의 실천

– 변별과 피드백의 사이에서

'모든 학생들이 자신의 속도에 맞춰 배워 나갈 수 있다' 라는 믿음을 가지고 호기롭게 과정중심평가, 성장중심평가를 수행평가에 적용하려고 애써 본 적이 있었다. 그러나 학생들에게 수행평가 점수를 발표하자, 바로 이의 제기가 빗발쳤다.

"선생님, 여기서 점수가 깎인 이유가 무엇인가요?"

"객관적인 근거가 무엇인가요?"

"제가 얘보다는 잘했다고 생각해요. 근데 쌤이 둘의 점수를 바꾸어 놓았어요."

왜 이런 일이 벌어지게 되었을까? 학습을 위한 평가나 학습으로서의 평가로 설계하였다 하더라도, 수행평가도 결과적으로 변별하여 점수로 낼 수밖에 없는 현실을 벗어나기가 어렵기 때문이다. 현실적으로 '학습 결과로서의 평가'와 '학습으로서의 평가'가 평화롭게 공존하기가 쉽지 않다. 아무리 훌륭한 피드백 평가를 설계하였더라도 점수로 환원되는 순간 모양새만 피드백 평가일 뿐, 결국 선의의 의도는 무너지게 되어 있다. 그것은 진정한 의미의 피드백 평가라 할 수 없을 것이다.

이런 우려를 피할 수 있는 가장 좋은 방법은 '피드백 평가 자체를 점수에 넣지 않는 것'이다. 즉 형성평가나 진단평가의 형태로만 사용하고, 실제로 수행평가 점수에는 반영하지 않는 것이다. 그러나 이렇게 할 경우 '신난'과 '처방'이라는 평가로서의 의미는 축소되고, 때로는 소홀히 하게 될 수도 있다.

또 다른 접근 방법은 '변별로 갈 수밖에 없는 평가와 온전한 피드백 평가를 완전히 분리해 보는 것'이다. 수행평가 중 일부를 온전한 피드백 평가로 사용해 보는 것이다. 그러기 위해서는 우선 평가를 받는 학생들과 사전 협의를 보아야 한다.

"얘들아, 너희들에게 성적이 중요하다는 것 알아. 그래서 지필은 변별이 잘되도록 출제할게. 수행평가도 변별이 잘될 수 있도록 확실하고 객관적인 평가 척도를 마련하도록 할게. 다만, 10점 정도만 선생님에게 줄 수 있을까? 이 10점만큼은 변별하지 않고 피드백용으로 사용하고 싶어. 특히, 수업 시간에 '말하고–듣고–읽고–쓰는' 의사소통 능력을 향상시킬 수 있도록 하고 싶어. 그래서 평가할 때에도 선생님이든 친구든 서로 도와주면서 평가할 수 있었으면 해. 한 번에 안 되면 두 번, 세 번 해도 되도록 하자. 모두가 10점 만점을 맞는 것을 목표로 해 보자."

그런 연후에, 다음과 같은 수행평가를 실시해 보았다.

첫째, 시간 유보하기다. 평가 시간 제한을 없애는 것이다. 평가 시간이 넘어가더라도 더 작성해 볼 수 있도록 하는 것이다.

둘째, 일단 넘어가기다. 지금 평가받을 준비가 되어 있지 않다면, 다음에 다시 평가받을 수 있도록 미루어 주는 것이다.

셋째, 다시 고치기다. 한 번에 하고 그만두는 것이 아니라, 몇 번이고 다시 학습하여 고쳐 볼 수 있도록 하는 것이다.

넷째, 다시 도전하기다. 일단 완성하였더라도 다시 되짚어서 수정해 볼 수 있도록 하는 것이다.

다섯째, 즉시적 피드백 주기다. 평가 중에 참고 자료를 찾거나 동료 학생의 도움을 받거나, 때로는 교사의 조언을 받을 수 있도록 하는 것이다.

국어과의 경우 '쓰기'를 어려워하는 학생들이 많았기에 처음에는 말하기만 하게 하고, 다시 한 문장만 써 보게 하고, 다시 그것을 몇 개의 문장으로 더 늘려 보기도 하고…. 이런 방법으로 최소 3문단 정도까지 자신의 생각을 표현할 수 있도록 하였다. 어떤 아이는 한 번에 끝내기도 하였지만, 어떤 아이는 일곱 번 넘게 다시 고쳐쓰기를 하였다.

점수 부여도 유동적이고 유연하게 적용하였다. 어떤 평가 요소에 대한 점수를 상·중·하 각각 3, 2, 1점으로 부여하게 되어 있다면, 한 학생이 성취도에 따라 처음에는 1점을 받았더라도 나중에 2점, 그리고 다시 3점을 받을 수 있도록 하였다.

그러나 피드백 중심의 수행평가는 본질적으로 많은 시간과 교사의 노력을 필요로 한다. 그렇다고 모든 학생들에게 완전한 피드백을 제공하는 것은 현실적으로 불가능하다. 실제로 해 보니 약 80%의 학생들이 만점을 받았고, 20%의 학생은 끝까지 완수하지 못하였던 경험이 있다. 그래도 피드백 평가로서의 의미는 남았다. 수업 시간 중 쓰기를 너무 힘들어 하던 한 학생이 일곱 번을 스스로 도전한 끝에 3문단으로 된 글을 써서 발표하는 모습을 본 것이다. 또한 비록 한 문장 정도에서 그쳤지만 그

온전한 피드백 수행평가 설계 예시

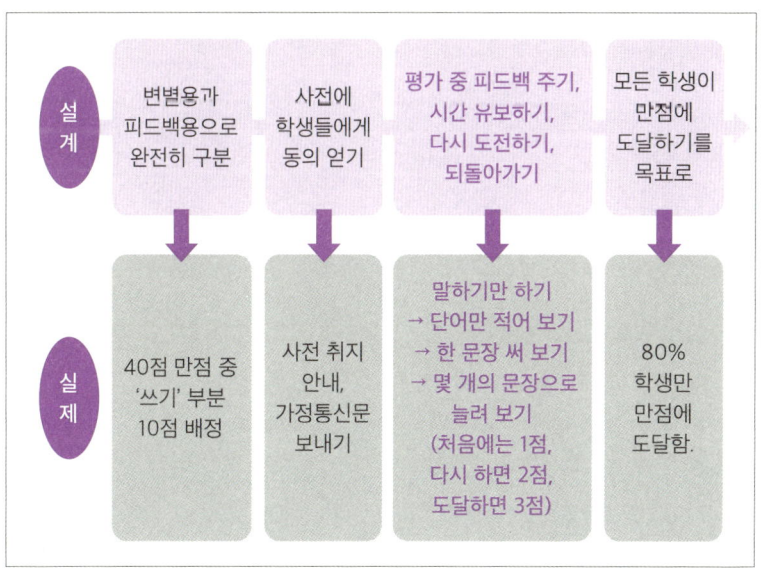

설계	변별용과 피드백용으로 완전히 구분	사전에 학생들에게 동의 얻기	평가 중 피드백 주기, 시간 유보하기, 다시 도전하기, 되돌아가기	모든 학생이 만점에 도달하기를 목표로
실제	40점 만점 중 '쓰기' 부분 10점 배정	사전 취지 안내, 가정통신문 보내기	말하기만 하기 → 단어만 적어 보기 → 한 문장 써 보기 → 몇 개의 문장으로 늘려 보기 (처음에는 1점, 다시 하면 2점, 도달하면 3점)	80% 학생만 만점에 도달함.

것을 스스로 뿌듯해 하는 학생의 모습도 보았다. 이러한 피드백 중심의 평가 방식을 도식화하면 위 표와 같다.

이러한 평가를 시도해 보고자 할 때, 몇 가지 유의해야 할 사항이 있다.

첫째, 과목의 인지적 영역 중에서 교사가 가장 중요하다고 생각하는 요소를 가지고 온다.

둘째, 교사가 자신의 시간과 노력을 투자할 수 있는 만큼 계획한다.

마지막으로, 사전에 학생들에게 취지와 방법 등을 충분히 안내한다. 가급적 명문화하여 안내하면 좋다.

피드백 중심의 평가를 작게나마 실천해 본 후, 이를 다시금 변별 평가와 접목하여 확장해 보는 방식으로 실천해 간다면 조금이라도 더 바람직한 수행평가를 해 볼 수 있지 않을까 기대해 본다.

2. 재도전이 가능한 평가 사례

- 수준별 활동지를 중심으로

많은 학생들이 평가가 끝난 후 시험 준비에 대한 부담에서 벗어나기 위해 다음 평가 준비나 새로운 학습에 몰두하는 경향이 있다. 이로 인해 평가 과정에서 자신이 이해하지 못한 부분을 복습하고 부족한 부분을 보완하는 과정을 소홀히 하거나 아예 지나치는 경우가 종종 발생한다. 특히 수학 교과에서는 이런 학습 습관이 심각한 결과를 초래할 수 있다. 수학은 각 단원의 기초 개념과 원리를 정확하게 이해해야만 다음 단원의 내용을 효과적으로 학습할 수 있는 특성을 가지고 있다. 만약 이전 단원의 기초가 불완전하면, 그로 인해 뒤따르는 단원의 학습 속도가 느려지거나 이해하지 못하는 문제가 발생할 수 있다.

이 문제를 해결하기 위해 소단원별로 학생들이 해당 단원의 내용을 얼마나 이해하고 있는지 점검할 수 있는 기회를 제공하고, 학습 내용을 복습할 수 있도록 돕는 활동지를 활용한 수행평가를 실시하게 되었다. 이 수행평가는 단순히 학생들의 학습 상태를 확인하는 데 그치지 않고, 학생 스스로 부족한 부분을 인식하고, 이를 개선할 수 있는 기회를 제공한다. 또한 학습 과정에서 발생할 수 있는 결손을 조기에 보완할 수 있으며, 학생들이 자신감을 가지고 후속 단원의 학습에 임할 수 있도록 돕는 것이 주된 목적이다.

이 수행평가는 소단원별로 반드시 알아야 할 개념과 문제를 중심으로 약 30분 내외에 해결할 수 있는 활동지를 제공하는 것으로 시작된다. 활동지는 각 단원의 핵심 내용을 담고 있어 학생들이 기본적인 내용을 충분히 이해했는지 확인할 수 있다. 학생들은 주어진 시간 안에 자신이 풀 수 있는 문제를 해결한 후 이를 교사에게 개별적으로 제출한다. 교사는 학생이 제출한 활동지를 즉석에서 채점하여 학생의 부족한 부분을 파악한 뒤 간단한 피드백을 제공한다. 예를 들어, 학생이 문제 해결에 필요한 공식을 제대로 알지 못하는 경우 해당 공식을 다시 설명하고, 공식을 활용하는 방법을 지도한다. 풀이 과정에서 실수를 하거나 접근 방법을 모르는 경우에는 문제 해결 과정을 단계별로 안내하며 지도한다. 이런 개별적 피드백 과정을 통해 학생은 자신의 부족한 부분을 명확히 인식하고, 이를 보완할 수 있게 된다.

교사의 피드백을 받은 학생은 남은 시간 동안 활동지를 수정하여 다시 완성한 후 최종적으로 제출한다. 이를 통해 학생은 단순히 정답을 확인하는 데 그치지 않고, 문제 해결 과정을 되짚어 보며 스스로 학습을 보완하는 경험을 하게 된다. 만약 기초가 탄탄하여 처음 제출 시 수정할 내용이 없는 경우에는 바로 만점을 부여받고, 이후 남은 시간 동안 교사가 제공하는 수준 높은 문제를 해결하거나 교과서의 다른 문제를 스스로 공부할 수 있도록 유도한다. 이는 기초가 탄탄한 학생들이 자신의 학습 수준에 맞는 도전을 할 수 있는 기회를 제공하며, 수업 내에서 더 깊이 있는 학습을 가능하게 한다.

재도전이 가능한 피드백이 있는 평가의 채점 기준은 다음과 같다.

재도전이 가능한 피드백이 있는 평가 채점 기준

활동지 해결 정도		점수
처음 제출 시	주어진 활동지를 정확하게 해결한 경우	4
	주어진 활동지를 50% 이상 해결한 경우	2
	주어진 활동지를 50% 미만으로 해결한 경우	1
수정 제출 시	교사의 피드백 이후 수정하여 전부 해결한 경우	3
	교사의 피드백 이후 수정하여 50% 이상 해결한 경우	2
	교사의 피드백 이후 수정하여 50% 미만 해결한 경우	1

표에서 보는 것처럼, 처음 제출 시 주어진 활동지를 정확하게 해결한 학생들은 만점인 4점을 받게 된다. 그리고 활동지 문항의 약 50%를 해결한 학생들은 2점을, 50% 미만 해결한 학생들은 1점의 점수를 부여받는다. 여기서 2점과 1점을 받은 학생들은 교사의 피드백 이후 다시 수정하여 재도전하게 된다. 학생들은 재도전 후 수정 제출하여 재채점을 받은 경우 자신의 점수를 3점까지 올릴 수 있다. 문제의 난이도가 평이한 경우 재도전 시 모든 문제를 잘 해결한 경우 3점을 부여하며, 경우에 따라서는 1문제를 실수한 경우에도 3점을 부여하기도 한다. 이는 평가를 시작하기 전에 미리 공지하여 점수 부여에 대한 오해가 없도록 한다. 그래서 대부분의 학생들은 재도전을 통해 자신의 점수를 1~2점씩 올릴 수 있다.

이 평가에서 성적이 우수한 학생들이 '왜 다른 친구들은 다시 수정할 수 있는 기회를 줘서 점수를 올려 주느냐' 고 질문할 수도 있다. 하지만

이 부분은 학기초 평가에 대해 공지하면서 평가의 목적을 명확히 알려 줌으로써 해결하였다. 이 평가의 목적은 누가 얼마나 잘하는지를 구분하기 위한 것이 아니라, 각 단원에서 반드시 알아야 하는 내용을 모든 학생이 이해하도록 피드백을 제공하고, 학습 성장을 위해 재도전의 기회를 부여하는 평가임을 강조하였다. 처음부터 모든 문제를 잘 해결한 학생과 수정하여 모든 문제를 해결한 학생은 1점의 차이가 있기 때문에 중위권 학생들이 점수를 올려도 평가의 변별력이 유지된다는 점을 학생들에게 분명히 알려 주었다.

이런 평가 방식은 한두 번의 평가가 아닌, 각 단원에서 반드시 알아야 하는 문제들을 지속적으로 제공하여 학생들로 하여금 중요한 내용을 확실히 숙지할 수 있도록 하는 데 목적이 있었다. 이에 따라 한 학기 동안 최소 6회 이상 실시하여 학생들의 기초 실력을 다질 수 있도록 하였다.

교사의 피드백 이후 재도전을 통해 점수를 올린 학생들

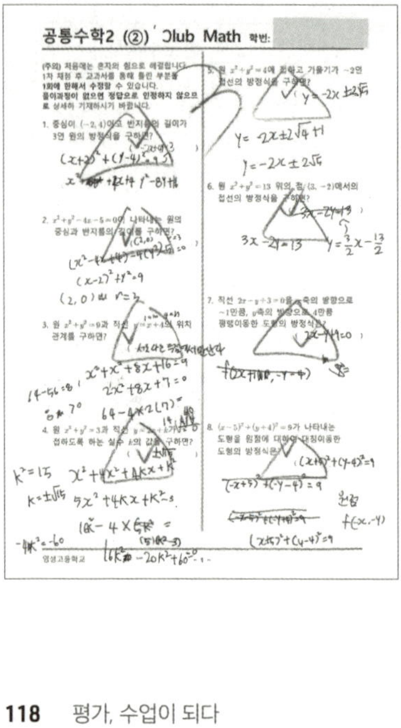

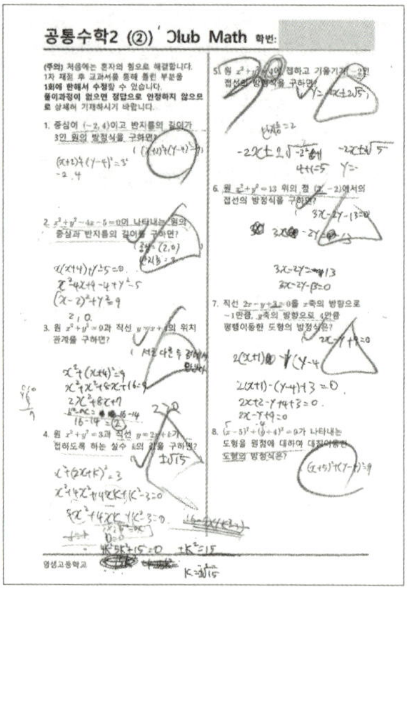

처음에는 틀린 문제가 있었지만 교사의 피드백 이후 수정하여 모든 문제를 풀 수 있게 된 사례들이다. 만약 기존처럼 교사의 피드백과 재도전의 기회를 제공하지 않았다면, 학생들은 평가가 끝난 후 그 결과에 머무르기만 했을 것이다. 이는 다음 단원에서 기초 실력 부족으로 인해 수업을 제대로 따라가지 못하는 결과를 초래할 수 있다. 따라서 매 소단원마다 지속적인 평가를 통해 학생들의 기초 실력을 다져 주는 것이 중요하다.

이와 같은 수행평가는 여러 면에서 긍정적인 효과를 기대할 수 있다.

첫째, 학생들은 소단원별로 자신의 학습 상태를 점검하고 부족한 부분을 인식하며, 이를 보완할 수 있는 기회를 제공받는다. 이는 단순히 점수만 부여하는 평가의 역할을 넘어, 학습 과정에서 발생할 수 있는 문제를 해결하는 데 초점을 맞춘 평가 방식이다.

둘째, 교사는 학생 개개인의 학습 상태를 보다 면밀히 파악하고, 학생에게 필요한 개별적 지도를 제공할 수 있다. 이를 통해 학생은 교사와의 상호작용을 통해 학습 동기를 강화하고, 문제 해결 능력을 키울 수 있다.

셋째, 기초가 탄탄한 학생들에게는 수준 높은 문제를 추가로 제공하여 도전적이고 흥미로운 학습을 경험하게 하고, 다른 학생들에게는 기초·보충 학습을 지원함으로써 수준별 학습 환경을 조성한다. 이는 학습의 다양성과 균형을 보장하여 전체 학생의 학업 성취도 향상에 기여한다.

이 평가에서 중요한 점은 틀린 문항의 개수가 조금씩 줄어드는 학생들을 찾아내어 칭찬을 아끼지 않는 것이다. 초등학교 4학년 이후 수학을 어려워하고 거의 포기했던 학생이 피드백 시간에 자신감을 얻으며 조금씩 성장하는 모습을 스스로 인식하게 되었고, 이는 수업 시간에도 열심히 참여하는 결과로 이어졌다. "너는 조금만 더 하면 수학과에 가도 되겠는걸"이라고 칭찬을 해 주니, 그 학생은 다른 친구들에게 좋은 점수를 자랑하며 그 이후의 수업 시간에도 열심히 하는 모습을 보여 주었다. 아마 초등학교 이후로 수학 시간에 잘했다는 칭찬을 받은 것은 이번이 처음이었을 것이다. 특히 지필고사가 끝난 후 복도에서 자신의 시험지를 가지고 있다가 지나가던 필자에게 이번 시험에는 안 자고 이만큼 풀었다며 자랑하는 모습을 보였다. 물론 예전에 비해 성적이 많이 향상되지는 않았지만, 학생 스스로는 나름대로 열심히 문제를 풀었다고 자부심을 느끼고 있었다.

결론적으로, 소단원별 활동지를 활용한 수행평가는 학생들이 학습 과정에서 발생할 수 있는 결손을 조기에 보완하고, 학습 내용을 체계적으로 이해하도록 돕는 효과적인 방법이다. 또한, 학생 개개인의 수준에 맞춘 개별 지도와 학습 기회를 제공하여 학습 성취도를 극대화하는 데 중요한 역할을 할 것이다.

3. 문제 해결 및 발표 평가 사례
- 학생 성장 모니터링을 중심으로

가. 왜 학생 성장 모니터링인가

(1) 하나의 이야기

1학기 초, 민수(가명)는 화학 수업 진단평가에서 'B'를 받았다. 이는 높은 평균을 유지하는 또래 집단 내에서 그리 특별하지 않은 출발이었다. 스스로를 '화학을 좋아하는 학생'이라 소개했지만, 과제 완성도나 수업 참여도는 낮은 편이었다.

민수는 1차와 2차 형성평가에서 연이어 'B'를 받았으나, 3차 형성평가에서는 'C'를 받았다. 그 이유는 늘 반복되는 실수 때문이었다. 민수는 문제 풀이 과정에서 단위를 잘못 표기하고도 이를 돌아보지 않았다. 교사가 이를 지적하자 민수는 "시간이 오래 걸리고 굳이 신경 쓰지 않아도 될 것 같았다"고 말하였다.

교사는 민수가 개념 자체를 모르는 것은 아니라고 생각하였다. 오히려 문제를 빨리 풀기 위해 필수적인 과정을 생략하는 습관 때문이라 판단하고, 민수에게 구체적인 피드백을 제공하였다.

"계산 과정을 구체적으로 작성하면 나중에 실수를 줄일 수 있어. 다음

과제에서 이 부분을 특히 주의해서 살펴볼게."

이 피드백이 민수에게 즉각적인 영향을 주었는지는 확실하지 않다. 하지만 교사는 민수의 학습 과정을 지속적으로 모니터링했고, 그에 맞춘 피드백을 제공하였다. 민수는 이후에도 계속해서 'B'를 유지했으나, 학기말 평가에서는 마침내 'A'를 받았다.

민수의 성장이 과연 교사의 피드백 덕분이었을까? 이것만으로 성적 향상을 단정 짓기는 어렵다. 다만, 학기말 시험이 끝난 후 민수가 제출한 답안에서 단위로 인해 틀린 문제는 없었다.

(2) 학생의 성장을 위한 피드백과 모니터링

학생의 성장은 등급이나 점수만으로 설명될 수 없다. 학생이 도전하고 실패하거나, 성공한 뒤 다시 도전하는 과정 자체에 성장의 본질이 있다. 교사가 성장의 신호를 놓치지 않고 기록하며 학생과 공유할 때, 비로소 그 실체가 드러난다.

'학생 성장 모니터링(Monitoring Student Growth)'이란, 이 실체를 드러내기 위해 교사가 학생의 평가 결과를 지속적으로 관찰하고 기록하는 것을 말한다. 이러한 기록을 바탕으로 시의적절한 피드백을 제공함으로써 학생의 성장을 돕는 일련의 교육활동이라 할 수 있다.

사실 '모니터링'이라는 단어는 교사들이 늘 해 왔던 관찰과 기록의 연장선상에 있다. 다만, 교사들이 학생의 성장을 지원할 때 반드시 갖추어야 할 두 가지 요소인 '시의적절성'과 '실천 가능성'을 강조하기 위해 이러한 용어를 사용하였다.

시의적절성은 학생이 제출한 과제나 산출물에 대한 피드백이 단순한 점수나 등급을 넘어서 구체적이고 명확해야 함을 의미한다. 예컨대, 학생이 작성한 학습지를 보고 교사가 모범 답안을 안내하는 것만으로 교육활동을 멈춘다면, 학생은 자신이 왜 틀렸는지, 어떤 부분을 개선해야 하는지 구체적으로 알 수 없다. 결국 피드백이 없으면 학생은 성장을 위한 중요한 기회를 놓치게 된다.

(3) 현실 속의 피드백, 그 어려움과 한계

하지만, 모든 학생에게 매번 구체적인 피드백을 제공하는 것은 현실적으로 어렵다. 크게 두 가지 이유 때문이다.

첫째, 담당 학생 수의 문제이다. 우리나라 일반 학급은 대체로 20~30명의 학생들로 구성되며, 한 교사가 하루에 여러 학급을 지도할 수도 있다. 예를 들어, 한 교사가 30명씩 3학급을 지도한다면 총 90명의 학생을 담당하게 되며, 단 5분의 피드백만 제공한다고 해도 하루 7시간 이상의 시간이 필요하다. 이 계산은 수업 준비, 채점, 행정 업무 등을 제외한 것이다.

둘째, 피드백의 전문성 문제이다. 학생 개개인의 학습 스타일과 필요성이 다르기 때문에, 적절한 피드백을 제공하는 것은 상당한 전문성과 세심한 주의가 요구되는 작업이다. 피드백은 학생마다 다르게 설계되어야 하며, 때로는 세심한 배려와 인내심도 요구된다. 또한, 학생의 피드백에 대한 저항이나 무관심으로 인해 감정적 소모가 크다는 점 역시 간과할 수 없다.

(4) 성장의 촉매, 피드백과 모니터링의 조화

그럼에도 불구하고 학생에게는 적절하고 구체적인 피드백이 꼭 필요하다. 피드백은 듀이와 비고츠키가 강조한 '경험의 재구성'과 '사회적 상호작용'의 과정 속에서 학생의 성장을 촉진하는 가장 중요한 촉매제이다. 화학 반응에서 촉매가 반응 속도를 높이듯이, 적절한 피드백은 학생의 성장을 촉진한다. 이때 학생 성장 모니터링은 촉매의 작용을 지속 가능하고 체계적으로 관리하기 위한 필수적인 활동이다. 그렇다면 교사는 학교 현장에서 피드백과 모니터링을 어떻게 효율적으로 운영할 수 있을까?

나. 학생 성장 모니터링, 어떻게 하는가

학생의 성장이란 도전과 실패 그리고 다시 도전하는 나선형의 과정이다. 성장이라는 말은 아름답지만, 그것을 실제 교실 속에서 실천으로 옮기기는 쉽지 않다. 그렇다면 현실적인 수업-평가 상황에서 학생들의 성장을 어떻게 지속적으로 지원할 수 있을까?

(1) 수행평가 : 문제 해결 및 발표

피드백과 모니터링을 위한 수행평가를 설계하고, 이를 보조하기 위한 학생 성장 모니터링 도구를 개발하였다.

수행평가는 '문제 해결 및 발표'라는 이름을 가진 평가였다. 교사는 성취기준에 기반한 질문을 만들고, 이 질문을 수업 중에 학생들에게 물어본다. 학생들은 주어진 질문에 답하고, 이 내용을 글로 정리한다. 이 수행평가에서 사용한 질문은 1차, 2차 지필평가와 연계하여 수행평가가 지필평가 공부에도 도움이 되도록 설계하였다.

문제 해결 및 발표에서 학생들에게 제공한 문제는 기초·심화 문제로 구성하였다. 개념을 숙달하는 기초 문제는 필수 과제로, 심화 문제는 자유 과제로 학생들에게 제시하였다.

다음 표는 문제 해결 및 평가와 관련한 전체적인 교수·학습 및 평가 과정을 주차별로 정리한 것이다.

교수·학습 및 평가 계획

<table>
<tr><th>주</th><th>내용</th><th>교수·학습</th><th>평가</th></tr>
<tr><td>1</td><td></td><td>문제 풀이/개별 면담</td><td>문제 해결(진단평가)</td></tr>
<tr><td>2</td><td rowspan="5">Ⅰ. 물질의
상태와 용액</td><td rowspan="5">강의 및 발표</td><td rowspan="5">발표(관찰 평가)
문제 해결(형성평가 3회)</td></tr>
<tr><td>3</td></tr>
<tr><td>4</td></tr>
<tr><td>5</td></tr>
<tr><td>6</td></tr>
<tr><td>7</td><td></td><td>학습 내용 정리/개별 면담</td><td></td></tr>
<tr><td></td><td rowspan="3">Ⅱ. 반응 엔탈피와
화학 평형</td><td></td><td>1차 지필평가(총괄평가)</td></tr>
<tr><td>8</td><td rowspan="7">강의 및 발표</td><td rowspan="7">발표(관찰 평가)
문제 해결(형성평가 2회)</td></tr>
<tr><td>9</td></tr>
<tr><td>10</td><td rowspan="5">Ⅲ. 반응 속도와
촉매</td></tr>
<tr><td>11</td></tr>
<tr><td>12</td></tr>
<tr><td>13</td></tr>
<tr><td>14</td></tr>
<tr><td>15</td><td></td><td>학습 내용 정리/개별 면담</td><td></td></tr>
<tr><td></td><td></td><td></td><td>2차 지필평가</td></tr>
</table>

이 수행평가를 주차별로 살펴보면 다음과 같다.

1주 차에는 진단평가와 개별 면담을 실시한다. 개별 면담을 하는 동안 나머지 학생들에게는 기초 개념을 숙달할 수 있는 문제를 제공하고 풀게 한다. 2주 차부터 6주 차까지는 수업을 진행하면서 질문을 제시하고, 학생들은 질문에 답하는 질의응답 중심의 수업을 진행한다. 그리고 2주 차, 4주 차, 6주 차에는 형성평가를 실시한다. 형성평가는 수업 중에 제시했던 문제들로 구성되어 있다. 교사는 시험지를 채점한 후 과제에 대한 피드백을 제공한다. 7주 차에는 학생이 수행한 과제들을 바탕으로 개별 면담을 진행하며, 이 때 과제 수행 수준에 따른 피드백을 제공한다. 면담을 하지 않는 학생들은 교실에서 지필평가 준비를 한다. 8주 차에서 15주 차도 같은 방식으로 진행한다.

발표는 수업 중 질의응답에서 학생의 응답에 해당하는 것이다. 매 수업 시간 진행하였다. 문제 해결은 필수 과제인 형성평가로 2주에 1회 정도, 학생이 1회 수행할 때 50분 정도 걸리도록 설계하였다. 형성평가에서 제시하는 문제는 수업 시간에 질의응답을 통해 다룬 것이고, 수업 시간에 풀어 보는 시간을 주었다. 교사는 형성평가 결과를 채점한 후 학생의 수행 수준에 따라 피드백을 제공하였다.

이와 함께 자유 과제도 부여했는데, 자유 과제는 수업에서 배운 내용을 보다 깊이 있게 이해할 수 있는 도전적인 과제였다. 이 과제는 학생이 선택하여 수행했고, 이에 대한 평가 결과는 과목별 세부능력 및 특기사항에 기록하였다.

(2) 학생 성장 모니터링 도구

문제 해결 및 발표를 진행하면서 학생들에게 피드백을 주기 위해서는 학생들의 평가 결과를 기록해야 했다. 이를 위해 다음과 같은 '학생 성장 모니터링 도구'를 개발하였다.

학생 성장 모니터링 도구

학생 정보	목표		모니터링									성취 수준
				1차	2차	…	1차 지필	…	…	…	2차 지필	
	능력 검사		평가									
	학생		노력									
	교사		기대									
	특이 사항		특이 사항									

이 도구는 학생의 평가 결과와 교사의 피드백을 간단하게 기록해 두는 도구로, 학생의 학습 과정을 모니터링하는 기록 양식이다. 표를 설명하기 위해 가로 행과 세로 열을 구분하고, 각 칸은 셀이라고 칭하겠다.

1열의 학생 정보 셀은 학생의 이름, 학번과 같은 인적 사항을 기록한다.

2열의 목표 셀은 이 수업이 끝난 후 성취하기를 기대하는 수준이다. 수준에 따라 A, B, C로 표시한다. '능력검사' 셀은 진단평가 결과를 기록한다. '학생' 셀은 학생이 목표로 하는 수준이며 면담을 통해 판단한다. '교사' 셀은 진단평가 결과와 학생과의 면담, 학생이 지난 학기에 성취한 관련 교과의 성적을 바탕으로 판단한다.

3열의 모니터링은 학생의 형성평가와 총괄평가의 결과를 기록하는 곳이다. 교사의 평가 설계에 따라 횟수는 다양할 수 있다. 이 수업 사례에서는 형성평가를 1차 지필평가 전까지 3회, 2차 지필평가 전까지 2회, 총 5회 실시하였다.

성취수준은 1차, 2차 총괄평가와 수행평가의 성적이 종합되어 최종 등급이 표시되는 곳이다. 만점의 90% 이상은 A, 90% 미만~80% 이상은 B, 80% 미만~70% 이상은 C, 70% 미만~60% 이상은 D로 표시된다.

교사는 학생의 형성평가 결과를 모니터링 열에서 '평가' 셀에 입력한다. 그리고 수업 시간에 적극적으로 참여하거나 자유 과제 수행에 대한 평가 결과는 '노력' 셀에 입력한다. '기대' 셀은 목표에서 교사가 평가한 결과와 형성평가와 지필평가에서의 차이를 보여 준다. 한 등급 위이면 +1, 같으면 0, 한 등급 아래면 −1로 표시된다. 즉, +1로 표시되는 경우 교사가 예상한 것보다 잘하고 있는 것이고, −1이면 예상한 것보다 못하고 있는 것으로 교사의 관심이 필요한 상태라 할 수 있다.

마지막으로 '특이사항' 셀은 각 평가 시기에서 학생에 관해 주목해야 할 부분이 있다면 적는 곳이다. 면담, 피드백 내용이나 평가 결과를 채점하면서 얻은 정보를 기록하는 곳으로, 특이할 만한 학생의 학습 상태, 심리 상태가 있다면 기록한다.

(3) 문제 해결 및 발표 평가 결과

학생 성장 모니터링을 통해 얻은 학생별 성과를 중심으로 결과를 분석하였다. 수업에 참여한 총 46명의 학생 중 시스템 운영의 의미와 사례 이해를 위해 13명(S1 ~ S13)을 의도적으로 표집하여 심층 분석하였다. 다음 표는 모니터링을 통해 얻은 학생들의 성장치를 정리한 것이다. 성장치는 예상 목표치와 최종 성취수준 간의 차이로, +1은 성취가 예상 목표보다 한 단계 향상된 경우, 0은 유지된 경우, −1은 한 단계 하락한 경우를 나타낸다.

학생 성장 모니터링 결과

성장치	+1	0	-1	합계
학생 수	4명	37명	5명	46명

대부분의 학생은 성장치 0을 기록하였다. 이는 해당 학교의 학생들이 기본적으로 학업 성취도가 높기 때문으로 해석된다. 학생별로 모니터링 결과를 구체적으로 분석해 보면 다음과 같다.

먼저, S1 학생은 진단평가부터 최종 성취까지 모든 영역에서 일관되게 우수한 성적(A)을 보였으며, 교사의 특별한 개입 없이도 우수한 성과를 유지하였다. S1의 면담 내용을 보면, 화학을 좋아하고 자신의 미래 전공으로 생각하고 있다. 화학 올림피아드도 준비할 예정이다. 지난 학기 화학 성적은 A0이라고 기록되어 있다. 이는 학생이 이미 높은 학습 동기와

학생(S1)의 모니터링 결과

<table>
<tr><th rowspan="2">학생</th><th colspan="11">모니터링</th></tr>
<tr><th colspan="2">목표</th><th></th><th>1차</th><th>2차</th><th>3차</th><th>1차 지필</th><th>4차</th><th>5차</th><th>2차 지필</th><th>성취수준</th></tr>
<tr><td rowspan="3">S1</td><td>능력검사</td><td>A</td><td>평가</td><td>A</td><td>A</td><td>A</td><td rowspan="2">A</td><td>A</td><td>A</td><td rowspan="2">A</td><td rowspan="2">A</td></tr>
<tr><td>학생</td><td>A</td><td>노력</td><td>A</td><td>A</td><td>B</td><td>A</td><td>A</td></tr>
<tr><td>교사</td><td>A</td><td>성장치</td><td>0</td><td>0</td><td>0</td><td>0</td><td>0</td><td>0</td><td>0</td><td>0</td></tr>
</table>

자기 주도적 학습 능력을 갖추고 있음을 보여 준다. 이 학생에게 주어졌던 교사의 피드백도 '잘했어요', '훌륭합니다' 등 칭찬과 격려에 초점을 맞추고 있었다. 이러한 사례는 이미 우수한 학습 능력을 지닌 학생에게는 현재 수준을 유지하도록 지원하는 것이 적절함을 시사한다.

반면, S2 학생은 잦은 피드백과 면담이 진행되었음에도 불구하고 성장치가 0으로 나타났다. S2는 진단평가 결과가 B였고, 1차 지필평가에서 D를 받기도 하였다. S2의 경우 총 5회의 피드백을 받았는데, 피드백 내용은 주로 개념 이해가 부족한 부분을 구체적으로 지적하며 보완 학습을 권장하는 형태였다. 그러나 이 학생은 개념 이해를 위한 구체적인 질문이나 면담 요청 등 적극적인 대응을 보이지 않았고, 피드백에 대한 반응이 미온적이었다. 이로 인해 지속적 개입에도 불구하고 성취도가 유지되는 결과가 나타났다. 다만, 지난 학기 화학 성적이 B−에서 이번 학기 B+로 상승한 점을 고려하면, 모니터링과 피드백 과정이 장기적으로는 긍정적 영향을 미쳤을 가능성은 존재한다.

학생(S2)의 모니터링 결과

<table>
<tr><th rowspan="2">학생</th><th colspan="11">모니터링</th></tr>
<tr><th colspan="2">목표</th><th></th><th>1차</th><th>2차</th><th>3차</th><th>1차 지필</th><th>4차</th><th>5차</th><th>2차 지필</th><th>성취수준</th></tr>
<tr><td rowspan="3">S2</td><td>능력검사</td><td>B</td><td>평가</td><td>B</td><td>B</td><td>B</td><td rowspan="2">D</td><td>C</td><td>A</td><td rowspan="2">B</td><td rowspan="2">B</td></tr>
<tr><td>학생</td><td>A</td><td>노력</td><td>B</td><td>B</td><td>C</td><td>C</td><td>B</td></tr>
<tr><td>교사</td><td>B</td><td>성장치</td><td>0</td><td>0</td><td>0</td><td>-2</td><td>-1</td><td>+1</td><td>0</td><td>0</td></tr>
</table>

성취수준의 성장치가 +1을 기록한 학생은 4명(S3~S6)으로, 이들의 사

례는 모니터링의 긍정적 효과를 명확히 드러낸다.

예상 목표보다 높은 성취를 보여준 학생들(S3~S6)

학생	모니터링										
	목표			1차	2차	3차	1차 지필	4차	5차	2차 지필	성취수준
	능력검사	B	평가	B	B	C	B	B	B	A	A
S3	학생	A	노력	B	B	C		B	B		
	교사	B	성장치	0	0	-1	0	0	0	+1	+1
	목표			1차	2차	3차	1차 지필	4차	5차	2차 지필	성취수준
	능력검사	B	평가	B	C	B	B	B	A	A	A
S4	학생	A	노력	B	C	B		B	B		
	교사	B	성장치	0	-1	0	0	0	+1	+1	+1
	목표			1차	2차	3차	1차 지필	4차	5차	2차 지필	성취수준
	능력검사	B	평가	B	B	A	B	A	A	A	A
S5	학생	A	노력	A	A	A		A	A		
	교사	B	성장치	0	0	+1	0	+1	+1	+1	+1
	목표			1차	2차	3차	1차 지필	4차	5차	2차 지필	성취수준
	능력검사	B	평가	B	A	A	B	A	A	B	A
S6	학생	A	노력	B	B	B		B	A		
	교사	B	성장치	0	+1	+1	0	+1	+1	0	+1

이 학생들은 교사의 구체적이고 지속적인 피드백을 적극적으로 수용하여 예상보다 높은 성취를 보였다. 특히 과제 수행 과정에서 나타난 문제를 명확히 피드백하고 이를 학생이 즉각적으로 반영하여 학습 수준을 끌어올렸다.

S3은 '화학 공부를 위해 학원을 다님, 주 관심 분야는 정보과학, 1학기 화학 성적은 A–' 인 학생으로, 총 6회의 피드백을 받았다. 교사의 피드백은 일관되게 문제 풀이 과정의 정확성과 기록 방법에 초점을 맞췄다. "과제할 때는 수식과 함께 간단한 설명을 덧붙이면 좋아요. 공부할 때는 풀이 과정에서 단위도 함께 쓰면 좋아요. 활용하고 계산한 데이터 기록을 좀 더 명확하게 하세요." 특히 3차 모니터링에서 C등급으로 하락했다가(성장치 –1) 지속적인 피드백을 통해 회복하여 최종 A등급을 달성한 것이 특징적이다.

S5는 일관된 향상 패턴을 보였다. 3차 모니터링부터 지속적으로 성장치 +1을 기록하며 안정적인 성장 곡선을 나타냈다. 진단평가 면담에서 '주요 관심 분야는 물리, 화학임. 시험을 준비하기 위한 풀 문제 부족하다 느낌' 이라고 답한 학생으로, 명확한 학습 필요성을 인식하고 있었다. 노력도 또한 모든 평가에서 A등급을 유지하여 높은 학습 동기를 보였다.

반면 성취수준의 성장치가 –1을 기록한 학생의 사례는 교사의 모니터링과 피드백에도 불구하고 학업 성취가 하락할 가능성도 있음을 보여준다. S7은 진단평가에서 우수한 성취(A)를 예상했으나, 형성평가 과정에서 반복적인 학습 부진을 겪었고, 최종적으로 낮은 성적을 기록하였다. 학생 면담 결과, 시험 당일의 컨디션 문제나 개인적 요인이 주요 원인이었다.

학생(S7)의 모니터링 결과

학생	모니터링										
	목표			1차	2차	3차	1차 지필	4차	5차	2차 지필	성취수준
S7	능력검사	B	평가	B	C	C	B	B	A	C	B
	학생	A	노력	B	B	B		B	A		
	교사	A	성장치	-1	-2	-2	-1	-1	0	-2	-1

이처럼 성취수준의 성장치가 −1을 기록한 학생은 전체 학생 중 7명이었다. 이 학생들의 경우 피드백 제공 횟수는 평균 4회 이상으로, 주로 구체적인 학습 전략 부족과 개념 이해 부족에 대한 지적이 반복적으로 제공되었다. 특히 S8과 S9는 지속적인 피드백에도 불구하고 시험 수행에서 일관된 실수를 보였으며, S10은 평가 직전 성취가 개선되었다가 최종 평가에서 다시 하락하는 등 불안정한 학습 패턴을 보이기도 했다.

S8은 지난 학기 화학 성적이 A0였으나, 이번 학기에는 일관되게 교사 기대 목표(A)에 미치지 못하는 성과를 보였다. 특히 4차 모니터링에서 D 등급으로 급격히 하락(성장치 −3)한 것이 특징적이다.

S11과 S12는 진단평가에서 A등급을 받았으나 개인적 요인으로 인해 성취가 하락한 사례이다. S11의 진단평가 면담 내용을 보면 '주요 관심 분야는 물리, 정보. 선행 학습 안 함. 1학기 화학 공부 어려워했음. 학습에 관심 필요'라고 기록되어 있다. S12는 '주요 관심 분야는 화학. 1학기 화학 성적은 A+'로 화학에 대한 관심도 높고 이전 성적도 우수했으나, 모니터링 과정에서 '과제 미제출' 등의 기록이 나타나는 등 학습 태도의 변화가 성취 하락에 영향을 미친 것으로 보인다.

예상 목표보다 낮은 성취를 보여준 학생들(S8~S13)

학생	모니터링										
	목표			1차	2차	3차	1차 지필	4차	5차	2차 지필	성취수준
S8	능력검사	A	평가	B	B	B	A	D	A	B	B
	학생	A	노력	B	B	B		C	A		
	교사	A	성장치	-1	-1	-1	0	-3	0	-1	-1
	목표			1차	2차	3차	1차 지필	4차	5차	2차 지필	성취수준
S9	능력검사	A	평가	A	B	A	B	C	A	B	B
	학생	A	노력	A	A	C		B	A		
	교사	A	성장치	0	-1	0	-1	-2	0	-1	-1
	목표			1차	2차	3차	1차 지필	4차	5차	2차 지필	성취수준
S10	능력검사	B	평가	B	B	A	B	A	B	D	C
	학생	A	노력	B	B	B		B	B		
	교사	B	성장치	0	0	+1	0	+1	0	-2	-1
	목표			1차	2차	3차	1차 지필	4차	5차	2차 지필	성취수준
S11	능력검사	A	평가	B	C	A	C	A	A	C	B
	학생	A	노력	A	A	A		A	A		
	교사	A	성장치	-1	-2	0	-2	0	0	-2	-1
	목표			1차	2차	3차	1차 지필	4차	5차	2차 지필	성취수준
S12	능력검사	A	평가	B	C	B	C	A	A	B	B
	학생	A	노력	A	B	A		A	A		
	교사	A	성장치	-1	-2	-1	-2	0	0	-1	-1
	목표			1차	2차	3차	1차 지필	4차	5차	2차 지필	성취수준
S13	능력검사	A	평가	A	A	B	C	A	A	B	B
	학생	A	노력	A	B	B		B	A		
	교사	A	성장치	0	0	-1	-2	0	0	-1	-1

이러한 사례들은 학생들의 성장에 있어 피드백의 빈도보다는 피드백에 대한 학생의 적극적인 반응과 수용 태도가 더욱 중요한 요소임을 보여 준다. 더불어, 피드백 내용을 보다 명확하고 구체적으로 제공하는 것이 학생의 성장에 효과적임을 시사한다.

다. 학생 성장 모니터링의 의미

(1) 개별화된 맞춤형 지원의 실현

가장 주목할 만한 특징은 학생 개개인의 특성과 필요에 맞는 차별화된 피드백이 체계적으로 이루어질 수 있다는 점이다. 이미 우수한 학습능력을 지닌 S1과 같은 학생에게는 세부적 개선점을 제시하는 방식으로 현재 수준을 유지하도록 도왔다. 성장 잠재력을 지닌 학생들에게는 구체적이고 실행 가능한 개선 방안을 반복적으로 제공하여 예상보다 높은 성취를 이끌어 낼 수 있었다. 학습에 어려움을 겪는 학생에게는 학습 방법론적 조언과 함께 정신적 회복을 지원하는 방식을 취하였다.

이러한 개별화된 접근은 '하나의 잣대로 모든 학생을 평가' 하던 기존 방식에서 벗어나 각 학생의 성장 흐름에 맞는 맞춤형 교육의 가능성을 보여 준 것이라 본다.

(2) 조기 개입의 효과성

모니터링의 가장 실용적인 가치는 학습 부진을 조기에 발견하고 즉각적인 개입을 가능하게 했다는 점이다. S2의 사례를 살펴보면, 1차 지필평가 결과 D등급으로 급격히 하락했을 때(성장치 −2) 위기를 감지할 수 있었다. 이에 보다 집중적인 피드백을 제공한 결과 점진적 회복을 통해 최종적으로 목표했던 B등급을 달성할 수 있었다.

이는 전통적인 학기말 총괄평가 방식에서는 불가능했던 '학습 과정으로서의 평가'가 실현된 것이다. 이 평가는 최소 성취수준 보장 제도와 고교학점제 운영에 중요한 시사점을 제공할 수도 있는데, 학습 부진이 누적되어 회복 불가능한 상태가 되기 전에 적절한 개입을 통해 모든 학생의 기본 학력을 보장할 수 있는 구체적인 방안을 제시하기 때문이다.

(3) 피드백의 질과 수용의 중요성

모니터링 결과를 통해 피드백의 양보다는 질과 학생의 수용 태도가 학생 성장에 더 큰 영향을 미친다는 것도 알 수 있었다. 성장을 보인 학생들은 모두 노력 측면에서 A 또는 B등급을 유지하며 피드백을 적극적으로 수용하였다. 특히 S5는 '의미 있는 질문을 제시하며 학문적 호기심과 탐구 역량을 발휘' 하는 등 피드백을 바탕으로 더 깊이 있는 학습을 추구하였다. 반면 성장치 −1을 기록한 일부 학생들은 과제 미제출이나 피드백에 소극적인 반응을 보였다.

이는 단순히 피드백을 제공하는 것만으로는 충분하지 않으며, 학생들이 피드백의 가치를 인식하고 적극적으로 활용할 수 있도록 돕는 피드백 리터러시 교육이 함께 이루어져야 함을 시사한다.

(4) 한계와 향후 과제

이 수행평가와 모니터링의 한계도 명확히 보였다. S8, S11, S12와 같이 학습 능력은 충분하나 개인적 요인으로 인해 성취가 하락한 사례들을 보면, 학습 외적 요인에 대한 별도의 지원 체계가 필요함을 알 수 있다.

또한 S10처럼 학습 과정에서는 우수한 성과를 보이다가 최종 평가에서 급격히 하락하는 사례는 평가 방식과 학습 지원 방식 간의 정합성 문제도 제기한다. 이는 지금의 평가 사례가 만능은 아니며, 정서적 지원, 학습 환경 개선, 평가 방식의 다양화 등 종합적인 접근이 함께 이루어져야 함을 보여 주는 것이기도 하다.

6장

프로젝트 수업-평가

1. 프로젝트 수업-평가의 이해

1부에서 살펴본 성취기준 중심 수업-평가는 교육과정과 수업, 평가의 일체화를 추구한다. 4장에서 다룬 삶과 연계된 수업-평가는 학습자가 실제 삶의 문제를 인식하고 해결하는 능력을 기르는 방향으로 나아갔다. 5장에서 제시한 피드백 중심 수업-평가는 변별에서 성장으로의 패러다임 전환을 보여 주었다.

이제 6장에서는 이러한 토대 위에서 프로젝트 수업-평가의 구체적인 실천 방법을 살펴보고자 한다. 프로젝트 수업-평가는 성취기준 중심의 이론적 토대, 삶과 연계된 가치지향적 접근, 피드백 중심의 성장 지원이 통합된 수업-평가의 실천 모델이라 할 수 있다.

가. 프로젝트 기반 과정중심평가

과정중심평가는 2015 개정 교육과정부터 강조된 평가 방식으로, 학습 결과뿐만 아니라 학습 과정 자체를 평가의 핵심 요소로 삼는다. 기존의 평가가 주로 학습 결과를 기준으로 학생의 성취도를 판단했다면, 과정

중심평가는 학습의 전 과정을 관찰하고 기록함으로써 학생의 전반적인 성장과 변화를 지원하는 데 목적이 있다.

이러한 평가는 학생의 능동적 참여를 바탕으로 설계된다. 학생은 교사의 지속적인 피드백을 통해 학습을 점검하고, 전략을 조정하며, 자기 성장을 도모한다. 따라서 과정중심평가는 단편적인 정답 중심 평가를 넘어 사고력, 참여도, 표현력, 자기성찰 등 다양한 역량을 균형 있게 반영한다. 이를 위해 다양한 평가 도구와 방법이 요구되며, 그중에서도 프로젝트 기반 학습은 과정중심평가의 효과를 확장하는 유용한 접근이다.

프로젝트 기반 과정중심평가는 학생이 학습목표를 스스로 설정하고, 계획을 수립하며, 과제를 수행하는 전 과정을 주도적으로 설계·운영하도록 유도한다. 이는 단순히 교사 주도의 활동 수행을 넘어 학생이 학습의 주체로서 자율적·창의적으로 문제를 해결하는 과정을 포함하며, 2022 개정 교육과정이 강조하는 '자기 주도적 인재 양성'과 맞닿아 있다. 프로젝트 수행 과정에서 학생은 다양한 문제 상황을 분석하고 해결 방안을 모색하면서 창의적 사고력뿐 아니라 협력과 소통 능력도 함양한다. 이는 자기 주도성을 실제로 실천하는 과정이다. 또한 프로젝트는 지식 암기를 넘어 학습 내용을 실제 맥락에서 적용·실천하게 함으로써 학습자가 배운 내용을 삶과 연결하고, 더 나아가 사회적 실천으로 확장할 수 있는 기회를 제공한다. 이러한 경험은 미래 사회가 요구하는 문제해결력, 자기 성찰력, 협업 및 의사소통 능력 등을 통합적으로 기르는 데 효과적이다.

나. 프로젝트 수업-평가의 특징과 의미

(1) 프로젝트 수업-평가의 특징

프로젝트 수업-평가는 다음과 같은 특징을 갖는다.

첫째, 통합적 과정이다. 단순히 결과물을 제작하는 데 그치지 않고, 주제 탐구부터 실천과 성찰에 이르는 전 과정이 하나의 연속된 학습경험으로 설계된다. 영어과 단락 쓰기 프로젝트의 '주제 선택 및 탐구 → 글쓰기 → 실천 및 공유' 과정이나, 역사책 읽기 프로젝트의 '독서 → 토론 → 스토리보드 → 서평 쓰기' 과정이 그 예이다.

둘째, 학생 삶과의 연결이다. 프로젝트의 주제와 활동은 학생의 실제 삶과 긴밀히 연계된다. 학생은 진로나 관심사와 관련된 주제를 선택하고, 학습한 내용을 삶 속에서 실천한다.

셋째, 학생의 주도성이다. 학생이 단순히 교사가 제공한 활동을 수행하는 것이 아니라, 학습목표를 스스로 설정하고, 계획을 수립하며, 과제를 주도적으로 수행한다. 이는 2022 개정 교육과정이 추구하는 '자기 주도적 인재 양성'과 직결된다.

넷째, 다층적 피드백 구조이다. 교사의 개별 피드백, 동료 간 상호 피드백, 학습자의 자기 성찰이 학습 과정 전반에 걸쳐 유기적으로 작동한다. 이를 통해 학생은 지속적으로 자신의 학습을 점검하고 개선해 나갈 수 있다.

다섯째, 실천적 확장성이다. 학습의 결과가 교실 안에 머무르지 않고 실제 삶의 맥락에서 적용되고 실천된다. 픽토그램 프로젝트에서 SNS 공유를 통한 사회적 실천이나, 영어과 프로젝트에서 주제별 실천 인증이 그 사례이다.

(2) 프로젝트 수업-평가의 교육적 의미

프로젝트 수업–평가는 교육과정 재구성의 완성체라 할 수 있다. 국가 수준 성취기준을 학생의 삶과 연결해 의미 있는 학습경험으로 구체화하는 과정에서 교사의 교육과정 재구성 역량이 발휘된다. 교사는 '내 교실의 학생들은 누구인가?' 라는 질문에서 출발해 '왜, 무엇을, 어떻게 배우도록 할 것인가?' 를 상상하고 설계한다.

또한 과정중심평가의 실질적 구현이기도 하다. 학습 과정 전반을 관찰하고 기록하며 학습자의 성장과 변화를 지원하는 평가 본연의 기능을 회복한다. 평가는 학습의 마침표가 아니라 학습 도중에 이루어지는 관찰과 조언을 통해 학생의 성장을 설계해 나가는 여정이 된다.

아울러 미래 역량의 통합적 함양을 가능하게 한다. 창의적 사고력, 문제해결력, 의사소통 능력, 협업 능력, 자기 성찰력 등 미래 사회가 요구하는 핵심역량이 분절되지 않고 하나의 프로젝트 과정에서 통합적으로 계발된다.

결국 프로젝트 수업–평가는 1부에서 제시한 성취기준 중심 수업–평가의 이론적 토대 위에, 2부에서 다룬 삶과 연계된 접근과 피드백 중심의 실천이 종합된 수업–평가의 형태라 할 수 있다. 이는 교육과정과 수업, 평가가 하나의 유기체로 작동하며, 학습자의 전인적 성장을 지원하는 교육의 실천 모델을 제시한다.

2. 영어과 프로젝트 수업-평가 사례

가. 수업 설계와 성취기준 재구성

일정 기간에 걸쳐 긴 호흡으로 진행되는 프로젝트 기반 과정중심평가를 고3 영어 수업에 적용하고자 하였다. 고3 영어 수업은 일반적으로 읽기 영역에 초점을 맞추며, 학생들은 매시간 다양한 주제의 지문을 접하게 된다. 수업의 핵심은 단락 수준의 지문을 읽고 주제, 요지, 세부 정보, 내용 간의 논리적 관계 등을 파악하는 활동에 중점을 두었다.

고3 영어 수업 성취기준

교육과정 성취기준
[12영 II 03-01] 다양한 주제에 관한 글을 읽고 세부 정보를 파악할 수 있다.
[12영 II 03-02] 다양한 주제에 관한 글을 읽고 주제 및 요지를 파악할 수 있다.
[12영 II 03-03] 다양한 주제에 관한 글을 읽고 내용의 논리적 관계를 파악할 수 있다.

이러한 성취기준을 기반으로, 매시간 다음과 같은 활동지를 제작하여 수업에 활용하였다. 활동지에는 지문에 사용된 어휘, 대명사의 지시 대

상 찾기, 어법상 올바른 표현 고르기 등 다양한 문제를 포함하였으며, 지문에 사용된 필수 구문도 함께 정리하여 제공하였다.

학생들은 먼저 어휘의 뜻을 정리한 후 개별적으로 지문을 읽고, 이후

활동지 예시

수능특강 4-2

The quality of news is difficult to measure because there are no agreed-upon standards that satisfy everyone's definition of high quality. The term *quality* generally refers to any attribute, service, or performance that is highly valued within a group or a community. Defining quality is thus context-dependent, field-specific, and subject to individual preferences and tastes. It is important to note, however, that compared to other cultural products such as music and paintings, journalistic content is unique because **(A)** it has a strong civic and democratic component. The idea of the press as the "fourth estate" **(B) [stem / stems]** from the expectation that high-quality journalism promotes democratic ideals by playing the role of a watchdog, providing a public forum, and serving as a reliable information provider. Therefore, when discussing news quality, normative aspects cannot be overemphasized.

1. 다음 빈칸을 채워 봅시다.

	English	Korean		English	Korean
1	refer to		5	component	
2	attribute		6	press	
3	civic		7	watchdog	
4	democratic		8	overemphasize	

2. 윗글의 흐름을 분석하고 각 파트별 핵심 내용을 우리말로 써 봅시다.

[ ] → [ ] → [ ]

3. 윗글의 요지를 영어 혹은 우리말로 써 봅시다.

→ ______________________________

4-1. 밑줄 친 (A)가 지시하는 말을 찾아 영어로 써 봅시다. → (A) : ____________

4-2. 어법상 옳은 것을 찾고 그 이유를 써 봅시다. → (B) : **[stem / stems]** 이유 : ____________

5. Useful Structure!!

Defining quality is thus context-dependent, field-specific, and subject to individual preferences and tastes.

해석 : ______________________________

YOS : ______________________________

모둠별 토의를 통해 내용의 흐름을 분석하며 요지를 파악한다. 이어 활동지에 제시된 문제를 함께 해결하고, 지문에 활용된 필수 구문이 포함된 문장을 해석하며, 해당 구문을 활용한 문장 만들기 연습도 진행한다.

내용의 흐름을 분석하는 활동을 좀 더 구체적으로 살펴보면, 학생들은 먼저 주제문(topic sentence)을 찾고, 이를 뒷받침하는 세부 내용(supporting ideas)을 탐색한 뒤, 글의 마무리인 결론(concluding sentence)이 어떻게 구성되어 있는지를 분석한다. 물론 모든 지문이 이 세 가지 요소를 완벽하게 갖추고 있지는 않지만, 이러한 분석 과정을 통해 학생들은 체계적인 글의 구조가 메시지를 보다 명확하고 효과적으로 전달한다는 점을 자연스럽게 습득할 수 있다.

이러한 글의 구조는 학생들의 이해를 돕기 위해 햄버거 구조에 비유하여 설명할 수 있다. 위쪽 빵은 주제문, 아래쪽 빵은 결론, 중간의 고기, 치즈, 야채 등은 세부 내용을 의미한다. 이처럼 단락 구조를 시각적으로 이해하고, 이를 실제 글쓰기에 적용해 보는 것이 이번 프로젝트 기반 과정중심평가의 핵심이다.

글의 구조 비유

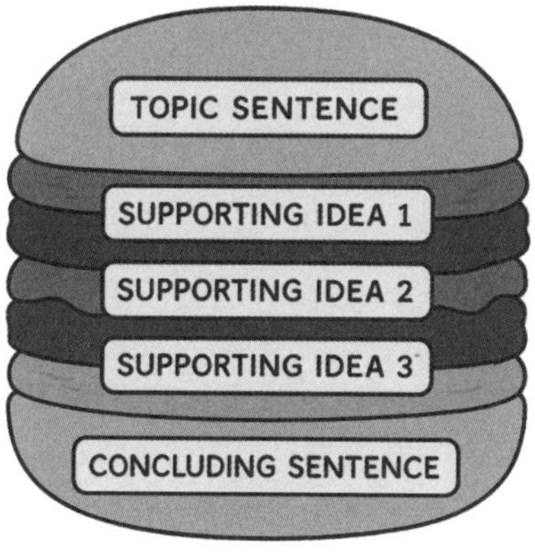

읽기 수업과 글 구조 분석 활동을 토대로 단락 수준의 글쓰기를 핵심으로 하는 프로젝트 기반 과정중심평가를 구상하고 다음과 같이 성취기준을 재구성하였다. 학생들은 자신이 선택한 주제에 대해 단락 수준의 글을 작성하고, 이를 실제 삶에서 실천한 뒤, 그 결과를 공유하는 전 과정을 수행하게 된다.

성취기준 재구성

교육과정 성취기준		재구성한 성취기준
[12영 II 04-05] 비교적 다양한 주제에 관해 짧은 에세이를 쓸 수 있다.	➡	자신이 선택한 주제에 관해 단락 수준의 글을 완성하고, 이를 실제 삶에서 실천한 후, 그 결과를 공유할 수 있다.

이러한 성취기준 재구성은 영어과가 추구하는 핵심역량, 대학 수업 준비 그리고 학습과 삶의 연결이라는 세 가지 차원을 동시에 반영한다.

첫째, 영어과 핵심역량 강화이다. 학생들은 단순히 지문을 읽고 문제를 푸는 수준을 넘어, 관심 있는 주제를 선택하고 탐구하며 그 결과를 글로 쓰고 발표하는 경험을 통해 자기관리 역량을 기를 수 있다. 탐구 과정에서 다양한 자료를 분석하고, 이를 단락 수준의 글로 정리하는 활동은 지식정보처리 역량을 신장시키며, 학습한 내용을 영어 이해 및 표현 활동으로 연결하는 과정은 곧 영어 의사소통 역량을 강화한다. 또한 모둠 활동 속에서 공유와 피드백을 주고받는 과정은 협력적 태도를 요구하므로 공동체 역량을 함께 기를 수 있다.

둘째, 대학 수업을 수행할 수 있는 역량 함양이다. 고3 시기는 대학 수업을 준비하는 단계로, 대학에서는 자기 주도성, 비판적 사고력, 학문적 문해력, 협업 능력이 필수적으로 요구된다. 프로젝트 기반 과정중심평가는 학생들이 다양한 자료를 탐색 및 분석하고, 이를 바탕으로 글쓰기와 발표를 수행하는 경험을 통해 대학에서 요구하는 학문적 글쓰기, 토론, 발표 능력을 미리 준비할 수 있도록 돕는다.

셋째, 수업과 평가를 삶과 연결한다. 프로젝트 활동은 단순한 지식 암기나 교실 안의 평가에 머무르지 않고, 탐구한 내용을 실제 삶의 맥락에서 실천하고 확장하는 경험을 가능하게 한다. 예컨대 학생은 자신이 탐구한 주제를 행동으로 실천하거나, 결과를 온·오프라인에서 공유하며 다른 사람과 소통하는 과정을 거친다. 이러한 경험은 배운 지식을 자기화하고 학습을 자신의 삶 속에서 의미 있게 재구성하도록 이끈다.

나. 프로젝트 기반 수업-평가의 실제

수업–평가는 '주제 선택 및 탐구 → 글쓰기 → 실천 및 공유'의 흐름으로 구성하였으며, 총 5차시에 걸쳐 운영하였다. 차시별 활동은 다음과 같다.

1차시에는 프로젝트 계획서, 2차시에는 글의 개요, 3차시에는 초안, 4차시에는 최종본을 작성한다. 마지막 5차시에는 모둠별 발표를 진행하고, 프로젝트 전 과정을 되돌아보는 소감문을 작성함으로써 전체 활동을 마무리한다.

교사는 학생들이 주제 탐구부터 글쓰기, 실천과 나눔에 이르는 모든 과정에 적극적으로 참여하도록 이끌었으며, 각 단계에서의 활동을 모두

평가에 반영하는 진정한 의미의 과정중심평가를 수업 속에서 실현할 수 있었다.

평가의 흐름

주제 선택 및 탐구	➡	글쓰기	➡	실천 및 공유
1차시 : 프로젝트 계획서 작성		2차시 : 개요 작성 3차시 : 초안 작성 4차시 : 최종본 작성		5차시 : 모둠 단위 발표 및 프로젝트 소감문 작성

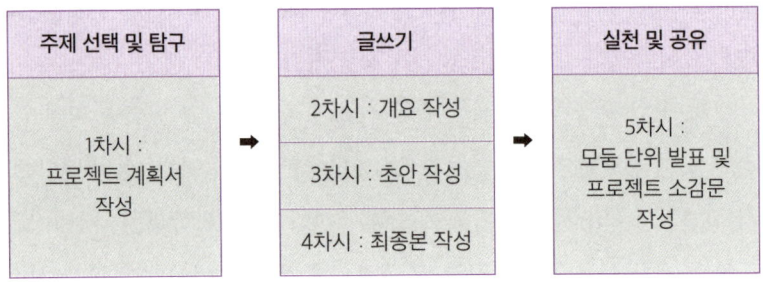

(1) 주제 선택 및 탐구 : 프로젝트 계획서 작성

차시별 활동의 첫 단계는 프로젝트 계획서 작성이다. 학생들에게 먼저 스스로 프로젝트 주제를 선정하도록 안내하고, 선택한 주제에 대한 이유나 동기를 서술하게 한다. 이때 단순히 흥미나 유행을 따르기보다는 자신의 관심사와 문제의식을 반영해 주제를 설정하도록 운영한다.

다음으로 주제에 대한 구체적인 탐구 방법과 내용을 작성하게 한다. 이 과정에서 학생들이 단순 인터넷 검색에 그치지 않도록, 통계청, 세계보건기구(WHO) 등 신뢰할 수 있는 공식 자료원을 활용하도록 안내한다. 아울러 가능하다면 관련 도서를 참고하도록 권장하는데, 이는 파편적 정보 습득을 넘어 종합적이고 비판적인 관점에서 자료를 탐색하고, 보다 깊이 있는 탐구 경험을 할 수 있도록 돕기 위함이다.

계획서의 마지막 항목은 주제의 실생활 적용이다. 이는 탐구 활동이 단순한 지식 습득을 넘어, 학생 개인의 삶과 연결되어 주제를 내면화할 수 있도록 설계한 것이다. 예를 들어 '감기 예방 방법'을 주제로 삼은 경우, 학생은 탐구한 내용을 바탕으로 예방 행동을 실천하고 그 과정을 기록할 수 있다. 반면, 실천이 상대적으로 어려운 주제, 예를 들어 '향수에 사용되는 화학 성분 탐구' 와 같은 경우에는 탐구 내용을 SNS에 공유하고 친구들의 의견을 수렴하는 간접적 실천 방식을 적용할 수 있다.

이러한 네 가지 항목(주제, 동기, 탐구 방법 및 내용, 실천 방안)을 포함한 프로젝트 계획서를 보다 효과적으로 작성하기 위해 생성형 AI를 활용해 샘플 계획서를 작성해 보았다. 그 결과, '기후변화와 지속 가능한 생활 습

활동지 예시

프로젝트 계획서 ○○고등학교 3학년 ( )반 ( )번 이름 :

1. 주제(영어로 작성)

기후 변화와 지속 가능한 생활 습관

2. 해당 주제를 선택하게 된 계기나 동기

최근 기후 변화로 인한 이상 기후와 환경 재난이 빈번하게 발생하고 있다. 이러한 현상들은 인간의 생활과 자연 생태계에 심각한 영향을 미치고 있으며, 특히 저탄소 사회로 전환이 시급하다는 필요성을 느끼게 되었다. 개인의 작은 실천이 모여 큰 변화를 만들 수 있다는 믿음에서, 지속 가능한 생활 습관에 대해 탐구하고자 한다.

3. 해당 주제에 관한 구체적인 탐구 방법과 내용

** 자료출처를 "구체적"으로 제시!
예) '인터넷에서' (X) / WHO(세계보건기구) 사이트에서 (O)

- IPCC(기후변화에 관한 정부간 협의체) : 최신 기후 변화 연구 보고서 및 데이터(https://www.ipcc.ch/)를 통해 기후 변화의 과학적 배경과 국제적 대응 방안을 탐구
- ONEP(유엔환경계획) : 지속 가능한 발전과 관련된 글로벌 캠페인 및 자료(https://www.unep.org/)를 통해 환경 정책 및 실천 사례를 확인
- 국립환경과학원 : 국내 환경 통계 및 연구 자료(https://www.nier.30.%/)를 통해 한국에서의 기후 변화 영향을 분석

4. 자신의 주제를 삶에서 실천하기(실천 방법)

** 자유롭고 개성 있는 아이디어 환영!
예) 근육 키우는 방법이 주제라면 일주일에 3회 근육 운동 등

1) 일상에서 플라스틱 사용을 줄이고, 재사용 가능한 용품 활용하기
2) 대중교통 이용과 걷기를 통해 탄소 배출 줄이기
3) 주변 사람들과 기후 변화의 심각성을 공유하며, 함께 환경 보호 활동에 참여

관' 이라는 주제를 바탕으로 완성도 높은 예시 계획서가 제작되었고, 이를 통해 학생들은 계획서 작성 과정에 대한 이해를 높이고, 자신의 계획을 더욱 구체화하는 데 도움을 받을 수 있었다.

프로젝트 계획서 작성 활동은 한 차시에 걸쳐 진행되었다. 이 단계는 이후 모든 활동의 기초가 되므로, 교사는 학생들이 작성한 내용을 수업 시간에 하나하나 검토하며 세심한 피드백을 제공하였다. 내용이 부족한 경우에는 추가 작성을 유도하고, 주제가 모호하거나 적절하지 않은 경우에는 주제 변경을 권장하였다. 이렇게 함으로써 학생들이 계획서를 보다 구체적이고 현실성 있게 완성할 수 있도록 활동을 운영하였다.

계획서 작성이 마무리된 후에는 학생들이 자신의 주제와 관련된 탐구를 지속적으로 이어 가도록 안내하였으며, 충분한 탐구 시간을 보장하기 위해 기간은 2주 이상으로 넉넉히 설정하였다. 탐구가 완료된 뒤에는 수집한 자료와 아이디어를 토대로 본격적인 단락 쓰기 활동으로 나아갔다.

(2) 글쓰기 : 개요 작성

단락 쓰기 활동은 개요 작성 → 초안 작성 → 최종본 작성의 단계를 거치는 과정 중심 글쓰기 활동으로 설계한다. 이 과정에서 학생들은 먼저 우리말로 개요를 작성한 후, 이를 영어로 번역하고 수정 단계를 거쳐 최종본을 완성하는 체계적인 글쓰기 연습을 진행한다.

개요 작성을 위해 학생들이 사전에 탐구한 내용을 메모하거나 휴대폰에 저장해 오는 것을 허용하였다. 또 사전 탐구를 완료하지 못한 학생들에게는 개요 작성 시간 중 탐구를 마무리할 수 있도록 하여, 모든 학생이 자신의 속도에 맞춰 활동에 참여할 수 있도록 배려하였다.

개요는 단락 수준 글쓰기의 기본 구조에 따라 주제문, 두 가지 이상의 근거 또는 예시, 결론으로 구성되었으며, 수업 시간에 '햄버거 구조' 그림을 활용하여 이를 명확히 안내하였다. 개요는 먼저 우리말로 작성하게 한 후, 120단어 이상의 영어 단락으로 발전시켜야 한다는 점을 고려해 분량을 적절히 유지하도록 안내하였다.

작성된 개요에 대해서는 주제의 명확성, 근거의 논리성, 분량의 적절성을 중심으로 개별 피드백을 제공하였다. 이를 통해 학생들이 글쓰기

활동지 예시

Process Writing (우리말로 개요 작성하기)

Step 1. 주제문 쓰기(자신의 프로젝트 탐구 주제)

기후변화는 현대 사회가 직면한 가장 중요한 문제 중 하나이며, 이를 해결하기 위해서는 지속가능한 생활습관의 실천이 필수적입니다.

Step 2. 주제를 뒷받침할 수 있는 근거(자신의 프로젝트 탐구 내용) 2가지 이상 쓰기

근거 1) 일상생활에서 발생하는 온실가스 배출을 줄이기 위해 에너지 절약 및 재활용을 실천하는 것이 중요합니다. 예를 들어, 에너지 효율이 높은 제품을 사용하거나 대중교통을 이용하는 것은 기후변화 완화에 기여할 수 있습니다.

근거 2) 지속가능한 소비 습관을 통해 자원을 절약할 수 있습니다. 불필요한 소비를 줄이고, 지역 생산품을 구매하거나 재사용 가능한 제품을 선택하면 자연 환경에 미치는 영향을 줄일 수 있습니다.

근거 3) 식단을 바꾸는 것도 기후변화에 대응하는 효과적인 방법입니다. 육류 섭취를 줄이고 채식 위주의 식단을 선택하면 식량 생산 과정에서 발생하는 탄소 배출을 감소시킬 수 있습니다.

Step 3. 결론 쓰기

기후변화 문제를 해결하기 위해서는 개인의 작은 실천들이 모여 큰 변화를 이룰 수 있다는 인식이 필요합니다. 지속가능한 생활습관을 통해 환경을 보호하는 데 기여하고, 미래 세대가 살기 좋은 지구를 물려줄 수 있도록 노력해야 합니다.

과정에서 논리적 사고력과 글의 구조화 능력을 함께 기를 수 있도록 도왔다.

또한 프로젝트 계획서 작성 단계에서 생성형 AI가 제시한 주제를 활용해 단락 쓰기 개요를 작성해 보았다. 위의 예시와 같이 완성도 높은 샘플이 제작되었으며, 학생들에게 좋은 참고 자료이자 글쓰기 가이드로 활용되었다.

(3) 글쓰기 : 초안 작성

글쓰기의 첫 단계에서 작성한 우리말 개요를 바탕으로 영어 초안을 작성하는 과정이다. 대부분의 학생들은 자신의 진로와 관련된 주제를 선택하였으며, 주제는 법, 언론, 건강, 운동, 약학, 공학, 인공지능 등으로 다양하였다. 이에 따라 사용된 어휘 수준도 높았으며, 영작 과정에서 학생들이 겪을 수 있는 어려움을 고려해 번역기나 생성형 AI 같은 도구 활용을 허용하였다. 이는 학생들에게 편리한 영작 환경을 제공하고 영어 표현에 대한 자신감을 높여 주려는 목적일 뿐만 아니라, 디지털 도구를 적절히 활용하는 능력도 중요한 학습 역량으로 보았기 때문이다.

다만 초안 작성 시에는 평소 수업에서 학습한 필수 구문 세 가지 이상을 반드시 활용하도록 조건을 제시하였다. 이는 학생들이 단순히 번역기나 AI가 제시한 결과를 그대로 옮겨 적는 것을 방지하고, 학습한 구문을 실제 글에 적용하며 자기 것으로 내면화하기 위한 거름망이었다. 더 나아가 수업 시간에 배운 내용을 글쓰기 평가와 자연스럽게 연결함으로써 수업과 평가의 일체화를 실현하고자 노력하였다.

교사는 평소 수업 시간에 학생들이 작성한 문장을 개별적으로 점검하며 표현의 적절성과 문법적 정확성에 대해 꾸준히 피드백을 제공해 왔으며, 이러한 활동은 초안 작성 활동의 중요한 기반이 되었다.

피드백이 반영된 학생 활동지 사례

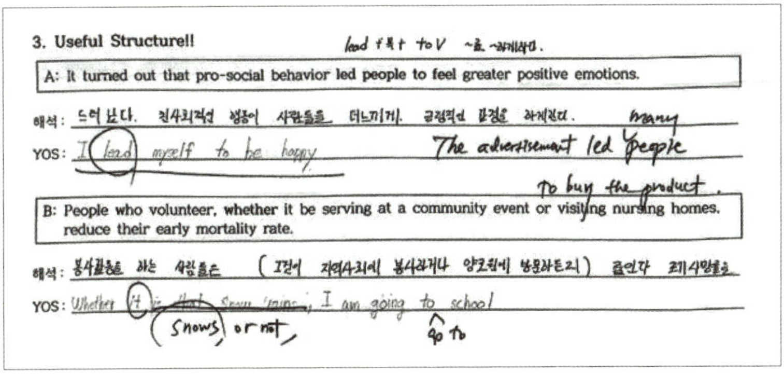

초안 작성을 위한 활동지는 학생들이 단어 수를 쉽게 확인할 수 있도록 설계되었다. 쉼표, 마침표 등 문장부호는 단어 수에 포함하지 않았으며, 최종 글의 분량은 120단어 이상 150단어 이하로 설정하였다. 다만 초안 작성 단계에서는 학생들의 부담을 덜기 위해 이 기준을 다소 완화하였다.

또한 필수 구문의 사용을 지원하기 위해 활동지에 구문 예시를 제공하고, 작성한 초안에서 해당 구문을 표시하도록 안내하였다. 이를 통해 학생들은 학습한 구문을 실제 글에 적용하며 스스로 사용 여부를 점검할 수 있었다.

아울러 초안 작성 전에 문장의 시작과 끝을 명확히 구분하는 방법도 강조하였다. 특히 대문자와 마침표의 올바른 사용을 반복적으로 안내하였는데, 이는 문장 구분이 불분명할 경우 글의 의미 전달에 혼란을 줄 수 있기 때문이었다.

활동지 예시

Process Writing (영어로 초안 작성하기)

※ **다음 필수 구문 중 3가지 이상 사용하기**

수동태(be 동사+ 과거분사) / 관계대명사 that(who, which) / 분사구문 / 동명사 주어 / by ~ing
관계부사 where(why, when) / 가주어 진주어 / 목적어 절을 이끄는 접속사 that / 명사를 수식하는 분사

Step 4. First draft - 개요를 바탕으로 초안을 작성합니다. **(사용한 필수 구문 반드시 표시하기)**

(4) 글쓰기 : 최종본 작성

글쓰기의 마지막 단계에서는 학생들에게 초안을 다시 배부하여 스스로 글을 검토하고, 필요한 경우 어휘나 문장을 수정하도록 운영하였다. 수정한 내용은 초안에 표시하게 하였으며, 수정 여부는 점수에 반영하

지는 않았다. 다만 학생들의 성장 과정으로 과목별 세부능력 및 특기사항에 기록하였다.

최종본 작성은 단순한 베껴 쓰기가 아니라, 자신의 글을 다시 점검하고 다듬는 학습의 연장선이 되도록 유도하였으며, 이 과정에서 학급 동료나 교사로부터 피드백을 받을 수 있도록 하였다. 피드백은 글 전체에 대한 검토보다는 어휘와 어법 등 구체적인 항목에 초점을 맞추어 진행되었으며, 이를 통해 학생들이 세부적인 문제를 개선하고 글의 완성도를 높일 수 있도록 하였다.

최종본 작성을 위한 활동지는 제목을 기입할 수 있도록 구성하여 글의 주제를 명확히 드러내게 하였고, 평가 기준을 함께 제시하여 학생들이 스스로 검토하고 수정할 수 있도록 도왔다. 최종본 평가는 활동지에 제시된 기준에 따라 이루어졌으며, 주요 평가 항목은 다음과 같다.

- 제목의 적절성 : 제목은 글의 주제를 명확히 드러내고 있는가?
- 구조의 완결성 : 서론, 본론, 결론의 구조를 갖추었는가?
- 내용의 논리성 : 주제를 뒷받침할 수 있는 근거나 예시를 두 가지 이상 제시하였는가?
- 필수 구문의 활용 : 필수 구문을 세 가지 이상 정확히 사용하였는가?
- 언어 사용의 정확성 : 어휘, 어법, 철자의 오류가 총 3개 미만인가?
- 분량 : 120~150단어 범위 내에서 작성되었는가?

분량 기준을 초과하여 작성된 글은 채점 대상에서 제외했으며, 120단어 미만으로 작성된 글의 경우 언어 사용 항목에서 감점을 적용하였다.

활동지 예시

Process Writing (최종본)

Step 5. Final draft - 초안을 바탕으로 최종본을 작성합니다. **(사용한 필수 구문 반드시 표시하기)**

TITLE :

10
20
30
40
50
60
70
80
90
100
110
120
130
140
150

평가기준	O/X	채점기준	
제목은 글의 주제를 명확히 드러내고 있는가?		6가지 충족	7
서론, 본론, 결론의 구조를 갖추었는가?		5가지 충족	6
주제를 뒷받침할 수 있는 근거나 예시를 2가지 이상 제시하였는가?		4가지 충족	5
필수 구문을 3가지 이상 정확히 사용하였는가? (사용한 필수 구문 반드시 표시하기)		3가지 충족	4
어휘, 어법, 철자 오류가 총 3개 미만인가?		2가지 충족	3
120-150 단어로 완성하였는가?		1가지 충족	2
합계		미충족	1

※ 분량 기준을 초과하여 작성한 문장은 채점하지 않음. 120단어 미만으로 작성한 글의 경우 언어사용 점수는 충족하지 못한 것으로 간주함.

(5) 실천 및 공유 : 모둠 단위 발표 및 프로젝트 전 과정에 대한 소감문 작성

프로젝트의 마지막 단계에서 학생들은 자신의 계획에 따라 선정한 주제를 실제 삶에서 실천하고, 그 결과를 공유한다. 이를 위해 프로젝트의 주제, 탐구 내용, 실천 사례를 한눈에 볼 수 있도록 영어 포스터를 제작하도록 운영한다. 실천 결과는 사진으로 인증하여 포스터에 포함하고, 완성된 포스터는 구글 클래스룸을 통해 제출한다.

다음 활동지 예시에는 대표적인 두 가지 사례가 소개되어 있다. 왼쪽 포스터는 '척추 건강을 증진하는 방법'을 주제로, 척추 건강에 좋은 음식을 섭취한 내용을 음식 사진으로 인증한 것이다. 오른쪽 포스터는 '그린슈머가 되는 방법'을 주제로, 상표 없는 병을 사용하는 모습을 촬영해 인증한 사례이다.

활동지 예시

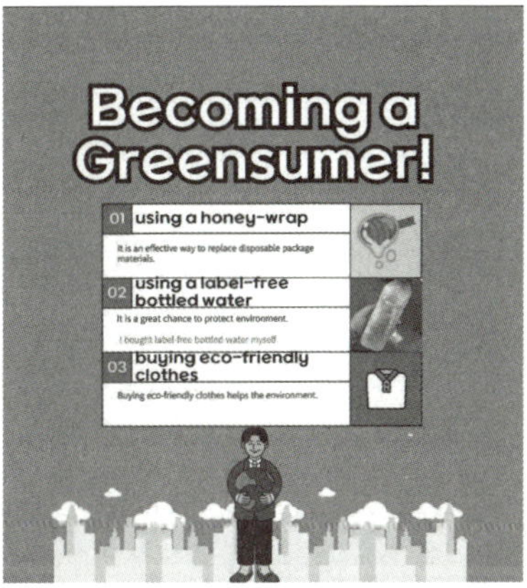

학생들은 포스터 제출 이후, 모둠 내에서 발표와 상호 공유의 시간을 가졌다. 전체 학급 앞에서 개별 발표를 진행할 경우 시간이 많이 걸리고 집중도도 떨어질 수 있기 때문에 학급 내 크롬북을 활용하여 자료를 공유하며 모둠별로 발표하도록 운영하였다.

또한, 학생들이 발표 내용을 집중해서 듣고 동료의 학습 과정과 결과를 존중하는 태도를 기를 수 있도록 모둠별 발표 후 피드백 작성을 필수로 하였다.

모든 발표가 끝난 후에는 프로젝트의 전 과정을 되돌아보며 스스로 학습을 정리할 수 있도록 소감문을 작성하게 하였다. 소감문에는 프로젝트를 통해 성장한 점, 아쉬운 점, 추가로 조사하고 싶은 내용 등을 포함하도록 하여, 학생들이 자신이 경험한 과정을 깊이 있게 되돌아보도록 유도하였다.

다음 예시에서 확인할 수 있듯이, 학생들은 동료의 발표에 대해 비판적이면서도 균형 잡힌 시각을 보여 주었고, 프로젝트 활동을 통해 본인이 얼마나 성장했는지를 명확히 인식하고 있었다.

활동지 예시

1. 모둠 친구들이 공유한 내용을 잘 듣고 피드백을 작성합니다.

	이름	피드백 내용(구체적인 한줄 평)
Peer 1		알기 어려운 전문적인 내용의 단어들의 정의를 설명해주지 않아 아쉬웠지만, 우리가 평소에 잘 아는 재미있는 유튜버를 비교하여 이해하기 쉬웠다.
Peer 2		크로키에 대해서 더 구체적으로 설명해주지 않아 궁금증이 쌓여 아쉬웠지만, 자신이 직접 그린 예시와 함께 발표를 효과적으로 마친 점이 인상깊다.

2. 프로젝트 전체 과정에 대한 소감문을 작성합니다.
예) 프로젝트 과정을 통해 본인이 성장했다고 느끼는 포인트, 아쉬웠던 점, 앞으로 추가로 조사해 보고 싶은 내용 등.

이러한 프로젝트를 통해 내가 평소에 관심있던 시각디자인에 AI가 많은 영향을 끼치고 있다는 사실을 다시한 번 알게 되었다. 사실 원래 나는 AI에 대하여 부정적이기만 한 입장이었다. 빅데이터의 발전 속도는 너무 빠르다. 또한 그렇기에 나는 학업과 미술을 병행하며 변화하는 AI에 적응하기에는 너무 버거웠다. 아무래도 그렇기 때문에 Ai에 대해서 부정적인 인식이 뇌리에 박히게 되었고, 부정적이게만 생각하니 AI를 잘 다루기란 쉽지 않았다. 그러나 이번 기회를 통해 나는 많이 성장했다고 할 수 있다. AI를 사용한 시각디자인에 익숙해지며 더 잘 다룰 수 있게 되었기 때문이다.

<중략>

친구들의 다양한 탐구활동을 보며 생각의 폭이 더 넓어질 수 있어서 좋은 시간이었다. 친구들은 겹치는 것 하나 없이 매우 다양한 주제를 가지고 왔고, 서로서로 경청하며 진심을 다해 발표하는 모습이 매우 인상깊었다. 꼭 수업시간이 아니어도 서로 주제에 대해 탐구해보고 설명 해주는 시간을 가져도 괜찮겠다는 생각이 들었다.

프로젝트 마지막 단계에 대한 평가는 네 가지 평가 요소, 즉 주제 실천, 실천 내용 공유, 실천 사례에 대한 피드백 제공, 프로젝트 전 과정에 관한 소감문 작성을 기준으로 수행하였다.

다. 수업-평가에 대한 성찰

총 5차시에 걸쳐 진행된 이번 프로젝트 기반 과정중심평가는 여러 긍정적인 성과와 함께 몇 가지 아쉬운 점도 드러났다.

일부 학생들은 진정으로 관심 있는 주제보다는 접근이 쉬운 주제를 선택하는 경향을 보였고, 탐구 과정에서 인터넷 정보를 비판 없이 수용하거나 불완전한 우리말 문장으로 인해 번역된 영어 문장이 어색하게 표현되는 사례가 있었다. 또한 초안을 수정하지 않고 그대로 최종본으로 제출한 경우도 있었으며, 주제를 실제 삶에 적용하고 실천하기에는 시간이 다소 부족했던 점도 아쉬움으로 남았다.

이러한 점을 개선하기 위해서는 초안 수정 여부를 평가 항목에 포함하여 학생들이 적극적으로 글을 다듬도록 유도할 필요가 있으며, 아울러 번역기나 AI를 효과적으로 활용하는 방법에 대한 구체적인 지도도 요구된다.

그럼에도 불구하고, 학생들이 프로젝트의 전 과정을 스스로 계획하고 실행해 본 경험은 자기 주도적 학습 역량을 기르는 데 큰 의미가 있었다. 나아가 탐구 내용을 실제 삶에 적용하면서 학습한 내용을 내면화할 수 있었고, 모둠별 발표와 상호 피드백 과정을 통해 협업 능력과 의사소통 능력도 함께 함양할 수 있었다. 이러한 경험은 학생들에게 주도성과 책임감을 키워 줄 뿐 아니라, 학습 내용을 실제 맥락에서 실천하며 성장하는 기회를 제공하였다는 점에서도 교육적 가치가 크다고 할 수 있다. 앞으로 이러한 경험이 학생들의 학습 태도와 삶 전반에도 긍정적인 영향을 미칠 것으로 기대한다.

3. 역사과 프로젝트 수업-평가 사례

가. 역사책 읽기 프로젝트 기획 의도

1930년대 중국 관내의 독립운동을 주제로 한 수업 시간이었다. 중국에서 이루어진 독립운동은 각자 추구하는 이념과 방향에 따라 여러 단체가 만들어지고 또 없어졌으며, 유명한 독립운동가들도 소속 단체가 바뀌는 경우도 있어 학생들이 어려워하는 부분이었다. 교사가 일목요연하게 정리하여 필기하고 설명했지만, 학생들은 수업을 마친 후 한숨을 쉬었다. “독립을 위해 애쓰신 건 감사하지만, 시험을 위해 모두 외워야 한다고 생각하니 걱정되고 답답해요.” 한 학생이 용기 내어 한 이야기에 다른 학생들도 고개를 끄덕였다.

역사를 공부함으로써 과거의 모습을 이해하고, 현재를 성찰하며, 미래를 만들어 갈 수 있는 능력을 기를 수 있게 해야 한다는 생각이 무색할 정도로, 학생들은 역사를 지나간 이야기들의 나열, 시험을 보기 위해 외워야 할 내용이 많은 과목이라 여겼다. 수업 시간에 교사의 내러티브적 설명 방식에 이끌려 재미있게 듣지만, 수업이 끝나고 나면 자극적인 내용만 기억에 남는다고 하였다. 특히 일제강점기의 역사가 그러했다. 일본은 우리나라 사람들을 괴롭힌 나쁜 존재이며, 목숨을 바쳐 독립운동을 하신 분들의 영웅적인 서사는 학생들의 삶과는 멀게 느껴졌던 것이다.

역사책 읽기 프로젝트를 기획한 이후, 기획 의도를 다음과 같이 학생들에게 공지하였다.

"역사를 만들어 온 '사람'에 대해 더 깊이 이해해 보려고 합니다. 일제강점기를 배경으로 쓴 여러 도서를 읽고, 역사적 사건과 관련 단체, 인물 등에 관해 궁금한 점을 직접 찾아보고 답을 찾아보세요. 과거에 있었던 일에 대해, 그리고 당시를 살았던 사람들이 어떤 상황에서 왜 그런 선택을 했는지, 그때 그 사람들은 어떤 심정이었을지 등을 더욱 풍성하게, 깊이 이해할 수 있는 기회가 될 수 있으리라 생각합니다."

나. 역사책 읽기 프로젝트 설계

(1) 성취기준 재구성하기

2022 개정 교육과정에서 고등학교 1학년 한국사는 한국사 1, 한국사 2로 나누어져 있다. 역사책 읽기 프로젝트 과정은 한국사 2의 1단원인 '일제 식민 통치와 민족 운동'에 속한다. 해당 범위의 성취기준은 다음과 같다.

[10한사2-01-01] 일제의 식민 통치 정책을 제국주의 질서의 변동과 연관하여 이해한다.
[10한사2-01-02] 일제의 식민 통치가 초래한 경제 구조의 변화와 그것이 경제생활에 미친 영향을 분석한다.
[10한사2-01-03] 국내외에서 전개된 민족 운동의 흐름을 이해한다.
[10한사2-01-04] 일제의 식민 통치로 인한 사회 및 문화의 변화와 대중운동의 양상을 파악한다.
[10한사2-01-05] 일제의 침략 전쟁에 맞서 전개된 독립 국가 건설 운동의 양상을 분석한다.

교육과정에서는 성취기준 적용 시 고려 사항도 함께 제시하고 있는데, 다음 부분이 실제 수업과 평가에 활용하기에 적합하다고 생각하였다.

- 1910년대부터 8·15 광복 이전까지 일제가 추진한 식민 통치 정책을 시기별로 분석한다. 일제의 식민 통치 정책이 사람들의 삶에 미친 영향을 신문 기사나 문학작품 등을 통해 파악하고, 이를 표현할 수 있다.
- 일제의 식민 통치하에서 살았던 사람들의 삶의 모습에 대해 문학작품, 사진, 영상, 그림, 포스터, 도표, 구술 자료, 일기, 광고, 만화 등의 자료를 통해 추론할 수 있다.

위와 같이 교육과정에 제시된 내용을 기반으로 하여 해당 프로젝트에 대해 다음과 같이 성취기준을 재구성할 수 있었다.

> 일제강점기를 배경으로 하는 책을 통해 일제의 식민 통치 정책이 사람들의 삶에 미친 영향을 파악하고, 식민 통치하에서 살았던 사람들의 삶의 모습을 추론한다.

위의 재구성한 성취기준은 지식·이해와 과정·기능적인 측면에 해당한다. 그렇지만 학생들이 역사책을 읽으면서 좀 더 자신의 삶을 성찰하고 현재를 살아가는 우리가 만들어 갈 나의 미래는 어때야 할지 고민하는 경험을 할 수 있게 하고 싶었다. 이에 가치·태도까지 더하여 '역사책을 읽은 후 자신의 삶을 성찰하며 공동체의 일원으로서 가져야 할 역사의식과 태도를 고찰할 수 있다.' 라는 측면을 추가하여 다음과 같이 재구성하였다.

> 일제강점기를 배경으로 하는 책을 통해 일제의 식민 통치 정책이 사람들의 삶에 미친 영향을 파악하고, 식민 통치하에서 살았던 사람들의 삶의 모습을 추론하며, 책을 읽은 후 자신의 삶을 성찰하며 공동체의 일원으로서 가져야 할 역사의식과 태도를 고찰할 수 있다.

(2) 수업-평가 설계하기

① 역사책 고르기

역사책 읽기 수업의 특성상 가장 먼저 해야 할 일은 학생들의 수준에 맞는 작품을 선정하는 일이었다. 2021년과 2022년에는 역사적 사실 그 자체를 다룬 비문학 작품과 역사를 배경으로 한 문학작품을 제시하여 학생들이 선택할 수 있게 하였다. 학생들이 선택한 작품의 종류가 다르더라도 프로젝트 과정에서 비슷한 사고 과정을 거칠 것이라고 예측했기 때문이다.

실제 프로젝트 과정에서 교사의 예측과 달리 문학작품을 읽은 학생과 비문학 작품을 읽은 학생들의 사고 과정은 분명한 차이가 있었고, 차이점은 평가에 반영되었다. 문학작품을 읽은 학생들은 인물의 활동과 생각에 높은 공감 능력을 보였지만, 시대적 배경에 대한 이해가 부족했다. 또, 문학작품 속 역사적 '사실'과 작가가 '허구'로 만들어 낸 부분을 구별하지 못하는 경우가 많았다. 그에 비해 비문학 작품을 읽은 학생들은 시대에 대한 이해와 인물에 대한 정확한 사실을 활용하여 프로젝트에 임하는 모습을 보였으나 공감 능력은 조금 떨어졌다.

수업과 평가 과정에서 교사가 학생에게 피드백을 하며 성장을 돕는 것도 중요하지만, 학생들이 보여 주는 모습을 통해 교사의 수업과 평가 역시 피드백을 받는다. 전반적으로 문학작품을 읽은 학생들이 '사람'에 대한 공감과 성찰 능력이 더 높게 나타났던 점을 근거로 삼아 2023년은 학생들에게 문학작품만 읽도록 제시하였다.

역사책 읽기 프로젝트를 준비하면서 가장 먼저 학생들에게 제공했던 것은 책에 대한 간단한 설명이었다. 학생들이 흥미를 느낄 만한 소재의 책을 스스로 선택할 수 있게 하고 싶었고, 학생별로 독서 경험에 따라 속도나 이해도가 다를 수 있기 때문에 교사가 판단하기에 읽기 어려운 책과 쉬운 책을 나누어 추천하였다. 특히 선정한 책 중 『알로하, 나의 엄마들』은 호흡이 길어 책 읽기를 좋아하는 학생들에게 추천하였고, 『황금열광』은 상대적으로 분량이 적고 내용이 어렵지 않아 평소 책을 자주 읽지 않거나 역사를 어려워하는 학생들에게 추천하였다.

② 역사책 읽기(1~3차시)

수업 시간 중 책을 읽을 수 있는 시간은 3시간으로 정하였다. 학생들에게 제시한 책 중 『알로하, 나의 엄마들』이나 『떠도는 땅』은 분량이 많기 때문에 특별히 책을 가까이하던 학생이 아니라면 대부분 수업 시간 내에 읽기 어려울 것으로 예측하였다. 긴 호흡으로 책을 읽게 되므로 개별 독서 활동지를 작성하여 책 내용을 정리하며 질문을 만들 수 있도록 하였다. 매 수업 시간, 자신이 읽은 부분에 대해 정리할 수 있게 활동지

역사책 읽기 1~3차시 개별 활동지 양식

읽은 날짜	2023.( ).( ) / ( )교시	쪽수	~ 쪽	교사 확인	
간단한 줄거리 또는 인상적인 문장과 이유					
책을 읽으면서 궁금한 점 (질문 2가지)					

를 제작하였고, 책을 빌려 읽는 경우도 고려하여 뒷면도 작성할 수 있도록 양면으로 인쇄하여 배부하였다.

이에 대한 평가 기준은 '작품 속 사건에 대한 호기심을 바탕으로 질문을 작성하였는가?', '작품 속 인물, 단체 등에 대한 정보를 파악하여 정리하였는가?'로 설정하여 학생들이 책을 읽고 활동지를 잘 작성했다면 대부분 만점을 받을 수 있도록 하였다.

③ 모둠 토론 활동(4차시)

모둠 토론 활동은 지난 3시간 동안 읽은 책의 내용을 더 깊이 이해하고 파악할 수 있도록 구상하였다. 책을 읽으면서 일부 학생들은 내용을 잘못 파악하기도 하고, 역사에 대한 배경지식이 부족하여 인물이나 상황에 대해 깊이 이해하지 못하여 표면적인 전개만 겨우 따라가기도 했다. 문제를 해결하기 위해 같은 책을 읽은 학생들끼리 모둠을 구성하여 토론 활동을 펼칠 수 있도록 하였다.

모둠 토론 활동은 세 가지 유형으로 구성하였다.

첫 번째는 교사가 제시한 질문에 대해 답을 찾아가는 방식이었다. 학생들은 선택한 문학작품에 따라 질문이 다른 활동지를 제공받았다. 문학작품마다 다루고 있는 시대적 배경이나 사건, 인물이 다르기 때문에, 질문을 통해 학생들이 이 책을 읽고 알아야 하는 것들을 확인하거나, 책의 내용을 좀 더 확장하여 해당 시기 이해를 돕기 위해 노력하였다. 다음 모둠 토론 활동지의 [질문 2]부터 [질문 4]까지는 『알로하, 나의 엄마들』을 읽으면서 학생들이 문학작품과 역사적 사실을 비교해 볼 수 있도록 만든 질문이다. 그리고 다른 세 권의 책 역시 모두 질문을 달리하여 제공하였다.

역사책 읽기 4차시 모둠 토론 활동지 사례 1

[역사 독서 프로젝트 2. 모둠 토론 활동지 : 5점]

(1) 공통 질문에 대해, 친구들과 함께 고민하며 생각을 나누고 응답해 봅시다.

질문1	• 공통 질문 : 이 책을 읽고 가장 중요하다고 생각한 장면은 무엇인지 공유해 봅시다!
	• 답 : (응답자) -
	(응답자) -
	(응답자) -
	(응답자) -
질문2	• 알로하, 나의 엄마들 : 대한제국에서 미주 지역으로 이민을 떠난 시기를 찾아 쓰고, 그 사람들은 왜 이민을 떠났으며, 떠난 후 삶은 어떠한지 찾고 써 봅시다.
	• 답 :
질문3	• 알로하, 나의 엄마들 : 미주 지역에서 한인들이 만든 단체와 활동 내용을 찾아 쓰고, 이승만과 박용만 계열의 독립운동 방향의 차이점을 구체적으로 적어 봅시다.
	• 답 :
질문4	• 알로하, 나의 엄마들 : 미국뿐 아니라 쿠바와 멕시코에도 우리 한인들이 이주하여 살았고, 어려운 상황에서도 독립을 위해 힘썼습니다. 쿠바와 멕시코 한인들의 독립운동을 찾아 구체적으로 적어 봅시다.
	• 답 :

[질문 5]부터 [질문 7]은 학생들이 스스로 궁금한 점을 제시하고 함께 해결해 가는 방식이었다. 첫 번째 유형의 질문에서 학생들이 문학작품 속 역사적 사실에 대해 확인하고 앎을 확장하였다면, 두 번째 유형에서

는 책을 읽으면서 스스로 만든 질문을 함께 공유하고, 질문에 대한 각자의 의견을 나누어 문학작품 속 인물의 상황이나 선택에 대한 공감적 이해를 높여 나갈 수 있기를 기대하였다.

세 번째는 다음 차시에 이루어질 스토리보드 제작을 위한 아이디어 회의였다. 아이디어 회의는 교사가 제시한 [질문 1]을 중심으로 회의를 진행하였으며, 스토리보드 작성 시 각자 필요한 사진 자료가 무엇일지 정하면서 전체 토론을 마무리할 수 있도록 하였다.

평가 기준은 '교사의 질문에 대한 답을 정확하게 찾았는가?', '모둠 토론 시 상대방의 의견을 경청하고 그 의견에 대한 자신의 생각을 표현하였는가?', '중요한 장면을 뽑고 표현 방법을 논의하였는가?'로 구성하였으며, 교사가 최대한 모둠활동을 지원하여 모둠활동에 열심히 참여한 학생들이라면 대부분 만점을 받을 수 있도록 계획하였다.

④ 스토리보드 제작 활동과 피드백(5차시)

스토리보드를 제작하는 활동은 2023년 역사책 읽기 프로젝트에서 처음 도전해 보는 활동이었다. 2022년에는 같은 책을 읽은 모둠에서 함께 읽은 책을 광고하거나, 책의 내용을 활용하여 해당 시기와 책 내용을 알리는 광고를 제작하여 함께 발표할 수 있도록 하였다. 학생들은 발표하며 연기력을 펼치기도 하고, 색다른 아이디어를 공유하는 등 흥미를 갖고 활동에 적극적으로 참여하였다. 그렇지만 모둠 내 개별 기여도에 따라 점수를 차등화하기는 쉽지 않았다. 특히 모둠 전체에 공동 점수를 부여했을 때 발생할 수 있는 부작용을 고려하여, 상급 기관에서는 모둠활동은 권장하되 모둠 평가는 지양하라는 지침을 내렸다.

모둠활동을 계획했던 이유는, 각기 다른 실력을 갖춘 학생들이 모여 함께 고민하고 협력하는 과정 그 자체에서 학생들이 배우는 점도 크고, 책에 대해 좀 더 정확하게 이해한 내용을 토대로 하여 더 좋은 산출물이 나오기 때문이었다. 그렇지만 모둠 공동 점수를 줄 수 없어 학생들이 협력하면서도 개별적으로 평가할 수 있는 방법을 찾아야 했고, 그것이 바로 스토리보드 작성이었다.

모둠활동 시 학생들이 해야 할 활동을 정확하게 제시하지 않으면, 무엇을 해야 할지 몰라 우왕좌왕하다가 시간이 흘러 완성하지 못하는 경우가 종종 있다. 그런 이유에서 스토리보드 작성에 있어 구체적인 단계를 제시하였고, 수업에서 읽지 않은 다른 역사책을 선정한 후 직접 스토리보드를 제작하여 예시 자료로 제시하였다.

역사책 읽기 5차시 스토리보드 작성 예시 자료 제공

• **같은 책을 선택하여 읽은 친구들과 공동 작업입니다. 다음 설명을 잘 읽고, 조건에 맞게 스토리보드를 제작해주세요!!**

< 제작 및 평가 과정 >

1. 모둠 토론(질문1)을 통해 가장 중요하다고 생각한 장면(역사적 사실이 포함된)을 인원수만큼 뽑습니다.
2. 각 장면에 적합한 사진 자료를 찾아봅니다.
3. 각 장면에 역사적 사실이 들어가 있는지 확인합니다.
4. 스토리보드 아래 칸에 내용 설명을 쓰도록 합니다.
5. 완성 후 사진을 찍어 구글 클래스룸 or 패들렛에 전체 공개 댓글로 올리도록 합니다.
6. 다른 모둠의 작품 중 인상적인 작품을 하나 골라 그 이유와 함께 구체적으로 써서 댓글로 올립니다.

<예시 자료: 제시의 일기>

1939. 태어난 어둠해의 어느날	1940. 3월. 임시정부 원로이신 이동녕 선생을 보내드리던 날.	1941. 가족사진	1945년 11월. 충칭 대한민국 임시정부 귀국 기념 촬영

"아이가 훗날 이국을 떠돌면서 생활했던 이유를 묻는다면, '너의 미래를 위해서였다.'는 짧은 한 마디로 이해시킬 수 있을까? 그것으로 독립 성취라는 간절한 우리의 소원을 담아낼 수 있을까?" 일본의 공격을 피해 도망다니는 양우조는, 안정적이지 못한 가정생활에 대한 마음을 이렇게 표현하고, 어려운 형편 속에서도 제시의 사진을 찍어준다.	이동녕 선생은 신민회 활동부터 시작하여 신흥무관학교, 임시정부 활동 등 끊임없이 독립운동을 해오셨다. 철모르는 제시가 노래를 부르는 모습을 보며 양우조는 역사의 돌계단 받침대로 쓰일 자신의 모습이 부끄럽지 않기를 바라는 마음으로 일기를 쓴다.	1941년, 충칭에서의 가족 사진. 갑자기 일본의 공습이 시작되면 재빨리 방공호에 숨어야 하지만, 그 속에서도 제시는 중국어도 제법 잘 하며 크고 있다. 아버지는 임시 정부 일로 집을 비우는 일이 많다. 가끔 함께 있지 않을 때 공습이 시작되면 마지막일까 두려운 마음이 든다.	1945년, 광복은 갑자기 찾아왔다. 모두가 애쓰고 기다리던 그 순간이 왔으나 다들 멍하여 정신을 못 차리고 있다. 임시정부 요인들은 팀을 나누어 드디어 고국 땅으로 돌아간다.

※ 사진 자료 출처 : 제시의 일기, 독립기념관 홈페이지

이 프로젝트 단계에서의 평가 기준은 '스토리보드 내용에 적합한 사진 자료를 활용하였는가?', '정확한 역사적 사실을 근거로 하여 상상력을 발휘하였는가?', '제작한 스토리보드에 대한 명확한 설명이 서술되어 있는가?', '다른 모둠의 스토리보드를 평가하고 적절한 피드백을 작성하였는가?'로 구성하였다. 학생들의 스토리보드 공유와 피드백은 패들렛을 사용하기로 결정하였다.

⑤ 서평 쓰기 활동(6차시)

역사책 읽기 프로젝트의 마지막 활동은 서평 쓰기로 구성하였다. 오래전부터 학생들은 수행평가에서 논술형 평가가 있을 때, 교사가 미리 제시한 평가 기준에 맞춰 원고를 작성해 본 다음 문장을 모두 외워 평가에 임하는 경우가 많았다. 그마저도 ChatGPT 사용이 활성화된 최근에는 평가 기준을 ChatGPT에 입력하고, 그에 맞게 글자 수에 맞춰 글을 써 달라고 한 후 그 내용을 암기하여 평가에 임하는 학생들이 많았다. 제한된 오픈북 형태로 서평 쓰기 활동을 진행한 것은, 집에서 미리 암기한 글을 학교에서 기억을 되살려 쓰는 형태의 글쓰기에 대한 고민이 담긴 결과물이었다. 스마트 기기 사용은 제한하되, 책을 읽고 토론 활동을 하며 스스로 채워 나갔던 활동지를 참고하여 자신의 생각을 담은 글쓰기를 하기를 바라는 마음에서 계획한 것이다.

성취기준을 재구성하는 과정에서 가치와 태도 측면을 추가하였는데, 바로 이 서평 쓰기에서 해당 역량이 발현되기를 기대하였다. 역사책을 읽은 후 학생들이 자신의 삶을 성찰하고, 삶에 있어서 가치관이나 태도의 변화가 있었는지 작성할 수 있도록 평가 기준을 다음과 같이 마련하였다. '작품 속 시대와 역사적 사건에 대한 정확한 사실을 활용하였는가?', '작품 속 인물을 통해 자신의 삶과 가치관에 끼친 영향을 서술하였는가?', '작품에서 다룬 시대의 현실에 대한 문제를 제기하거나 작품의 주제를 확장하여 다른 역사적 사실을 적용하여 서술하였는가?'

역사책 읽기 프로젝트의 최종 목표는 학생들의 삶의 성찰과 변화였기 때문에, 글자 수 제한 없이 정해진 시간 동안 주어진 조건에 맞게 글을 쓰도록 했다. 단, 문학작품을 통해 해당 시기를 이해하는 것 역시 중요하기 때문에 시대와 사건에 대한 정확한 역사적 사실을 활용하는 것은 평가에 있어 꼭 필요한 장치였다.

(3) 역사책 읽기 프로젝트의 실제

① 개별 독서 활동지 작성과 피드백(1~3차시)

역사책 읽기 1~3차시 개별 독서 활동지 실제 사례

[역사 독서 프로젝트 1. 개별 독서 활동지 : 6점]

읽은 날짜	2023.(10).(31) / (1)교시	쪽수	1~52쪽	교사 확인	2점
간단한 줄거리 또는 인상적인 문장과 이유	버들과 홍주는 친구인데 홍주는 결혼을 했었지만 두 달 만에 과부가 되었다. 과부로 사는 것보다 포와로 가서 결혼하는 것이 낫다고 생각한 홍주는 포와로 떠나기로 한 버들과 함께 남편이 될 사람의 사진만 보고 떠나게 된다.				
책을 읽으면서 궁금한 점 (질문 2가지)	과부가 된 홍주는 뒤에서 안 좋은 소문이 많이 돌아다니게 되는데, 이 당시에 과부에 대한 인식이 어느 정도로 안 좋았던 것일까? 사진과 편지를 주고받았다고 하는데, 편지를 주고받은 후 떠나기까지 걸린 시간은 얼마였을까?				

읽은 날짜	2023.(11).(2) / (3)교시	쪽수	53~120쪽	교사 확인	2점
간단한 줄거리 또는 인상적인 문장과 이유	버들과 홍주와 같이 하와이로 가게 된 여자들은 하와이에 도착했고, 실제로 만난 남편의 모습은 사진과 매우 달라 버들 빼고는 다 울고 난리가 났다. 결혼식을 올린 후 다들 뿔뿔이 흩어지게 된다.				
책을 읽으면서 궁금한 점 (질문 2가지)	하와이로 결혼하러 와서 조선으로 돌아간 사례가 있을까? 나였다면 매일 손가락질 받는 조선의 과부의 삶을 선택할까, 아니면 할아버지 뻘인 사람과 결혼해서 사는 삶을 선택할까?				

읽은 날짜	2023.(11).(3) / (3)교시	쪽수	121~190쪽	교사 확인	2점
간단한 줄거리 또는 인상적인 문장과 이유	버들은 태완과 결혼해 태완의 집에서 살게 되었고 돈을 벌면서 태완과 그 주위 사람들이 이민을 오게 된 과정과 이후 살아온 이야기를 듣게 된다. 그러면서 태완의 어머니와 동생, 태완이 전에 좋아한 여자의 이야기를 듣는다.				
책을 읽으면서 궁금한 점 (질문 2가지)	하와이로 온 이민자들은 매우 안 좋은 대우를 받았는데 실제로 어느 정도였나? 태완이 독립을 위해 기부를 많이 했는데, 당시 식민지 조선인들은 독립운동에 어느 정도 기부했을까?				

학생들에게 개별 독서 활동지를 제공하면서 활동지 작성의 의도에 대해 설명하였다. 기록을 미리 해 두면 다음 시간에 책을 읽을 때 앞부분을 다시 뒤적거리며 찾아보지 않고 빠르게 다시 책을 읽을 수 있기도 하고, 이후 이루어질 모둠 토론, 스토리보드 제작, 서평 쓰기 활동에 활용할 수 있도록 기획되어 있어 꼼꼼하게 작성해야 함을 강조하였다. 위 표는 실

제 수업 시간에 학생이 작성한 개별 독서 활동지 사례이다.

개별 활동지는 차시마다 검사하였고, 학생들이 작성한 내용에 피드백을 하여 다시 배부하였다. 특히 학생이 만든 질문이 책 속의 인물의 감정에만 치우친 경우가 종종 발생하여, 인물이 처한 역사적 배경과 상황을 상기할 수 있도록 피드백을 하여 다음 차시에는 좀 더 시대적 배경을 고려하여 책을 이해할 수 있도록 도왔다. 좋은 질문의 경우 모둠 토론 때 활용하면 좋은 질문이라고 피드백을 하였는데, 대부분 학생들이 모둠 토론 때 피드백 받은 질문을 활용하였다.

② 모둠활동을 위한 모둠 구성과 토론 활동의 실제(4차시)

모둠 토론 및 이후 스토리보드 작성은 모둠원과의 소통과 협력 능력이 매우 크게 기능하는 수업-평가 과정이다. 책을 읽고 개별 독서 활동지를 작성하는 것과는 달리 모둠 토론 활동지와 스토리보드의 결과물이 평가 대상이 되었기 때문에 모둠 간 편차가 발생하지 않도록 특별히 주의를 기울였다.

학생들이 책을 고를 때부터 같은 책을 읽을 수 있는 인원을 4명, 8명으로 정해 두었고, 학생들이 원하는 책을 써서 낸 다음엔 학생들에게 양해를 구한 후 교사가 직접 모둠을 구성하였다. 3월부터 꾸준히 모둠활동을 해 온 덕분에, 10월 책 읽기 프로젝트를 시작할 무렵에는 이미 학생들의 역사 지식 수준과 독서 이해력, 모둠을 이끌 리더십, 협력과 배려의 태도를 파악하고 있었다. 이런 바탕이 있었기에 교사가 직접 모둠을 구성하게 된 취지와 목적을 설명하였을 때 학생들은 고개를 끄덕여 주었고, 프로젝트를 원활하게 진행할 수 있었다.

2022년에는 다음 「모둠 토론 활동지 사례 2」와 같이 학생들이 직접 만든 질문을 활용하여 서로 의견을 나누는 토론 활동만을 기획했는데, 시대적 상황과 실제 문학작품에서 다룬 역사 속 인물에 대한 중요한 정보를 놓치는 경우가 많았다. 이에 대한 보완책으로 2023년에는 「모둠 토론 활동지 사례 1」을 마련하였고, 활동 시 학생들이 읽은 책과 스마트 기기를 활용하여 정보를 함께 탐색하고 공유하며 중요한 역사적 사실을 확인할 수 있도록 하였다.

「모둠 토론 활동지 사례 2」의 활동에서는 문학작품 속 인물에게 감정이입하며 이해하고자 하는 질문이 주를 이뤘지만, 시대적 상황을 고려하여 인물을 깊이 이해하고자 하는 질문도 있었다. 또한 학생들끼리 질문하고 답변을 하다가 어려운 부분이 있을 때는 언제든 교사에게 질문할 수 있는 분위기가 조성되어 있었기에 활동이 이루어지는 동안 교사도 모둠마다 돌아다니며 학생들의 활동을 도왔다.

역사책 읽기 4차시 모둠 토론 활동지 사례 2

[역사 독서 프로젝트 2. 모둠 토론 활동지 : 5점]

(2) 모둠 토론을 통해 친구들과 내가 만든 질문들(1인 1개 이상)을 함께 해결해 봅시다.

질문5	• 질문 : (최OO) - 만약 내가 버들이라면 박용만을 지지했을까, 이승만을 지지했을까?
	• 답 : (김OO) - 박용만을 선택했을 것이다. 왜냐하면 다른 나라의 힘을 빌려 독립하는 것은 진정한 독립이 아니라고 생각한다.
	• 답 : (박OO) - 이승만 노선을 선택했을 것이다. 외교를 하지 않았다면 다른 나라와 교류를 하지 못해 독립에 이르지 못하였을 것이다.
	• 답 : (이OO) - 나는 이승만을 선택했을 것이다. 비폭력적으로 독립운동을 해야 우리나라 사람들 역시 다치지 않을 것이다.

질문6	• 질문 : (김OO) - 하와이의 남자들은 왜 나이를 속였을까?
	• 답 : (최OO) - 조선을 떠나서 하와이에서 노동자로 살아가며 외로웠고 가정을 꾸려야 하는데 결혼을 할 방법이 없었기 때문일 것이다.
	• 답 : (박OO) - 조선 사람들의 유교 사상을 가지고 있었기 때문에 후손을 꼭 만들어야 했고, 그런 이유로 꼭 결혼을 해야 했기 때문일 것이다.
	• 답 : (이OO) - 나이가 많으면 조선의 여성들이 결혼하고 싶어하지 않을 것이기 때문이다.
질문7	• 질문 : (이OO) - 내가 버들이었다면, 태완이 중국에 독립운동을 하러 가는 것을 막았을까?
	• 답 : (최OO) - 남편이 언제 돌아올지도 모르고, 하와이라는 낯선 지역에서 홀로 생활하는 것은 힘들기 때문에 가지 말라고 막았을 것이다.
	• 답 : (김OO) - 우리나라를 지키기 위해서라면 독립운동을 하러 가야 한다고 생각하여 다녀오라고 했을 것이다.
	• 답 : (박OO) - 나는 남편을 막았을 것이다. 왜냐하면 아이도 있는데 혼자 키워야 하는 것도 막막하고, 벌이도 쉽지 않았을 것이다.

③ 스토리보드 제작과 피드백(5차시)

모둠활동을 진행하면서도 개별 활동을 평가하기 위해 학생들은 각자 개별적으로 한 장면의 스토리보드를 제작하였다. 한 학생이 한 장면을 제작하더라도 모둠 내 다른 친구가 제작한 장면과 모두 자연스럽게 연결되어 책의 내용을 대략적으로 소개할 수 있도록 학생들이 구성하는 과정이 중요했다. 다음 제시하는 자료는 『체공녀 강주룡』을 읽은 학생들이 제작한 스토리보드이다. 해당 모둠 학생들은 역사 속 강주룡의 일생에서 중요하다고 생각한 순간들을 시간의 흐름에 따라 정리하여 보여주었다.

이 활동에서 중요한 것은 역사적 사실을 토대로 학생들이 문학작품을 재구성하는 과정이었다. 학생들은 4차시의 모둠 토론 활동에서 각자 스토리보드에서 어떤 장면을 작성할지 정하였고, 5차시에 제작하는 과정에서는 각각 맡은 장면이 자연스럽게 이어질 수 있도록 강조하였다.

역사책 읽기 5차시 스토리보드 작성의 실제

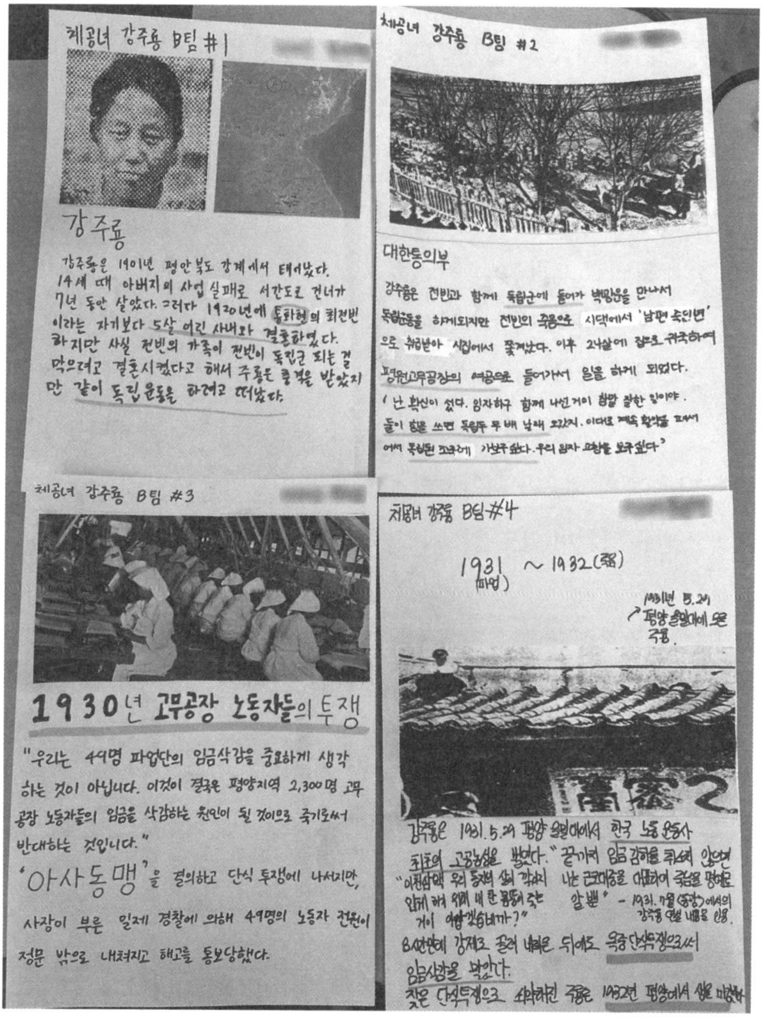

※사진 자료 출처 : 독립기념관 홈페이지, 역사 e and(북하우스), 나무위키 등

스토리보드 작성 활동에서 중요하게 지도했던 부분은 역사적 사실을 보여 줄 수 있는 사진을 찾고 활용하는 것이었다. 정보 탐색 과정에서 학생들은 인터넷의 수많은 정보 중 잘못된 정보를 그대로 수용하는 경우가 많았다. 학생들에게 백과사전이나 국사편찬위원회에서 운영하는 '우리역사넷' 과 같은 사이트를 알려 주며 신뢰할 수 있는 정보를 활용할 수 있도록 여러 차례 강조하였다. 학생들은 각자 자신이 표현해야 할 내용에 적합한 사진 자료를 찾는 것을 어려워하였는데, 실제로 잘못된 사진 자료를 활용하는 경우도 간혹 있었다. 그럼에도 불구하고 문학작품의 배경이나 주요 사건을 사진 자료로 확인하며 작품의 현실감을 체감하고 몰입도를 높이는 효과를 거둘 수 있었다. 그저 소설 속의 일이라고 생각했던 일들이 역사적 사실과 연결될 때 학생들은 작가가 설정한 세계 속에서 어디까지 사실이고, 어디부터 허구인지 구별하기 시작하였다.

또한, 이를 모둠활동만으로 그치지 않고 패들렛에 공유하여 다른 모둠에서 읽은 책의 내용을 파악하고, 친구들의 스토리보드 아래 댓글로 자신의 소감을 남기며 피드백을 하였다.

역사책 읽기 5차시 스토리보드 공유 및 학생 소감 공유

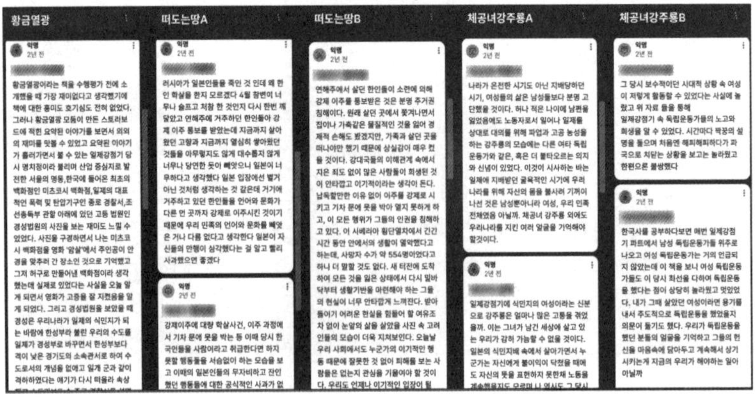

④ 서평 쓰기의 실제(6차시)

역사책 읽기 프로젝트 과정에서 문학작품을 골라 제시하였기 때문에 독서와 수업 활동에서 학생들이 문학으로서만 접근할 수 있다는 점을 고려하여 역사 과목의 본질을 놓치지 않도록 모둠 토론 활동 및 스토리보드 작성 활동에서 각별한 주의를 기울였다.

학생들은 4~5차시의 모둠 토론 활동과 스토리보드 제작 활동 시간에는 스마트 기기를 활용하여 정보를 탐색하며 참고할 수 있었다. 그렇지만 서평 쓰기 활동에서는 스마트 기기 활용은 제한하였고, 오로지 기존에 작성했던 활동지만 활용할 수 있도록 하였다. 그리고 이는 사전에 공지하였기 때문에 학생들도 잘 숙지하고 따랐다.

서평 쓰기 활동에서 중요한 부분은 역사적 사실을 토대로 하여 학생들이 자신의 삶과 연계하여 역사의식을 드러낼 수 있는 글로 표현하는 것이었다. 단순하게 책을 읽고 감상문을 쓰는 활동이라면 독서감상문 쓰기 활동이 되겠지만, 모둠 토론 활동이나 스토리보드 제작 활동을 통해 문학작품 속 '역사적 사실'을 정확하게 구별해 냈기 때문에 역사적 사실을 반드시 활용할 수 있도록 안내하였다. 또한, 책 속의 이야기들이 자신의 가치관, 특히 역사를 바라보는 관점에 어떠한 영향을 끼쳤는지, 생각의 변화가 있었다면 어떤 변화인지 서술할 수 있도록 하였다. 프로젝트의 마지막 단계여서 학생들은 1~4차시까지 작성한 개별 독서 활동지와 모둠 토론 활동지를 참고하며 책에 대한 높은 이해도를 기반으로 자신의 생각을 서술하였다. 또한, 글자 수 제한이 없어서 학생들 입장에서는 편안하게 자신의 생각을 서술할 수 있었다고 평가하였다.

(4) 역사책 읽기 프로젝트, 그 이후

학생들이 읽어야 할 책을 소개하고, 수업-평가 과정을 안내한 시간까지 합쳐 2주 이상의 시간이 소요된 프로젝트였다. 해당 프로젝트가 진행되었던 2학기가 끝나면서 학생들에게 지난 한 학기 동안의 수업과 평가에 대해 의도를 설명한 후, '기억에 남는 평가가 있었는가'에 대한 질문에 역사책 읽기 프로젝트가 기억에 남는다고 응답한 학생들이 많았다. 책이 재미있어서, 토론 활동 중 촉박한 시간 속에서 모든 에너지를 쏟아부었던 탓에 진이 빠졌던 기억이 나서, 스토리보드 제작 활동을 하면서 어려웠지만 결과물을 보면서 보람을 느껴서라는 답변도 있었다. 그렇지만 가장 많은 답변은 교과서로만 수업하면 알 수 없었던 그 시대 사람들의 아픔을 좀 더 생생하게 느끼고 공감하며, 때로는 존경심을 갖고 현대사회에서 편안히 살고 있는 자신의 삶에 대해 성찰할 수 있었다는 이야기였다. 그중 기억에 남는 한 학생의 글을 나눠 보고자 한다.

> 독서 프로젝트가 가장 기억에 남아요! 거의 매일 가져가서 읽었는데, 마지막까지 다시 읽고 또 읽고, 정말 열심히 읽었어요. 그 때 에피소드 중에서 독서 프로젝트 하던 시기에 홍범도 장군님의 동상 관련 이슈가 나온 걸로 기억해요. 그래서 관련 뉴스나 강연도 찾아보면서 『떠도는 땅』을 더 깊게 이해할 수 있었어요. 그 당시 그 사람들은 얼마나 무섭고 당황스럽고 절망적이었을지…. 상상도 할 수 없어요. 다시는 전 세계 역사에 이런 일이 일어나지 않길 바랍니다. 그 사람들도 아프고, 그 역사를 배울 후손들도 너무 아파요.

위 학생은 역사책 읽기 프로젝트 과정에서 책을 읽고 정리하는 것뿐 아니라, 읽고 있는 책과 관련한 역사가 우리가 살아가는 현재에 어떻게 되살아나고 있는지 관심을 갖고 주도적으로 탐구하는 모습을 보였다. 또한, 프로젝트가 끝난 후 3개월이 지난 시점임에도 불구하고 당시 사람들의 아픔에 공감하는 것으로 그치지 않고, 시선을 확장하여 세계 역사에서도 삶의 터전을 빼앗기고 강제 이주를 당하는 사람들의 고통이 있어서는 안 된다는 생각을 내면화하고 있는 면이 돋보여 역사책 읽기 프로젝트가 학생들의 진정한 배움과 성장에 기여한 점을 확인할 수 있었다.

특히, 2023년에 진행한 역사책 읽기 프로젝트는 여러 측면에서 의미가 있었다. 먼저, 학생들이 모두 역사를 소재로 한 문학작품을 읽었기 때문에 프로젝트 과정에서 비슷한 사고 과정을 거쳤다. 문학작품 속 인물에 깊이 공감하면서 모둠 토론 활동 및 스토리보드 작성 활동을 통해 시대에 대한 이해를 깊이 있게 하였기에, 실제 일제강점기를 살아간 이름 모를 사람들의 삶을 보다 구체적으로 이해하고 공감하는 계기를 마련할 수 있었다. 특히 서평을 쓰는 활동은 단순하게 역사 속 인물의 영웅적인 모습을 찬양하는 글쓰기가 아니라, 문학작품 속 인물들의 나양한 삶을 통해 역사를 만들어 간 수많은 사람들의 의미를 생각해 보고, 그 역사의 연장선에 있는 자기 자신을 되돌아보며 앞으로 삶의 방향성에 대해 고민하는 소중한 경험이었다.

또한, 여러 해에 걸쳐 프로젝트를 진행하면서 학생들의 활동 모습과 결과를 면밀히 살펴 이듬해에는 새로운 책, 새로운 활동을 재구성하여 제시한 점은 교사에게도 소중한 경험이 되었다. 학생들이 프로젝트의 목표에 도달할 수 있도록 세심하게 고려하여 수업과 평가를 구상하였기 때문에, 2023년의 학생들은 이전 학생들보다 완독을 위해 더 많은 시간을 투자하였고, 최선을 다하며 프로젝트에 진정성 있게 참여하였다. 역사책 읽기 프로젝트는 교사와 학생이 함께 성장할 수 있는 경험이 되었다.

3부

지필평가, 수업이 되다

7장

타당성 높은 지필평가 출제 방법

1. 지필평가 패러다임의 전환

'틀린 것을 아는 것으로부터 학습이 시작된다.'는 말이 있다. 평가를 통해 '무엇을 알고 있고, 무엇을 알지 못했는지'를 파악한 후 다시 학습에 임한다는 학습으로서의 평가, 피드백으로서의 평가를 설명하는 말이다. 평가는 수업의 끝이 아니라, 또 다른 수업의 시작이 되어야 한다는 의미인 것이다.

그런데 우리나라의 내신 시험, 특히 선택형 지필평가의 경우에는 이를 적용하기가 쉽지 않다. 변별의 의미가 피드백보다 더 강조되고 있기 때문이다. 그렇기에 '배울 것을 정확하게 배웠는가' 하는 타당성보다는 공정성과 신뢰성에 더 비중이 있는 현실이다. 그러다 보니 교사들이 평가 문항을 개발할 때면 이런 고민들이 깊어진다.

"공부를 잘하는 학생들이 손해 보지 않도록 시험 문제를 어렵게 내야 해."

"내가 수업 시간에 가르친 것보다는 모의고사처럼 유형화된 문제를 출제해야 해."

"공정한 시험 문제를 내기 위해서, 동 학년 동 교과 교사들이 나누어서 내어야 해."

"사람이 채점하는 서술형보다는 기계가 채점하는 선다형이 더 공정성이 있어."

여기서 공정하다는 것은 '잘 배우고 열심히 공부한 자'가 좋은 점수를 받아야 한다는 것을 의미한다. 그러나 위와 같은 고민은 오히려 그 의미 자체를 거스를 가능성이 커 보인다.

가. 변별에서 성장으로

다음 사례를 통해 현재 지필평가의 문제점을 살펴보자.

> 문학 수업 시간 황순원의 『나무들 비탈에 서다』를 가르칠 때였습니다. 가르쳐야 할 성취기준은 "작품을 주체적으로 읽고 비판적으로 감상할 수 있다."였습니다. 그래서 일단 읽기 전 활동으로, 아이들에게 제목이 가지는 비유의 의미를 상상하여 말하여 보라고 하였습니다. 학생들이 글을 읽기 전에 제목을 가지고 내용을 예측해 보기를 바라는 마음이었지요. 시간은 한 30분 정도 예상하였고, 그 시간에 아이들은 제목을 통해 내용을 마음껏 상상해 볼 거라고 기대하였습니다. 그런데 몇몇 학생이 손을 번쩍 듭니다. 그 중에 A 학생을 지목하였더니, 무척 당당한 표정으로 손을 번쩍 들고 자신감이 넘치는 목소리로 말하더군요.
>
> "선생님, 그것은요 6·25 전쟁 때 전쟁터에 끌려간 젊은이들의 인간

성이 파괴되고 상실된 것을 의미합니다."

수업의 마지막 단계인 읽기 후 활동에서나 나왔어야 할 정답이 글을 읽기도 전에 나온 것입니다. 30분을 예상한 수업이 5분도 안 되어서 끝나 버린 것이지요. 학원에서 이미 배워 가지고 왔던 것입니다. 이 학생은 시험을 보면 항상 1등급을 놓치지 않는 학생이었습니다.

반면 B 학생은 읽기 활동 때 이렇게 말합니다.

"선생님, 저희 아버지가 술만 드시면 아버지의 할아버지 이야기를 하시는데요. 6·25 전쟁 때 폭격으로 돌아가셨대요. 그런데 지금 이 소설을 읽어 보니까, 아버지의 할아버지 이야기가 생각이 나서 너무 슬퍼요."

이 학생은 시험을 보면 6등급을 넘기지 못하더군요.

A 학생이 B 학생보다 높은 점수를 받은 것이 공정한 것일까? 실제로 더 높은 점수를 받아야 할 학생은 '작품을 주체적으로 읽고 비판적으로 감상한' B 학생일지도 모른다. 그러나 막상 실제 시험 문제는 '주제로서 가장 적절한 것은?' 을 물어보게 되어 있다. 그에 따라 이미 선행학습이 된 A 학생이 높은 점수를 받게 되는 것이다. 여기서 타당성은 결여되고 만다. 공정성만 내세웠으나, 실제로는 공정하다고 볼 수가 없는 것이다.

지필평가는 무엇보다도 잘 배운 학생이 더 좋은 점수를 받아야 한다. 즉, 배울 것을 제대로 배운 학생이 좋은 점수를 받아야 한다. 그저 선행학습으로 유형 풀이에 강한 학생들이 좋은 점수를 받는 것은 타당하지 못하다.

나. 공정의 재정의

공정에 대해서도 다시 생각해 보자. 공정이란 결과의 공정만을 이야기해서는 안 된다. 그것은 출발과 과정의 공정까지 포함된 것이어야 한다.

현재의 지필평가는 주로 상위권 학생들의 성적 변별에 초점을 맞추고 있다. 특히 고등학교 내신에서 1등급을 가리지 못하면 큰 문제가 발생한다고 여겨진다. 이런 이유로 문제를 어렵게 출제하거나, 시간 내에 모든 문제를 풀지 못하게 하는 경우가 많다.

> 학기초 몇몇 학생들이 찾아와 이번 학기에는 공부를 열심히 해 보겠다고 다짐하며 상담을 요청했다. 나는 자세히 설명해 주고 열심히 하라고 격려했다. 그 학생들은 수업 시간에 집중하는 것은 기본이고, 정기고사 2주 전부터 쉬는 시간에 찾아와 질문하고, 친구에게도 물어보며 열심히 공부하는 모습을 보였다.
>
> 하지만 출제 기간이 되자 1등급을 가려야 한다는 압박이 오면서 고민에 빠졌다. 열심히 공부하며 찾아왔던 학생들이 눈앞에 아른거려 잠시 멈칫했지만, 열심히 공부했다면 변별을 위한 문제마저도 풀 수 있을 것이라는 합리화에 빠져 그대로 출제했다.
>
> 그 학생들의 시험 결과는 어떻게 되었을까? 2주 동안 열심히 공부했음에도 불구하고 지나치게 어려운 문제들로 인해 풀 수 있는 문제가 거의 없었다. 평소 수학을 포기하고 아무런 노력을 하지 않은 학생들과 비슷한 점수를 받게 되었다.

이런 경험은 열심히 공부한 학생들에게 큰 좌절감을 주며, 결국 수학을 포기하게 만드는 악순환으로 이어진다. 중·하위권 학생들을 배려하지 않은 평가는 '빈대 잡으려다 초가삼간을 태운다.' 는 속담처럼 전체적인 학습 분위기를 해칠 수 있다.

1부에서 강조한 성취기준 중심 평가의 핵심은 '모든 학생이 성취기준에 도달할 수 있도록 돕는 것' 이다. 평가는 승자만을 가려내기 위한 선발적 기능을 넘어서야 한다. 궁극적으로는 모든 학생이 성장하는 평가를 지향해야 한다. 즉, 지필평가가 진정으로 공정하려면 다음과 같은 조건을 갖춰야 한다.

- 출발의 공정성 : 모든 학생이 성취기준에 도달할 수 있는 출발선 보장
- 과정의 공정성 : 학습 과정에서 적절한 지원과 피드백 제공
- 결과의 공정성 : 노력과 성장에 비례하는 평가 결과

이러한 관점 전환을 위해서는 성취기준을 중심으로 한 새로운 설계 방법이 필요하다.

2. 성취기준 기반의 지필평가 설계

타당성이 있는 지필평가는 어떻게 출제해야 할까? 앞서 이야기하였듯이 좋은 평가는 배울 것을 제대로 배운 학생이 좋은 점수를 받는 것이어야 한다. 결국 지필평가 역시 성취기준을 중심으로 출제해야 한다는 것을 의미한다. 가장 기본적인 방법은 성취기준 중심으로 가르치고, 성취기준 중심으로 출제해야 한다는 것이다.

가. 선택형 문항의 설계

(1) 성취기준 확인과 재구성

평가해야 할 성취기준을 확인하고 재구성해야 한다. '[12문학01-07] 작품을 공감적, 비판적, 창의적으로 감상하며, 다양한 방식으로 작품에 대해 비평한다.' 라는 성취기준을 확인하고 재구성하는 것을 예로 들어 보자.

성취기준 해설을 찾아보니, "작품에 공감하기도 하고, 작품 속 인물의 행동이나 작품 속 현실에 비판적인 입장을 취하기도 하며, 작품을 매개로 다양한 상상을 하고 창의적인 생각을 펼치며 감상한다."라고 나와 있다. 이를 참고하여 성취기준을 재구성하여 그대로 평가 기준으로 삼는다. '작품을 읽고, 내적 준거와 외적 준거에 따라 사실적으로 이해하고, 비판적 태도와 창의적 생각으로 감상한다.' 가 바로 그것이다.

(2) 평가 요소 추출과 제재 선택

재구성된 성취기준을 바탕으로 평가 요소를 추출한다.

- 필자가 전달하고자 하는 내용 이해하기
- 등장인물의 태도를 비판적으로 이해하기
- 필자의 의견이 객관적으로 설득력이 있는지 비판적으로 이해하기
- 작품을 주체적으로 읽고, 자신의 경험 상황으로 재구성하여 창작하기

이 중에서 첫 번째, 두 번째, 세 번째는 선택형 지필평가로, 네 번째는 수행평가 논술형 문항으로 하는 것이 좋겠다고 판단한다.

지필평가의 경우에는 제재가 교과서 등으로 미리 정해져 있는 경우가 많다. 여기서는 문학 교과서에 나오는 정약용의 「기예론」을 그대로 선택한다.

(3) 실제 문항 제작

그 후 실제 문항을 제작하는 과정에 들어간다. '필자가 전달하고자 하는 내용 이해하기 : 사실적 이해' 를 예로 들어 보자.

- **1단계 지문 제시** : 이 글은 정약용의 현실 개혁론이 집약되어 있는 글이다. 우리나라에서 중국의 최신 기예를 수용하지 않는 현실에 개탄하면서, 중국의 선진기술을 받아들여 백성들의 편리하고 풍족한 생활을 도모할 것을 주장하고 있는 글임을 확인해 본다.
- **2단계 발문 작성** : 발문은 '윗글에 나타난 필자의 주장으로 가장 적절한 것은?' 이라고 일단 진술을 해 본다.
- **3단계 답지 구성** : 정답지로 '기예가 발달한 중국의 기예 수용에 보다 적극적이어야 한다.' 로 작성하였다.
- **4단계 오답지 작성** : 오지선다형이므로 4개의 오답지를 다음과 같이 작성해 본다.
  - 중국의 기예를 전수받으려면 직접 중국에 가야 한다.
  - 기예는 사람이 많이 모일수록, 세월이 흐를수록 더욱 발달한다.
  - 중국은 새로운 기예를 받아들여 문화가 날로 발전하고 있다.
  - 인간이 만물의 영장이 되기 위해서는 기예를 익혀야 한다.
- **5단계 문항 검토 및 수정** : 이 과정은 문항의 타당성과 신뢰도를 높이는 데 중요한 역할을 한다. 다음은 문항을 검토하고 수정한 사항이다.

첫째, 발문을 검토하였다. '필자의 주장' 이 너무 직설적인 표현이므로, '윗글을 통해 글쓴이가 말하려고 한 것은?' 으로 수정하였다.

둘째, 정답지를 검토하고 수정한다. '기예' 라는 어휘가 반복되어 자연스럽지 못한 표현이므로, '우리보다 발달한 중국의 기예를 적극적으로 수용해야 한다.' 로 수정하였다.

셋째, 오답지를 검토하고 수정한다. 답지들의 어미를 '~해야 한다.' 로 종결어미를 통일하는 것이 좋겠다는 생각에, '기예를 배우려면 많은 사람이 모인 곳으로 가야 한다.' '중국과의 교역을 통해 국가적인 이익을 취해야 한다.' 로 수정하였다.

최종 완성 문항은 다음과 같다.

윗글을 통해 글쓴이가 말하려고 한 것은?

① 중국의 기예를 전수받으려면 직접 중국에 가야 한다.
② 중국과의 교역을 통해 국가적인 이익을 취해야 한다.
③ 기예를 배우려면 많은 사람이 모인 곳으로 가야 한다.
④ 인간이 만물의 영장이 되기 위해서는 기예를 익혀야 한다.
⑤ 우리보다 발달한 중국의 기예를 적극적으로 수용해야 한다.

나. 서·논술형 문항의 설계

(1) 서·논술형 평가의 필요성

한 학생의 배움 정도를 측정하고 처방하기 위해서는 다양한 평가 방법을 활용해야 한다. 「토끼와 거북이」 이야기가 잘못된 점은 토끼가 잘하는 달리기 경쟁만 시켰다는 것이다. 그러면서 거북이에게 토끼처럼 달려야 한다는 것을 강요하였다는 점이다. 결국 평가 출제자의 의도에 따라 진위형부터 시작하여 연결형, 선다형, 완성형, 단답형, 서술형, 논술형, 구술형 등 보다 폭넓은 평가 방법으로 확장하는 노력이 필요함을 강조하는 것이다.

2022 개정 교육과정의 학습 범주는 크게 세 가지, 즉 지식·이해와 과정·기능 그리고 가치·태도이다. 이를 평가적 발문의 형태로 보면, 지식·이해는 사실을 묻는 발문과 관련이 있을 것이다. 과정·기능의 경우에는 개념적 발문이 적합할 것이고, 가치·태도의 경우에는 평가적 발문 또는 논쟁적 발문이 적절할 것이다. 그런데 이 모든 학습 범주를 단지 변별력과 공정성이 우수하다는 이유만으로 선다형 문항식 발문으로만 묻는다면, 결코 타당성 있는 평가가 될 수 없을 것이다.

다음의 선다형 문항에 대해 검토해 보자.

물에 녹았을 때, 전류가 흐르는 물질은?

① 설탕
② 소금
③ 에탄올
④ 증류수
⑤ 석유

이러한 문항은 현상을 이해하는 데는 도움이 된다. 그러나 왜 그러한지에 대한 원리를 설명하는 능력을 평가하는 것은 불가능하다. 우리가 사는 세상은 문제투성이며, 이러한 문제를 해결하기 위해서는 원리를 이해하고 문제를 해결하는 능력을 키워야 한다. 당연히 그러한 유형의 평가 문항이 존재해야 하는 것이다.

> 소금을 물에 녹였을 때, 전류가 흐르는 이유를 물질 특성 관련 용어를 사용하여 설명하시오.

(2) 서·논술형 평가의 의미와 원리

그렇다면 서·논술형 평가를 어떻게 정의 내릴 수 있을까? 다양한 견해들이 있을 수 있으나, 문항 출제의 특성에 중점을 두어 설명하면 다음과 같다.

> 정보나 지식을 활용하되 평가자가 설정한 문제 장면에 대하여 분석, 종합, 적용, 설명, 해석, 비판하거나 창의적으로 해결할 수 있는 능력을 측정하는, 사고의 과정과 결과를 모두 중시하는 평가

이는 어느 평가 유형보다도 학습자가 배운 내용을 얼마나, 또 어떻게, 어떤 방식으로 이해하고 도달하고 있는지를 종합적으로 확인해 볼 수 있는 평가라 할 수 있다. 또한 이 평가는 성취기준에 얼마나 도달하였는지를 직접적이고 다양하게 진단해 볼 수 있는 평가 도구이다. 즉, 성취기준 자체를 바로 평가 기준으로 활용할 수 있다는 것이다.

'[9국05-09] 자신의 가치 있는 경험을 개성적인 발상과 표현으로 형상화한다.' 라는 성취기준을 예로 들어 보자. 여기에서 평가 기준은 '자신의 삶에서 발견한 가치 있는 경험을 반어, 역설, 운율, 풍자의 효과에

대한 이해를 바탕으로 창의적이고 개성적인 방식으로 주변 사람과 소통할 수 있다.'가 될 수 있을 것이다. 그렇다면 평가 문항은 어떻게 제작할 수 있을까?

1. 위 시에서 역설적 표현을 찾아 서술하시오.
2. 1에서 찾은 역설적 표현의 효과를 그 표현 속에 담긴 의미와 관련지어 설명하시오.
3. 운율 형성 요소를 찾아 서술하시오.
4. 다음의 조건을 포함하여 자신의 생각이나 느낌 또는 경험 등을 시로 창작하여 쓰시오.

   조건 1) 반어, 역설, 풍자의 방법 중 반드시 1가지 이상의 표현 방법을 포함시킬 것

   조건 2) 운율을 고려할 것

(3) 서·논술형 문항 설계하기

반복하여 강조하는 것이지만, 모든 문항 출제의 핵심은 성취기준을 되묻는 것이다. 더 나아가 되먹임을 하는 피드백을 포함하는 것이어야 한다. 이러한 문항 출제의 예로 우선 9학년 사회과 성취기준을 예로 들어보자.

[9사02-02] 문화를 바라보는 여러 가지 태도를 비교하고, 다른 문화들을 이해하기 위한 바람직한 태도를 가진다.

가장 먼저 해야 할 작업은 성취기준을 재구성하여 평가 기준을 만드는 것이다. 그것은 '문화를 보는 태도 중 자문화주의와 문화사대주의의 특징을 비교하여 설명하고, 다른 문화에 대해 편견 없이 받아들이는 바람직한 태도를 가진다.' 로 설계하였다.

그리고 여기에서 평가 요소를 다시 추출한다. 하나는 '자문화 중심주의와 문화사대주의의 특징에 대해 비교하기' 이며, 또 다른 하나는 '문화를 편견 없이 바라보는 바람직한 태도 가지기' 로 하였다.

성취기준 재구성하여 평가 기준 만들기

과목	국가 성취기준	교사가 재구성한 성취기준	평가 요소
사회	[9사02-02] 문화를 바라보는 여러 가지 태도를 비교하고, 다른 문화들을 이해하기 위한 바람직한 태도를 가진다.	문화를 보는 태도 중 자문화 중심주의와 문화사대주의의 특징을 비교하여 설명하고, 다른 문화에 대해 편견 없이 받아들이는 바람직한 태도를 가진다.	• 자문화 중심주의와 문화사대주의의 특징에 대해 비교하기 • 문화를 편견 없이 바라보는 바람직한 태도 가지기

문항 1번은 서술형으로, 2번은 논술형으로 출제하여 단계화하였는데, 실제 문항은 다음과 같다.

서·논술형 문항) 다음은 학급에서 문화를 바라보는 다양한 태도에 관한 수업 장면이다. 이를 읽고 물음에 답하시오.

교사 손으로 음식을 먹는 인도 사람들의 식사 문화에 대해 여러분은 어떻게 생각하나요?

학생 A 손으로 음식을 먹다니 지저분해요. 우리나라처럼 숟가락과 젓가락을 사용하여 먹는 것이 가장 위생적이고 우수하죠.

학생 B 수저를 사용하는 우리나라의 식사 방식도 수준이 낮아 보여요. 서양 사람들처럼 나이프와 포크를 사용하는 것이 더 고급스럽고 품위 있는 식사 방식이라고 생각해요.

교사 인도 사회에 손으로 음식을 먹는 문화가 발달한 이유가 무엇인지 알아보기 위해, 다음 인터넷 자료를 읽어 보아요.

<자료>

힌두교를 주로 믿는 인도 사람들은 음식을 먹을 때 손을 사용한다. 이는 혹시 모를 타인의 침이 섞이지 않을까 하는 염려에서 오는 것이다. 인도 사람들은 더운 날씨라는 환경적 특성으로 인해 전염병과 다른 질병을 많이 겪어 왔다. 이로 인해 인도 사람들은 위생을 중시하게 되었고, 결국 침을 포함하여 피, 땀, 눈물 등 체액을 더러운 것으로 보는 종교적 관념이 형성되었다. 따라서 이들은 다른 사람이 사용했을지도 모르는 수저나 포크 등의 도구보다는 자신의 손으로 식사하는 것이 훨씬 더 위생적이라고 말한다.

1. 학생 A, B의 문화 이해 태도를 각각 쓰고, 그렇게 생각한 이유를 비교하여 설명하시오
2. 인도 사람들의 식사 문화를 이해하기 위해서 A, B가 가져야 할 바람직한 문화 이해 태도를 <자료>에 제시된 내용을 바탕으로 서술하시오.

다. 출제 시 고려 사항

(1) 성취기준 자체를 평가하는 것

가장 중요한 사항은 수업 시간에 배운 것, 즉 성취기준 자체를 평가하는 것이어야 한다. 그러기 위해서 문제집이나 자습서, 모의고사 문제 등을 변형하여 출제하는 것에서 조금씩 벗어나서 성취기준 자체에 관심을 두는 노력이 필요하다.

(2) 적절한 난이도 조정

또한, 100% 공부한 학생은 100점을, 50% 공부한 학생은 50%를 맞히도록 난도(어려움)뿐 아니라 이도(쉬움)도 조정해야 한다. 탁월한 소수만을 위해 난도가 높은 문항만 출제할 경우, 최상위권 학생들을 제외하고는 점수가 다 아래에 몰리게 된다. 이 때 피해를 보는 학생들은 중·상위권부터 중·하위권 학생까지가 될 가능성이 커진다. 결국 내 수업을 들은 다수의 학생들이 공정하지 못한 점수를 받게 되는 것이다.

(3) 다양한 문항 장면과 발문 활용

아울러 다양한 문항 장면과 발문을 이용할 수 있어야 한다. 어떤 과목은 '~적절한 것은?', '~있는 대로 고른 것은?' 으로 단순한 발문 유형만을 반복하여 사용하는 경우가 흔하다. 보다 다양한 발문 형식을 사용하도록 노력해야 한다.

다음은 지필평가에서 활용해 볼 수 있는 다양한 발문들을 정리해 본 것이다. 이를 보면 서술형이나 논술형에 사용할 수 있는 빌문도 신댁형에 그대로 적용할 수 있다는 것을 알 수 있다. 단지, 차이는 답지를 제공하느냐, 아니냐는 것일 뿐이다.

다양한 발문 유형

구분	진위, 연결, 선택형	서술형	논술형
측정 내용	정보, 지식, 개념	분석, 종합, 적용, 설명, 해석	주장과 이유, 비판, 해결책 제시
반응 특성	폐쇄적 반응	개방적 반응	개방적 반응
해결 방법	정답 선택	조건에 맞게 답안 작성	답안을 자유롭게 작성
지시어	• 옳은 것은? • 가장 적절한 것은? • ~한 것으로 옳은 것만을 있는 대로 고른 것은? • 분석한 것은? • 근거로 타당한 것은? • 주장하는 바와 일치하는 것은? • 해석한 것은?	• 설명하시오. • 요약하시오. • 이유나 근거를 제시하시오. • 주장하는 바를 찾아 서술하시오. • 해석하시오. • 과정을 제시하시오. • 비교하시오.	• 평가하시오. • 근거를 들어 주장하시오. • 해결책을 제시하시오. • 추론하시오. • 비교하여 주장하시오. • 원인과 결과를 들어 분석하시오. • 재구성하시오. • 재조직하시오.

	• 과정을 제시한 것은? • 비교한 것은? • 요약한 것은? • 서술한 것은? • 비교한 것은?		

(4) 학생의 입장에서 출제

또한 학생의 입장에서 출제하는 것을 잊어서는 안 된다. 그것은 가독성, 단순성, 명료성 등을 의미하는 것이기도 하지만, 가장 중요한 것은 학생의 수준을 고려해야 한다는 것이다.

(5) 서·논술형 평가 출제 유의 사항

서·논술형 평가를 출제할 때 가장 유의해야 할 점은, 대부분의 학생들이 백지를 내는 논술형 평가는 의미가 없다는 것이다. 고등 사고를 측정해야 한다는 강박관념에 사로잡혀서 난해한 문제를 출제해서는 안 된다. 성취기순 중심의 수업을 하고, 그것을 제대로 배웠는지를 그대로 되묻는 평가가 되도록 해야 한다. 당연히 학생들이 수업 시간에 배우고 익힌 만큼 응답할 수 있어야 한다. 그리고 그 문항의 의미를 학생들이 스스로 성찰할 수 있는 질문이 포함되면 가장 좋은 서·논술형 평가가 될 것이다.

그러기 위해서 가급적 단계형(세트형) 문항을 출제하는 것이 바람직하다. 그렇게 하면 학생들이 자신의 수준에 따라 답하며 생각을 발전시켜 나갈 수 있다. 예를 들면, 사실과 지식을 묻는 문제로 출발하여, 이해 여부를 묻는 문제를 거쳐, 논거를 가지고 자신의 생각을 말하도록 하면 좋을 것이다. 당연히 문제 장면으로서 소재와 상황을 설정하게 되는데, 가급적 학생들의 삶과 관련이 있도록 해야 한다.

(6) 서·논술형 평가의 제한 방식

또한 채점과 관련하여 조건을 제한하는 다양한 방법을 활용해야 한다. 서·논술형 평가는 워낙 반응도가 넓기 때문에 채점하기가 무척 까다롭다. 그러다 보면 교사들은 이러한 평가 문항을 출제하는 것에 점차 두려움이 생기게 된다. 학생의 입장에서도 무엇을 어떻게 써야 하는지 갈피를 못 잡는 경우가 생긴다. 결국 이를 해결하는 가장 좋은 방법은 다양한 조건으로 제한하여 응답 범위를 최대한 좁혀 주는 것이다. 그러한 방법이 결코 서·논술형 평가가 가지는 본질을 축소한다고 생각해서는 안 될 것이다.

① 분량 제한형

가장 손쉬운 방법으로는 분량 제한형이 있다. '~까지만 쓰시오.' 라고 진술 요소의 수, 답안의 길이 등을 제한하는 유형이다.

② 내용 제한형

응답 내용의 범위에 제한을 가하는 방법인 내용 제한형도 가능하다. 예를 들면, '이 글에 나타난 조선 시대의 특징을 서술하라.' 는 것보다는 '조선 시대 향촌 사회상의 특징을 이 글에 나타난 계층을 중심으로 서술하라.' 고 범위를 좁히는 것이다. 이는 '이곳에만' 이라는 표지를 붙여 주는 것과 같다.

③ 서술 방식 제한형

가장 많이 고려해야 할 것은 서술 방식을 제한해 보는 것이다. 이는 응답의 서술 방식에 제한을 가하는 방법으로, 흔히 '서술하시오, 쓰시오, 논술하시오'라는 단순하고 추상적인 용어보다는, 보다 구체적인 방식으로 서술하기를 요구하는 것이다. 지나간 교육과정이지만, 2015 교육과정에 있었던 각 과목의 내용체계표 기능 부분에 있던 것을 활용해 보는 것도 좋은 방법이다. 몇 과목의 경우를 가져와 보았으니 참고하면 될 듯싶다. 괄호에 (서) 또는 (논)이라 써 놓은 것은 이 서술 방식이 서술형, 논술형에 더 적합하다고 나름 판단하여 분류해 본 것이다.

2015 내용체계표에서 참고해 볼 수 있는 기능 예시

국어과의 경우		사회과의 경우	
영역	기능	영역	기능
읽기	맥락 이해하기(서) 내용 확인하기(서) 추론하기(서) 비판하기(논) 성찰, 공감하기(논) 통합, 적용하기(논)	정치	조사하기(서) 분석하기(서) 참여하기(논) 토론하기(논) 비평하기(논) 의사결정하기(논)
쓰기	맥락 이해햐기(서) 자료 매체 확인하기(서) 고쳐쓰기(서→논) 글 구성하기(논) 표현하기(논)	법	조사하기(서) 분석하기(서) 구분하기(서) 적용하기(서) 존중하기(논) 참여하기(논)
문법	문제 발견하기(서) 비교 분석하기(서) 분류 범주화하기(서) 종합설명하기(논) 적용 검증하기(논) 언어생활 성찰하기(논)	경제	조사하기(서) 분석하기(서) 추론하기(서) 적용하기(서) 탐구하기(논) 의사결정하기(논)

<table>
<tr><td>문학</td><td>이해 해석하기(서)
감상 비평하기(논)
성찰 향유하기(논)
모방 창작하기(논)
공유 소통하기(논)</td><td>사회문화</td><td>조사하기(서)
비교하기(서)
분석하기(서)
존중하기(논)
비평하기(논)
참여하기(논)</td></tr>
<tr><th colspan="2">수학과의 경우</th><th colspan="2">과학과의 경우</th></tr>
<tr><td>영역</td><td>기능</td><td colspan="2" rowspan="6">문제 인식(서논)
탐구 설계와 수행(서논)
자료의 수집, 분석 및 해석(서논)
수학적 사고와 컴퓨터 활용(서논)
모형의 개발과 사용(논)
증거에 기초한 토론과 논증(논)
결론 도출 및 평가(논)
의사소통(논)</td></tr>
<tr><td>수와 연산</td><td>계산하기/이해하기(서)
판단하기(논)</td></tr>
<tr><td>문자와 식</td><td>계산하기/이해, 표현하기(서)
검토하기(서)
활용하기(논)</td></tr>
<tr><td>함수</td><td>이해하기/해석하기(서)
표현하기/그래프 그리기(서)
문제 해결하기/활용하기(논)
탐구하기(논)</td></tr>
<tr><td>기하</td><td>계산하기/이해하기(서)
설명하기/작도하기(서)
판별하기(서)
문제 해결하기(논)
추론하기/정당화하기(논)</td></tr>
<tr><td>확률과 통계</td><td>계산하기/표현하기(서)
수집하기/정리하기(서)
그래프 그리기/표 만들기(서)
해석하기/설명하기(서→논)</td></tr>
</table>

라. 지필평가, 수업의 끝에서 중심으로

지필평가는 단순히 정답을 묻는 평가가 아니라, 학생이 스스로 사고하고 의미를 구성해 가는 평가가 되어야 한다. 성취기준을 기반으로 구성된 문항은 교사의 교육철학이 녹아 있고, 수업의 방향이 담겨 있다.

좋은 지필평가는 배움이 교실에서 끝나지 않도록 만든다. 수업 중 반복된 질문은 학생에게 머물며, 학생의 삶 언제, 어딘가에서 불현듯 다시 떠오를 것이다. 학생은 그 질문을 일상 속에서 되새기고, 스스로 의미를 새롭게 구성해 나가게 될 것이다. 교사의 평가는 교사의 수업을 열고, 학생의 배움을 구성하며, 학생의 삶으로 이어지는 학생 성장의 출발점이다.

8장

논술형 평가의 실제

1. 수준별로 달리하는 논술형 평가 사례

가. 모든 학생을 배려하는 평가 구상하기

기존 평가는 상위권 학생들의 성적 변별에 집중되어 있다. 고등학교 내신에서 1등급을 가리지 못하면 민원이 발생하고, 교사들은 변별을 위해 문제를 어렵게 출제하거나 풀이 과정이 긴 문제를 출제하여 평가 시간을 부족하게 만든다. 이런 방식은 상위권 학생들의 변별에는 효과적일 수는 있지만, 중·하위권 학생들에게는 매우 부정적 영향을 미친다.

매년 학기초, 몇몇 학생들이 찾아와 수학 공부를 열심히 해 보겠다고 다짐하는 경우가 많다. 교사는 구체적으로 공부하는 방법을 설명해 주고 격려하며 "모르는 것이 있으면 언제든 질문하라."고 말한다. 정기고사 2주 전부터 그 학생들은 쉬는 시간마다 질문하고, 친구들과 함께 공부하며 수업에도 적극 참여한다.

그러나 교사는 1등급을 반드시 가려야 한다는 강박에 사로잡혀 지나치게 어려운 문제를 출제하였다. 그 결과는 참담했다. 2주간 성실히 공부한 학생이 27점을 받은 반면, 전혀 노력하지 않고 임의로 답안을 작성한 학생조차 23점을 받았다. 이후 그 학생은 수학 학습에 대한 의욕을 완전히 상실하였다. 이러한 경험은 학생들에게 깊은 좌절감을 안겨 주며 결국 수학 포기로 이어질 수 있다. 특히 중·하위권 학생들을 고려하지 않은 평가는 학급 전체의 학습 분위기를 악화시키고, 성실히 공부해도 성과를 얻지 못한다고 느끼는 학생들은 점차 수업에서 이탈하여 수업 시간에 졸거나 잡담을 하며 시간을 보내게 된다.

이 문제를 해결하기 위해 중·하위권까지 배려한 새로운 평가 방식을 구상하였다. 첫 시도는 평가 직전 15분간 유사 문제를 공개하여 학생들이 공부할 기회를 제공하는 것이었다.

(1) 기본 문제와 발전 문제로 나눈 평가

시험은 기본 문제(문항당 4점)와 발전 문제(문항당 5점)로 구성하였다. 기본 문제는 시험 시작 15분 전에 공개된 문제와 유사한 유형으로, 교과의 핵심 내용을 점검하는 성격을 지닌다. 반면 발전 문제는 보다 높은 난도로 출제하여 성실히 준비한 학생들이 더 높은 점수를 받을 수 있도록 설계하였다.

학생들은 자신이 풀 수 있는 문제를 선택해 도전하도록 하였다. 사전에 기본 문제와 유사한 문제를 보여 준 이유는 변별이 아니라 핵심 내용을 반드시 이해하도록 돕기 위함이었다. 학생들은 유사 유형을 알고 있어 짧은 시간이지만 집중적으로 학습할 수 있었고, 평가에서도 더 나은 성과를 얻었다.

학생들의 반응은 대체로 긍정적으로 나타났다. 한 학생은 "기존 같았으면 어려운 문제로 인해 한 문제도 풀지 못했을 텐데, 사전에 학습할 시간이 주어져 점수를 높일 수 있었다"고 응답하며, 이를 통해 수학 학습에 대한 자신감이 생겼음을 언급하였다.

사전에 학생들에게 제시된 문제

수학 Club Math 이름 :

문제1]

두 점 $A(4,-1)$, $B(0,3)$을 지름의 양 끝 점으로 하는 원의 방정식을 구하여라.

[문제2]

원 $x^2+y^2=25$에 접하고 기울기가 2인 접선의 방정식을 구하여라.

문제3]

원 $(x-2)^2+(y+3)^2=16$을 x축의 방향으로 3만큼, y축으로 방향으로 -1만큼 평행이동한 원의 방정식을 구하여라.

문제4]

직선 $x+3y-7=0$을 x축에 대하여 대칭이동한 직선의 방정식을 구하여라.

실제 평가 문항

수학 Club Math 이름 :

C※ 각 문제 중 기본 혹은 발전문제를 선택하여 풀이과정까지 정확하게 서술하시오. (답만 적은 경우 0점 처리되며 풀이과정의 오류가 있는 경우 감점됨)

[기본1] 두 점 $A(1,-2)$, $B(5,4)$을 지름의 양 끝 점으로 하는 원의 방정식을 구하여라.[4점]

답 :

[발전1] 다음 방정식 나타내는 원의 중심의 좌표와 반지름의 길이를 구하여라. [5점]

$x^2+y^2+8x-6y=0$

답 :

[기본2] 원 $x^2+y^2=25$에 접하고 기울기가 3인 접선의 방정식을 구하여라.[4점]

답 :

[발전2]

원점에서 원 $x^2+y^2-2x-6y+8=0$에 그은 접선의 방정식 중 기울기가 음수인 접선의 방정식을 구하여라.[5점]

답 :

[기본3] 원 $(x-2)^2+(y+3)^2=8$을 x축의 방향으로 2만큼, y축으로 방향으로 -3만큼 평행이동한 원의 방정식을 구하여라. [4점]

답 :

[발전3] 원 $x^2+y^2-4x-2y-4=0$을 x축의 방향으로 a만큼, y축의 방향으로 b만큼 평행이동한 원의 중심이 원점이고 반지름의 길이가 r일 때 a,b,r의 값을 각각 구하여라. [5점]

답 :

[기본4] 직선 $-4x+3y+8=0$을 y축에 대하여 대칭이동한 직선의 방정식을 구하여라.[4점]

답 :

[발전4] 원 $x^2+y^2-2x+2ay-6=0$을 직선 $y=x$에 대하여 대칭이동한 원의 중심이 $(2,1)$ 일 때, a의 값을 구하여라.[5점]

답 :

(2) 평가 배점과 운영

평가는 기본 문제 4문항, 발전 문제 4문항을 제시하였으며, 기본 문제를 선택하여 4문항을 모두 맞히면 16점, 발전 문제를 선택하여 4문항을 모두 맞히면 20점이 되도록 설계하였다. 일반적으로 상위권 학생들은 중·하위권 학생들의 성적 향상을 불만스럽게 여길 것이라 예상할 수 있으나, 실제로는 긍정적으로 받아들였다. 중·하위권 학생들이 학습에 참여해야 교실 분위기 역시 안정될 수 있기 때문이다.

전체 수행평가는 40점 만점으로, 이 중 20점을 본 평가에 배정하였다. 한 학기에 두 차례 평가를 실시하여 총 40점을 부여한 뒤, 이를 기본 점수를 포함해 20점으로 환산하였다. 평가 기회를 늘림으로써 학생들이 꾸준히 학습하게 되었고, 이는 지필고사 성적 향상에도 도움이 되었다.

첫 해에는 한 차례 평가에서 기본 문제와 발전 문제를 각각 4문항을 출제하였으나, 제한된 시간으로 인해 학생들이 기본 문제를 푼 뒤 발전 문제까지 도전하기에는 어려움이 있었다. 이에 다음 해부터는 한 차례 평가에 기본 문제와 발전 문제를 각각 2문항만 제시하였고, 기본 문제를 해결한 학생들이 자연스럽게 발전 문제에 도전할 수 있도록 운영하였다. 그 결과 학생들은 시간적 여유 속에서 두 유형의 문제를 균형 있게 경험하였으며, 이를 통해 수학 학습에 대한 자신감을 키우는 효과가 확인되었다.

나. 수준별로 달리하는 논술형 평가

학생들은 논술형 평가에서 답안 작성 방법을 충분히 숙지하지 못해 어려움을 겪었다. 특히 수학에서는 논술형을 단순히 서술형과 동일하게 인식하여 풀이 과정만 적는 경우가 많았고, 이로 인해 감점을 받는 사례가 빈번하게 나타났다. 논술형 평가는 본질적으로 논리적 사고와 서술 능력을 요구하는데, 학생들이 이를 이해하지 못한 채 단순 계산 과정만 제시하여 감점을 받는 경우가 많았다.

문제는 여기에서 그치지 않았다. 논술형 평가의 난도가 지나치게 높아지자 중·하위권 학생들은 답안을 작성하지 못하고 아예 백지를 제출하는 경우도 발생하였다. 이러한 상황에서 논술형 평가는 상위권 학생들에게는 변별력을 제공했지만, 중·하위권 학생들에게는 오히려 변별 불가능하고 불리하게 작용하였다. 결국 이는 학습 의욕을 떨어뜨리는 요인으로 작용하며, 교실 내 학습 격차를 더욱 심화시키는 결과를 낳았다.

(1) 평가 방식의 문제점과 해결책

이러한 문제로 인해 학생들의 자신감은 크게 약화되었다. 평가는 성취감을 주기보다는 좌절감을 불러일으키는 경우가 많아졌고, 중·하위권 학생들은 '아무리 노력해도 소용없다'며 수학을 포기하는 태도를 보이기도 했다. 수학은 한 번 학습을 중단하면 이후 학습 전반에 심각한 영향을 미치기 때문에, 이는 교육 현장에서 간과할 수 없는 문제였다.

이른바 '수포자' 문제는 학생 개인의 의지 부족만으로 설명되기 어렵고, 평가 방식에도 구조적 요인이 있음을 확인할 수 있었다. 원래 평가가 학습 동기를 부여해야 함에도 불구하고, 오히려 학생들에게 좌절감을 주는 방향으로 운영된 것이다. 따라서 학생들이 평가를 통해 자신감을 잃고 수학을 포기하는 악순환을 끊기 위해서는 평가 방식 자체에 대한 근본적인 변화가 필요하다는 점을 성찰하게 되었다.

(2) 수준별 선택형 논술형 평가 도입

논술형 평가는 답안 작성 시간이 제한적이고, 수준별로 다양한 문항을 충분히 출제하기 어렵다는 한계가 있었다. 이를 보완하기 위해 학생들이 자신의 수준에 맞는 문제를 선택하여 도전할 수 있는 방식을 도입하였다. 이러한 운영 방식은 학생들로 하여금 각자의 실력에 적합한 문제를 풀게 함으로써 도전 의식을 고취하고, 자기 발전의 기회를 제공하였다.

평가 문항은 기본 문제와 발전 문제로 구분하여 구성하였다. 기본 문제는 문항당 8점, 발전 문제는 문항당 10점으로 차등 배점을 두어, 학생들이 능력에 따라 문제를 선택할 수 있도록 설계하였다.

① 기본 문제 설계

기본 문제는 논술형 평가에 대한 학생들의 부담을 완화하는 데 초점을 두었다. 문제는 논술형 정답처럼 풀이 과정을 제시하되 일부를 빈칸으로 남겨 학생들이 직접 채우는 방식으로 구성하였다. 이를 통해 학생들은 완전한 논술형 답안을 작성하는 부담 없이 답안 작성 과정을 자연스럽게 익히고, 문제 해결 과정을 체험할 수 있었다.

② 발전 문제 설계

발전 문제는 처음부터 끝까지 학생이 스스로 답안을 작성하는 방식으로 설계하였다. 기본 문제보다 난도가 높지만, 수업에 성실히 참여하고 준비한 학생이라면 노력한 만큼 높은 점수를 얻을 수 있도록 하였다. 이를 통해 학생들에게 도전 의식을 부여하고, 성취 경험을 강화하는 효과를 기대할 수 있었다.

(3) 시행착오와 개선 과정

처음 도입 단계에서는 예상하지 못한 문제가 나타났다. 기본 문제와 발전 문제 중 반드시 한 문제만 선택하도록 하였더니, 중위권 학생들이 발전 문제를 선택했다가 사소한 실수로 오히려 낮은 점수를 받는 사례가 빈번하게 발생한 것이다. 예를 들어, 기본 문제 두 문항을 모두 맞히면 16점을 받을 수 있지만, 발전 문제에서 실수하면 이보다 낮은 점수를 얻게 되는 불합리한 상황이 생겼다.

이를 보완하기 위해 발전 문제를 선택한 학생들에게 기본 문제를 추가로 풀 수 있는 기회를 제공하였다. 채점 과정에서는 기본 문제와 발전 문제 중 더 높은 점수를 반영하는 방식을 적용하였다. 이러한 조정은 학생들로 하여금 도전에 대한 부담을 줄이고, 실패에 대한 두려움 없이 발전 문제에 도전할 수 있도록 하는 긍정적인 효과를 가져왔다.

(4) 평가 문항 예시

예시로 제시하는 논술형 평가의 성취기준은 다음과 같다.

[12미적Ⅱ-01-02] 수열의 극한에 대한 성질을 이해하고, 이를 활용하여 극한값을 구하는 방법을 설명할 수 있다.

[12미적Ⅱ-01-05] 등비급수의 합을 구하고, 이를 활용할 수 있다.

이 성취기준을 바탕으로 기본 문제와 발전 문제를 각 2문제씩 출제하여 학생들이 수준에 맞게 도전하도록 하였다.

미적분 Club Math 학번: 이름 :

A Type

※ 각 문제 중 기본 혹은 발전문제를 선택하여 풀이과정까지 정확하게 서술하시오. (답만 적은 경우 0점 처리되며 풀이과정의 오류가 있는 경우 감점됨)

[기본1] 수열 $\left\{\frac{2^n+5^n}{3^n+5^n}\right\}$의 극한값을 구하여라. (8점)

((논리성 4점))

$\lim_{n\to\infty} r^n$이 수렴하는 경우는 r의 값이 (   ) 인 경우이며, 특히 r의 값의 범위가 (   )일 때, $\lim_{n\to\infty} r^n=0$ 으로 수렴한다.

((서술형 4점))

위 문제에서 분자, 분모를 각각 (   )으로 나누면

$\lim_{n\to\infty}\frac{2^n+5^n}{3^n+5^n}=\lim_{n\to\infty}\frac{(\quad)^n+(\quad)}{(\quad)^n+(\quad)}$ 이 되며

이때, 분자의 (   )^n 의 극한값은 (   )이며,

분모의 (   )^n 의 극한값은 (   )이 되므로,

주어진 식은 $\frac{(\quad)+1}{(\quad)+1}$=(   ) 이 된다.

따라서, 주어진 수열은 수렴하고 그 극한값은 (   )이다.

[발전1] 수열 $\left\{\frac{r^{2n+1}}{1+r^{2n}}\right\}$의 수렴, 발산을 조사하시오.(10점)

((논리성 4점))

▸ 문제를 해결하기 위한 기초지식 ◂

1. r^n을 포함한 수열의 극한값은 r의 값에 따라 (   ), (   ), (   ), (   )인 경우로 나누어 구한다.
2. $\lim_{n\to\infty} r^n$ 이 수렴하는 r값의 범위는 (   )이다.

((서술형 6점))

r값의 범위에 따라 구하며, 특히 r^{2n}과 r^{2n+1} 의 극한값이 어떻게 되는지 중간과정의 극한값 등을 자세하게 서술할 것.

정답 : (   )

미적분 Club Math 학번: 이름 :

[기본2] 다음 급수 $\sum_{n=1}^{\infty}\frac{2^n+3^n}{4^n}$의 합을 구하는 과정이다. 괄호안에 알맞은 내용을 순서대로 쓰시오.(8점)

((논리성 4점))

▸ 문제를 해결하기 위한 기초지식 ◂

등비급수 $\sum_{n=1}^{\infty} r^n$ 이 수렴하기 위한 필요충분조건은 (   )이고, 이때 등비급수의 첫째항을 a, 공비를 r 이라 하면, 무한등비급수의 합 S= (   )이다.

$\frac{2^n+3^n}{4^n}$은 (   )^n + (   )^n 형태로 분리하여 나타낼 수 있으므로,

$\sum_{n=1}^{\infty}\frac{2^n+3^n}{4^n}$ = $\sum_{n=1}^{\infty}(\quad)^n+\sum_{n=1}^{\infty}(\quad)^n$ 이 되며, (   )^{n}와 (   )^{n}은 각각 공비가 (   ),(   ) 이므로 수렴하게 된다.

((서술형 4점))

$\sum_{n=1}^{\infty}\frac{2^n+3^n}{4^n}=\sum_{n=1}^{\infty}(\quad)^n+\sum_{n=1}^{\infty}(\quad)^n$

= (   ) + (   )

= (   ) + (   ) = (   )

그러므로 정답은 $\sum_{n=1}^{\infty}\frac{2^n+3^n}{4^n}$ = (   )이다.

[발전2] 오른쪽 그림과 같이 한 변의 길이가 3인 정삼각형 $A_1B_1C_1$의 각 변을 2:1로 내분하는 점을 연결하여 정삼각형 $A_2B_2C_2$를 만들고, 정삼각형 $A_2B_2C_2$의 각 변을 2:1로 내분하는 점을 연결하여 정삼각형 $A_3B_3C_3$을 만든다. 이와 같은 방법으로 정삼각형을 한없이 만들 때, 모든 정삼각형의 넓이의 합을 구하시오.(10점)(풀이과정을 최대한 자세하게 쓸 것)

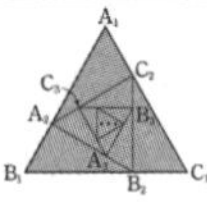

정답 : (   )

((논리성 4점))

▸ 문제를 해결하기 위한 기초지식 ◂

1. 한 변의 길이가 a 인 정삼각형의 넓이는 (   )이다.
2. 등비급수 $\sum_{n=1}^{\infty} ar^{n-1}$, $(a\neq 0)$ 이 수렴할 공비 r의 조건은 (   )이며, 그 때의 합은 (   ) 이다.

((서술형 6점))

풀이과정을 최대한 자세하게 작성할 것

(5) 기본 문제의 특징

정답을 유도하는 과정을 단계적으로 제시하고, 괄호 넣기 형태로 출제하여 기초가 부족한 학생들도 쉽게 도전할 수 있도록 하였다. 예를 들어, 기본 문제 1번은 [논리성 4점] 부분에서 핵심 단계의 빈칸을 채우며 문제 접근 방식을 이해할 수 있도록 하였고, [서술형 4점] 부분에서는 분자와 분모를 각각 분모의 최고차항으로 나누는 절차를 기억하며 빈칸을 채우면 정답에 도달할 수 있도록 구성하였다. 이러한 방식은 수업에 충실히 참여한 학생이라면 기초가 다소 부족하더라도 충분히 문제를 해결할 수 있게 하는 효과가 있었다.

(6) 발전 문제의 특징

기본 문제와 유사한 [논리성 4점] 부분이 포함되어 있었으나, [서술형 6점] 부분은 별도의 힌트 없이 학생들이 스스로 작성하도록 구성하였다. 이를 통해 학습에 충실히 임한 학생들과 그렇지 않은 학생들을 변별할 수 있었다.

평가 운영 방식은 학생들이 앞쪽 페이지에서 한 문제, 뒷쪽 페이지에서 한 문제를 선택하여 풀도록 하였으며, 시간적 여유가 있을 경우 추가 문항에도 도전할 수 있도록 하였다. 이러한 구조는 학생 개개인의 수준에 맞춘 선택권을 제공하면서도, 도전 기회를 열어 두는 효과가 있었다.

다. 평가 결과와 의미

평가 방식의 변화는 학생들에게 긍정적인 변화를 가져왔다. 기본 문제를 통해 학생들은 논술형 평가의 기본 틀을 익히고, 논리적 서술을 연습할 수 있었다. 발전 문제는 더 높은 난도에 도전할 기회를 제공하였으며, 성공적으로 해결한 학생들은 높은 점수와 함께 성취감을 경험하였다. 특히 발전 문제를 해결한 학생들은 '나도 어려운 문제를 풀 수 있다'는 자신감을 얻었고, 이는 수학에 대한 긍정적 태도 형성으로 이어졌다.

이러한 평가 방식은 단순히 점수를 부여하거나 성취도를 측정하는 수준을 넘어섰다. 상위권뿐만 아니라 중·하위권 학생들에게도 성취 경험을 제공함으로써, 학생들이 자신의 학습 가능성을 발견하고 자신감을 키울 수 있도록 하였다. 나아가 학생들이 각자의 속도에 맞추어 학습하고, 수준에 적합한 문제를 선택하여 도전하며 성취감을 느끼는 과정을 통해 수학은 '어렵고 부담스러운 과목'에서 '도전할 만한 가치가 있는 과목'으로 재인식되는 효과가 나타났다.

라. 다른 교과로의 확장 가능성

이러한 평가 방식은 수학 교과에 국한되지 않고 다른 교과에서도 적용 가능하다. 물론 쉬운 문제와 어려운 문제를 각각 설계해야 하므로 교사에게 일정한 부담이 따르지만, 학생들이 평가에서 성취를 경험하고 수업에 더욱 적극적으로 참여하는 모습을 확인할 때 그 노력은 충분히 보상된다.

타 교과에서 적용해 볼 수 있는 수준별 논술형 평가 예시 및 기대 효과

교과	내용
영어	• 기본 문제 : 주어진 짧은 문장을 해석하거나, 제시된 단어를 활용해 간단한 문장을 완성하는 문제 • 발전 문제 : 특정 상황을 제시하고 학생이 직접 대화를 구성하거나 에세이 형식으로 자신의 의견을 영어로 서술하는 문제 • 기대 효과 : 어휘·문법 기초가 약한 학생도 기본 문제를 통해 성취감을 얻을 수 있고, 상위권 학생들은 자신의 표현 능력을 확장하며 논리적 글쓰기에 도전할 수 있다.
과학	• 기본 문제 : 실험 과정 중 기본 개념 확인 문제(예: 광합성의 반응물과 생성물 쓰기) • 발전 문제 : 실험 결과를 분석하고 원인을 추론하거나, 실제 생활 현상에 적용하는 문제(예: 광합성 부족이 생태계에 미치는 영향 설명) • 기대 효과 : 기초 개념 학습과 실생활 적용을 연결해, 과학을 단순 암기 과목이 아닌 탐구 과목으로 경험할 수 있다.
국어	• 기본 문제 : 제시문에서 중심 문장을 찾거나, 어휘의 의미를 정확히 파악하는 문제 • 발전 문제 : 제시문에 대한 비판적 감상문 작성, 또는 다른 글과 비교·분석하는 문제 • 기대 효과 : 독해력이 약한 학생도 기본 문제를 통해 이해력을 점검할 수 있고, 상위권 학생들은 논리적 사고와 글쓰기 능력을 심화할 수 있다.
지리	• 기본 문제 : 지도에서 기후 유형을 구분하거나, 특정 지역의 지형·기후 특징을 설명하는 문제 • 발전 문제 : 특정 지역의 기후·지형이 산업이나 생활양식에 미치는 영향을 분석하거나, 기후변화 시 미래 모습을 예측하는 문제 • 기대 효과 : 기본 지식 확인과 더불어 고차 사고력을 요구하는 문제를 동시에 제공하여, 학생들이 지리를 단순 암기 과목이 아닌 탐구 과목으로 인식하게 한다.

각 교사는 자신의 교과에서 이 방식을 어떻게 활용할 수 있을지 구상해 보고, 동료 교사들과 논의하며 실천해 보기를 권한다. 이러한 평가 개선 시도는 학생들의 수업 태도와 학습 의욕을 긍정적으로 변화시킬 뿐 아니라, 교사로서도 교육적 보람과 성취감을 경험할 수 있게 한다.

2. 지필고사 논술형 평가의 설계와 실천

가. 고3, 수업-평가의 목표

고3 일반 선택과목인 동아시아사 수업을 맡게 되었다. 일반적으로 수능 과목은 전 범위가 출제되기 때문에, 수능일을 기준으로 삼아 수업-평가 운영 계획을 작성하게 된다. 고3 동아시아사 수업 역시 수능 과목이기 때문에 전 범위에 대해 빠르게 학습해야 하면서도 1, 2학년에 준하여 수업과 평가를 운영해야 하기 때문에 고민이 많았다. 더군다나 동아시아사는 일반 선택과목이라 상대평가가 적용되는데, 맡은 학생 수는 24명이었다. 1등급은 1명만 가능하기에 변별이 중요한 평가를 진행해야 했다.

수업과 평가에 있어 배움을 통해 성장을 지원한다는 교육의 본질을 고3 교실이라고 하여 포기하고 싶지 않았다. 그렇지만 수능에서 동아시아사 과목을 선택하는 학생들을 위한 내용 지식을 전달하고, 여러 유형의 문제를 제공하는 것도 필요했다.

학생들과 협의하여 대부분의 고3 수업에서 활용하고 있는 '수능특강'은 사용하지 않기로 하였다. 다만, 수능특강의 내용을 반영하여 재구성한 수업 활동지를 교사가 제공하기로 하였다. 학생들에게도 수능 고득점이 아닌, 동아시아 국가들이 화해와 협력을 바탕으로 공동의 평화를 만들어 가기 위해 과거와 현재에 대한 역사적 이해를 높이는 것이 동아시아사 과목의 존재 이유이므로 목표에 맞는 수업과 평가를 진행하겠다고 설명하였다.

나. 수업-평가 구상하기

(1) 수업 활동 기획하기

고3 수업이지만, 수업 시간에 공부한 내용을 토대로 모둠활동을 할 수 있도록 기획하였다. 학생들의 명단을 토대로, 한국사(1학년)와 세계사(2학년)를 지도하신 동 교과 교사들에게 자문을 구해 각 학생의 역사적 지식, 수업 태도, 리더십 등을 파악하였다. 그 결과를 반영해 모둠을 편성하였으며, 네 명씩 마주 앉아 함께 이야기를 나눌 수 있도록 자리를 고정하여 배치하였다.

활동지는 역사 교사들이 온라인 공간에 공유하고 있는 여러 활동지를 참고하여 제작하였다. 첫 수업에서는 「활동지 사례 1」과 같이 백지도를 제공하여 수업 시간에 다룰 지리적 요소들을 직접 확인하고 채워 나갈 수 있도록 하였으며, 내용을 정리하는 부분에서도 빈칸을 많이 두어 제공하였다. 진도가 급할 때는 빈칸을 채운 활동지를 TV 화면으로 제공하여 학생들이 따라 쓰며 설명을 들을 수 있게 하였고, 여유가 있을 때는 학생들이 모둠 친구들과 함께 교과서를 펼쳐 빈칸을 스스로 채워 나갈 수 있도록 구성하여 진도를 조정하였다.

수업 활동지 사례 1

동아시아사반 학번 : 성명 :

주제 1. 동아시아? 史? Why?

★ 학습의 주안점 : 해당 주제에서는 여러분이 선택한 동아시아사의 무대는 어디인지, 지역은 어떻게 구분할 수 있는지에 대해 간단하게 기초를 다지는 일부터 시작할 예정입니다. 그리고 서두른 느낌이 들지 모르겠지만... 다양한 여러분들의 관심사에 대해 동아시아라는 틀을 갖고 탐구할 예정입니다. 탐구과정이 쉽지만은 않을 것으로 예상됩니다만, 함께 좌충우돌 하면서 동아시아사는 왜 공부해야 하는지까지 연결하여 생각해볼 수 있는 과정이 되기를 희망합니다.

◈ 동아시아의 자연환경과 생업(교 p.18-19)

1. 동아시아의 주요 하천, 지역, 도시 표시하기

2. 자연환경

1) 범위 : 동 - , 서 -
남 - , 북 -

2) 지형 : ________ 지형 (강 : →)

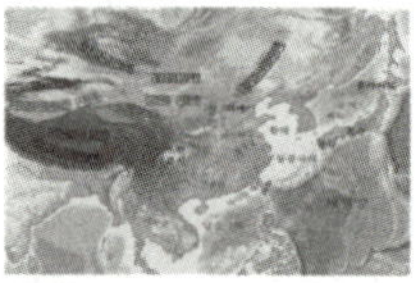

3) 기후 : 냉대, 건조, 온대, 열대 등 다양

★ 주요 도시의 시대별 명칭

1. 선양 : 펑톈(만주국)
2. 베이징 : 중도(금), 대도(원), 베이징(명청)
3. 시안 : 호경(서주), 함양(진), 장안(전한,수,당)
4. 뤄양 : 낙양(동주, 후한, 서진, 북위)
5. 난징 : 건강(동진)
6. 항저우 : 임안(남송)
7. 닝보 : 밍저우(당,명), 영파(청)
8. 오키나와 : 류큐
9. 도쿄 : 에도 10. 교토 : 헤이안

- 3 -

등급도 내고, 생각도 자라는 東asia史♥

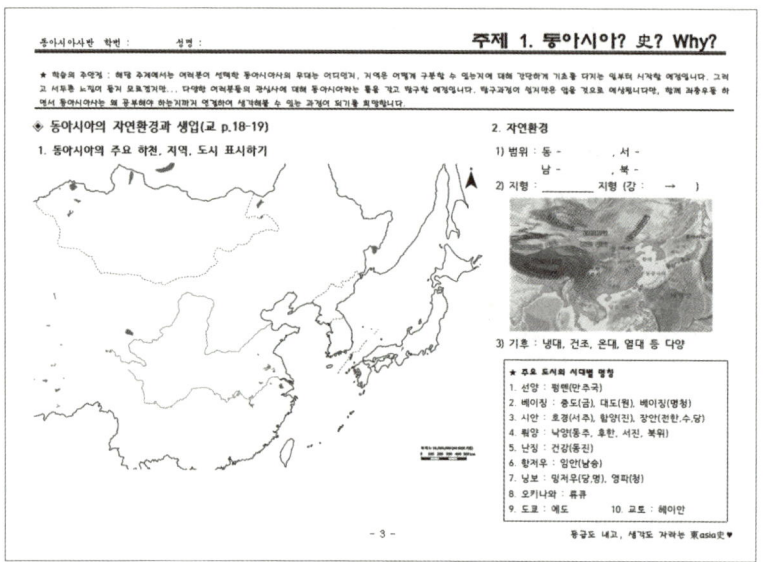

이렇게 수업 활동을 한 후, 수업 마치기 5분 전부터는 수업 시간마다 역사 일지를 작성하도록 하였다. 수업 시간에 학습한 내용을 다시 되새겨 보는 경험과 함께, 탐구 질문을 학생들이 주도적으로 만들어 깊이 있게 고민하는 경험을 제공하고자 함이었다. 역사 일지 작성은 수행평가의 한 항목으로 구성하여 학생들의 수업 집중력 및 이해도, 사고력 등을 평가하고 반영하는 것으로 결정하였다.

(2) 논술형 평가의 기획

수업 시간에 주로 이루어지는 활동은 수업 내용을 정리한 다음, 모둠 활동을 통해 몇 가지 유형의 문제를 주고 함께 해결할 수 있도록 하였다. 수업 시간에 제공한 수업 활동의 유형은 다음과 같이 나눌 수 있다.

① 원 사료나 가공된 사료를 분석하여 역사적 사실 추론하기
② 읽기 자료를 읽고 자신의 생각을 정리한 후 모둠 친구들과 나누기
③ 상반되는 의견이나 선택지가 있는 글을 읽은 후 자신의 입장을 정리하고 모둠 친구들과 나누거나 학급 전체 대상으로 발표하기

질문 ①은 교사가 바라는 정답이 있는 질문이다. 사료를 읽고 분석하여 수업 내용을 적용할 수 있는 능력을 기를 수 있도록 하였고, 질문 유형 중 가장 먼저 배치하여 중요한 역사 사실을 확인할 수 있도록 하였다.

질문 ②는 수업 내용을 좀 더 깊이 있게 다룬 글을 읽은 후 학생들이 자유롭게 답을 생각해 보고 생각의 다양성을 나눌 수 있는 질문이다. 이 경우 학생들은 자신의 생각을 모둠활동을 통해 공유하였고, 모둠원 중 가장 많은 지지를 받은 학생이 발표하면서 학급 전체 친구들과 나눌 수 있도록 하였다.

질문 ③은 여러 의견 중 하나를 선택하고, 그 근거를 명확하게 제시하여 주장을 펼칠 수 있도록 한 질문이다. 이 경우 학생들은 자신의 의견이 어느 쪽인지 먼저 정한 후 왜 그렇게 생각하는지 발표하였다. 상대 의견에 대해 문제를 제기할 수 있는 시간을 가져 근거를 들어 반박하고, 다시 자신의 의견을 공고히 하기 위해 재반박하는 경험을 통해 내 의견과 다른 의견도 깊이 있게 이해하며 존중할 수 있는 기회로 삼을 수 있도록 하였다.

실제 수업 활동에서 짧더라도 자신의 생각과 근거를 쓰고 친구들과 공유하는 활동이 많았기 때문에, 이러한 수업 활동 중 하나를 선택하여 지필평가의 논술형 평가에 반영하기로 결정하였다.

지필평가에서 논술형 문항을 출제하고 채점하는 것은 일반적이지만, 자신의 평가와 판단을 담은 논리적인 글을 작성하는 논술형 문항을 출제하고 채점하는 일은 그리 흔하지 않다. 대부분 교사들은 논술형 문항의 존재 이유를 잘 알고, 그런 의도에 따라 논술형 문항을 출제하고자 하지만, 실제 지필평가에서 논리적인 글을 작성하고 이에 대해 채점하는 것은 부담스럽게 느낄 수 있다.

수행평가와 달리 지필평가는 교내 학사 일정에 따라 채점도 빨리 이루어져야 하고, 한 과목에 여러 명의 교사가 들어가는 경우 다양한 학생들의 답안에 대해 끊임없는 협의가 이루어져야 한다. 그렇기에 실제 지필평가에서 출제하는 논술형 문항은 주로 학생들의 지식·이해, 과정·기능의 수준을 파악할 수 있지만, 가치·태도를 보여 주는 생각은 확인하기 어려운 문항이 대다수다.

고3 동아시아사 수업에서는 24명 한 학급, 담당 교사도 한 명이었기에 지필평가에서 학생들이 자신의 생각을 논술할 수 있는 문항을 출제하고 채점할 수 있을 것이라 판단하였다.

지필평가에서 논술형 평가를 진행한 부분의 성취기준 재구성은 다음과 같다.

논술형 평가의 성취기준 재구성

	성취기준	재구성한 성취기준
1학기	[12동사03-01] 17세기 전후 동아시아 전쟁의 배경, 전개 과정 및 그 결과로 나타난 각국의 변화를 파악한다.	17세기 전후 동아시아 전쟁 시 각 국가별 정치적 상황을 인물 중심으로 파악하여 토론 활동을 한 후, 동아시아 전쟁의 배경과 전개 과정 및 결과를 반영하여 자신의 평가를 논리적으로 서술할 수 있다.
2학기	[12동사04-02] 제국주의 침략의 실상과 일본 군국주의로 인한 전쟁의 확대 과정을 살펴보고, 그에 대항한 각국의 민족 운동을 비교하여 설명한다. [12동사05-01] 제2차 세계대전의 전후 처리 과정을 알아보고, 동아시아에서 냉전의 심화·해체 과정과 그 영향을 분석한다. [12동사05-03] 오늘날 동아시아 국가 간의 갈등과 분쟁 사례를 살펴보고 그 해결을 위해 노력하는 자세를 갖는다.	일본 군국주의로 인한 침략과 식민 지배로 인해 동아시아 각국이 겪은 고통을 이해하고 과거사 정리, 역사 왜곡 등의 문제가 '역사 현안'으로 현재까지 이어지고 있음에 대해 토론 활동 후 자신의 생각을 서술할 수 있다. 또한, 제2차 세계대전의 전후 처리 과정이 동아시아에서는 유럽과 다른 양상으로 나타난 점과 그 영향을 이해하여 자신의 생각을 논리적으로 서술할 수 있다.

1학기에는 17세기 동아시아 전쟁에 대한 수업 활동을 한 후 지필평가에서 논술형 문항을 출제하였고, 2학기에는 제2차 세계대전에서 있었던 피해와 오늘날까지 이어지는 '역사 현안' 을 다루는 논술형 문항을 출제하였다.

다. 수업-평가의 실제

(1) 수업 활동의 실제

17세기 동아시아 전쟁을 주제로 하여 성취기준을 재구성하고 논술형 평가까지 기획한 이유는, 학생들에게 익숙한 주제이기 때문이었다. 1학년 한국사에서 우리나라의 입장이 반영된 '임진왜란'이라는 이름으로 공부했지만, 전쟁에 참여한 동아시아 각국의 입장에서 같은 전쟁을 바라보며 관점을 달리 해 보는 경험이 필요하다고 생각하였다.

재구성한 성취기준에 따른 수업 활동지 1

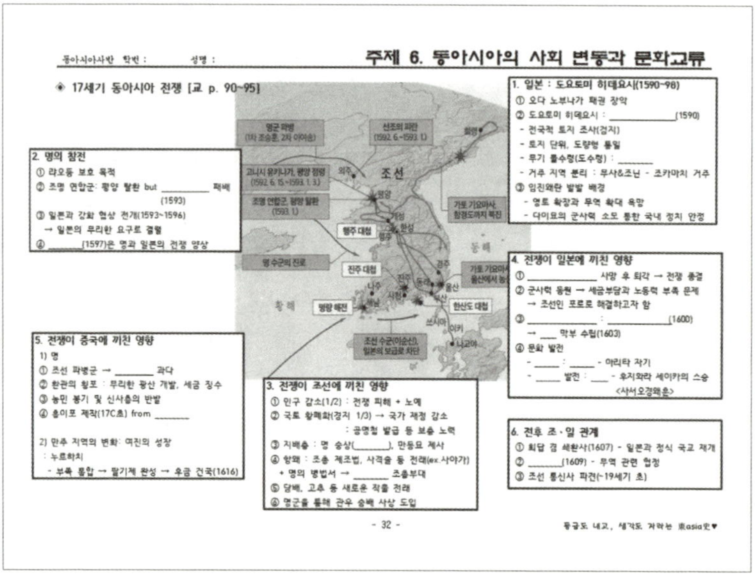
동아시아사반 학번 : 성명 :

주제 6. 동아시아의 사회 변동과 문화교류

◈ 17세기 동아시아 전쟁 [교 p. 90~95]

1. 일본 : 도요토미 히데요시(1590~98)
① 오다 노부나가 패권 장악
② 도요토미 히데요시 : ________(1590)
- 전국적 토지 조사(검지)
- 토지 단위, 도량형 통일
- 무기 몰수령(도수령) : ______
- 거주 지역 분리 : 무사&조닌 - 조카마치 거주
③ 임진왜란 발발 배경
- 영토 확장과 무역 확대 욕망
- 다이묘의 군사력 소모 통한 국내 정치 안정

2. 명의 참전
① 랴오둥 보호 목적
② 조명 연합군: 평양 탈환 but ________ 패배 (1593)
③ 일본과 강화 협상 전개(1593~1596)
→ 일본의 무리한 요구로 결렬
④ ______(1597)은 명과 일본의 전쟁 양상

3. 전쟁이 조선에 끼친 영향
① 인구 감소(1/2) : 전쟁 피해 + 노예
② 국토 황폐화(경지 1/3) → 국가 재정 감소
: 공명첩 발급 등 보충 노력
③ 지배층 : 명 숭상(______), 만동묘 제사
④ 항왜 : 조총 제조법, 사격술 등 전래(ex.사야가)
+ 명의 병법서 → ______ 조총부대
⑤ 담배, 고추 등 새로운 작물 전래
⑥ 명군을 통해 관우 숭배 사상 도입

4. 전쟁이 일본에 끼친 영향
① ________ 사망 후 퇴각 → 전쟁 종결
② 군사력 동원 → 세금부담과 노동력 부족 문제
→ 조선인 포로로 해결하고자 함
③ ________ : ________(1600)
→ ___ 막부 수립(1603)
④ 문화 발전
- _____ : _____ - 아리타 자기
- _____ 발전 : ___ - 후지와라 세이카의 스승
<사서오경왜훈>

5. 전쟁이 중국에 끼친 영향
1) 명
① 조선 파병군 → ______ 과다
② 환관의 횡포 : 무리한 광산 개발, 세금 징수
③ 농민 봉기 및 신사층의 반발
④ 홍이포 제작(17C초) from ______

2) 만주 지역의 변화: 여진의 성장
: 누르하치
- 부족 통합 → 팔기제 완성 → 후금 건국(1616)

6. 전후 조·일 관계
① 회답 겸 쇄환사(1607) - 일본과 정식 국교 재개
② ______(1609) - 무역 관련 협정
③ 조선 통신사 파견(~19세기 초)

- 32 -

동글도 내고, 생각도 자라는 東asia史♥

위 「수업 활동지 1」을 활용하여 17세기 동아시아 전쟁 시 각국의 상황을 빠르고 일목요연한 강의로 정리할 수 있도록 하였다. 해당 영역은 학생들이 다른 영역에 비해 알고 있는 지식의 양이 많은 편이고, 또 흥미

있어 하는 편이라 강의를 빠르고 짧게 하기 위해 활동지에 빈칸을 적게 배치하였다.

이후 학생들은 「수업 활동지 2」를 활용하여 17세기 동아시아 전쟁에 대한 두 가지 질문에 대해 고민해 보고 모둠 친구들과 나누는 시간을 가졌다. 첫 번째 질문은 강원역사교사모임에서 제작한 『학생중심수업 활동지 모음집』(비매품)을 참고하였다. 원 자료에서는 17세기 동아시아 전쟁 시 명, 조선, 일본의 최고 권력자를 제시한 후, 해당 인물들에 대해 정보를 찾아 정리한 후 활동하도록 되어 있었지만, 고3 수업이라는 점을 고려하여 시간을 단축시키고 정확한 정보를 제공하기 위해 대략적인 인물에 대한 설명을 정리하여 제공하였다.

첫 번째 활동은 전쟁 전과 전쟁 과정을 살폈을 때 가장 난감한 상황을 만들고 있는 인물을 뽑아 보며 왜 그렇게 생각하는지 생각을 나눠 보는 활동이었다. 이 활동을 통해 학생들은 동아시아 3국의 최고 권력자가 가지고 있는 목표와 야심, 자신의 권력을 키우고 지키기 위해 선택한 방법 등의 정당성 여부를 살펴보았다.

두 번째는 한국에서 임진왜란이라고 명명한 이 전쟁의 다른 명칭과 그 뜻을 알아보고, 동아시아 3국이 공동으로 사용할 수 있는 명칭을 만들어 보는 것이다. 학생들에게 제공한 글은 『역시나 동아시아사』에서 발췌하였다. 학생들은 전쟁의 명칭을 새로 만들어 제시하고, 왜 그렇게 생각하는지 근거를 들며 모둠 친구들과 의견을 나누는 활동을 하였다.

재구성한 성취기준에 따른 수업 활동지 2

☆ 활동해봅시다 ★

1. 아래 포스터 인물 중 가장 '노답'인 인물은 누구라고 생각하는지 써보고 이야기 나눠봅시다.

1. 만력제
- 어린 나이에 즉위
- 즉위 초 10년간 장거정의 개혁
- 세금제도 개혁 및 대외관계 안정
- 장거정 사망 이후 직접 통치
- 큰아들 대신 총애하는 황귀비 정씨의 아들인 셋째를 황태자로 삼으려 함.
- 내각 대신들의 반대로 30여년 조정에 나오지 않음.
- 국가 재정 무시, 개인 재산(왕실 재정) 쌓기에 힘을 쏟음. 군사비 부족하다는 지원 요청에도 거절함.
- 발배의 난, 양응룡의 난, 임진왜란에 대규모 군사 파견으로 재정 악화

2. 도요토미 히데요시
- 하급무사 집안 출신
- '오다 노부나가'라는 무장 아래에서 중용되던 중 그의 사망 이후 원수를 갚고 실권 장악
- 일본 내 여러 반대 세력을 굴복시키고 일본 통일
- 무사와 농민의 신분 구분으로 지배력 확보
- 중국대륙정복을 통해 오다 노부나가에 집중된 국민들의 존경심과 평가가 자신에게 쏠릴 것으로 기대
- 국내 불만세력의 관심을 돌리기 위해 임진왜란 발발

3. 선조
- 중종의 아들 덕흥군의 셋째 아들
- 명종이 후사없이 죽어 왕위 계승
- 재위 초 사림 등용, 국정 쇄신
- 사림의 중앙정계 진출 후 붕당 출현
- 여진 침략에 두만강 회복
- 임진왜란 발발시 의주로 피난
- 광해군 세자 책봉하여 분조
- 명에 구원 요청
- 전쟁 이후 전후 복구 사업 노력
- 실질적인 복구사업은 광해군이 추진
- 뒤늦게 적자인 영창대군으로 하여금 자신의 뒤를 잇게 하고자 하여 분쟁의 씨앗을 남김

• 나의 생각과 그 이유는? (선조) 임진왜란이 발발 했을 때 무책임한 모습을 보여 주었는 데다 전쟁 후 복구사업의 실질적인 추진은 광해군이 다하였기에
• [redacted] : (선조) 임진왜란 발발시 피난 → 용납 불가.
• 이준동 : (만력제) · 할일 X 이기적 자기 재산만 축적.
• [redacted] : (만력제) · 국민 재산 국가 재정이 안중에 신경 X

2. 다음 글을 읽고 17세기에 있었던 두 차례의 국제 전쟁을 부르는 명칭을 어떻게 바꾸는 것이 좋을지 자신만의 용어를 만들고, 그 이유를 써봅시다.

지금까지 17세기에 있었던 동아시아의 국제 전쟁을 부르는 명칭은 삼국이 모두 달랐습니다. 예를 들면 임진 전쟁을 한국에서는 임진왜란, 북한에서는 임진 조국 전쟁이라 합니다. 중국과 대만에서는 항왜원조(抗倭援朝, 왜구와 싸우는 조선을 도와줌.)라 하여 조선을 '도와줬다'는 것을 강조합니다. 일본에서는 분로쿠·게이초의 역이라 하는데, 분로쿠와 게이쵸는 당시 일본의 연호를 말합니다. '역'이라는 것은 '반란을 평정한다'는 의미를 담고 있으므로 적절한 표현이 아닙니다. 일본의 일부 진보적인 교과서 등에서는 '도요토미 히데요시의 조선 침략'이라고 하지만 일반적이지는 않습니다. 우리가 자주 쓰는 임진왜란의 '왜'는 일본을 멸시하는 용어로 사용되었고, 병자호란의 '호' 역시 북방민족을 멸시하는 용어였습니다. 더군다나 임진년과 정유년에 있었던 일본의 침략은 일부 왜구가 소란을 일으키거나 국경을 침입한 것이 아니라 국력을 걸고 싸운 국가간의 전쟁이었습니다. 그렇다면 반란의 의미가 있는 '란'이라는 용어도 적절하지는 않다고 볼 수 있습니다.

• 나의 생각하는 적절한 용어는? 임진 전쟁.
• 왜 그렇게 생각했나요? ~~누구를 멸시하는 용어도 반란의 뜻도 없이~~ 어느 한쪽에만 치우치지 않는 임진년에 일어난 전쟁이라는 사실만을 알리는 것 같기 때문.
• 다른 친구들이 생각한 용어 중 적절해 보이는 용어는 무엇이고 왜 그렇게 생각했을까요?
~~임진 조일 전쟁~~ 삼국 전쟁 왜냐하면 이 전쟁에 대해 제일 깔끔히 설명한 용어인 것 같다.
일본 조선 침략 : 사실만을 그대로 서술.
도요토미 히데요시 조선 침략 : 비하 발언 X

- 33 -

동급도 내고, 생각도 자라는 東asia史♥

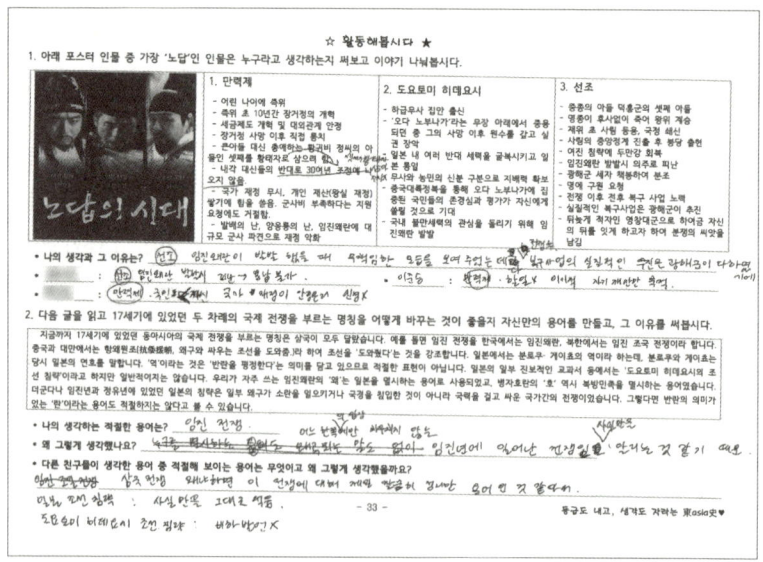

실제 수업에서 위 학생은 동아시아 3국에서 선조가 가장 무능력한 인물이라고 생각했지만, 같은 모둠의 또 다른 두 친구는 명의 만력제를 뽑았다. 학생들이 생각하기에 선조는 백성을 버리고 의주까지 피난을 떠났던 행동이 책임감 없고 무능력하다고 생각했으며, 만력제는 최고 자리에 있으면서도 일을 하지 않는 것에 대해 난감한 인물이라고 평가하는 경우가 많았다.

그리고 두 번째 주제인 임진왜란, 병자호란이라는 용어를 되짚어 보며 동아시아 3국에서 같은 사건이라도 각국이 처한 상황에 따라 다르게 불리는 점을 흥미롭게 여기는 학생들이 많았다. 모두가 함께 사용할 수 있는 용어를 만들어 가는 것이 쉬운 일은 아니지만, 학생들은 나름대로 자신의 가치관을 담아 새로운 용어를 제시하기도 하면서 참여하였다. 또 역사 용어가 고정적이지 않고 시대나 관점에 따라 다르거나 변화할 수

있다는 점도 인식하였다.

(2) 논술형 문항 출제 및 채점

① 논술형 문항 출제하기

출제 과정은 성취기준 재구성에서 시작한다. 1학기 수업 과정 중, 토론 수업을 한 후 논술형 문항까지 함께 할 수 있도록 재구성했던 17세기 동아시아 국제 전쟁에 대한 성취기준을 다시 확인해 보면 다음과 같다.

> 17세기 전후 동아시아 전쟁 시 각 국가별 정치적 상황을 인물 중심으로 파악하여 토론 활동을 한 후, 동아시아 전쟁의 배경과 전개 과정 및 결과를 반영하여 자신의 평가를 논리적으로 서술할 수 있다.

재구성한 성취기준의 전반부가 수업 활동에 대한 서술이라면, 후반부는 바로 논술형 문항에 대한 서술이다. 그렇다면 무엇을 평가할 수 있는지 논술형 평가 요소를 고민해 보았다.

- 17세기 전후 동아시아 전쟁에 대해 평가하기
- 17세기 전후 동아시아 전쟁의 배경과 전개 과정 및 결과에 대해 파악하기

이를 위해 학생들이 지필평가에서 수행해야 할 과제는 다음과 같다.

- 제시된 자료가 17세기 전후 동아시아 전쟁에 대한 자료임을 파악하여, 17세기 전후 동아시아 전쟁의 배경과 전개 과정 및 결과를 근거로 삼아 평가하는 논리적인 글쓰기

'제시된 자료가 17세기 전후 동아시아 전쟁에 대한 자료임을 파악하여' 라는 부분이 추가되었는데, 이를 통해 학생들이 사료를 분석하고 이해할 수 있는 능력, 혹은 사료를 통해 해당 시기의 상황을 추론할 수 있는 능력을 파악할 수 있다. 처음 재구성한 성취기준에는 존재하지 않았던 과정·기능 측면을 이와 같은 방법으로 반영할 수 있었다.

실제 출제한 지필평가의 논술형 문항에서 학생들에게 제시한 자료는 일본이 명나라와 휴전 협상을 벌일 때 제시한 강화 조건이다. 해당 내용은 수업 시간에 임진왜란의 전개 과정에서 다룬 것이었다. 일단 임진왜란이 이 문항의 배경이라는 것을 알고 문제에 접근해야 풀 수 있다. 그리고 '조건' 에 따라 강화 조건이 오고 간 교섭의 배경과 이러한 강화 조건에 대한 당시 조선의 입장, 교섭이 결렬된 이후 전쟁 과정과 전후 각국에 끼친 영향을 활용하여 해당 전쟁의 승패를 평가하는 글을 작성할 수 있도록 제시하였다.

[논술형 1] 다음 글을 읽고 <조건>에 맞게 논술하시오. (총 5.0점, 부분 점수 있음.)

- 명 황제의 공주를 일본 천황의 후비로 삼는다.
- 명과 일본 양국의 전권 대신이 통교를 서약하는 문서를 교환한다.
- 조선의 4도(경상, 전라, 충청, 경기)를 일본에 할양한다.
- 조선의 왕자와 대신을 일본에 볼모로 보낸다.
- 명나라와 일본 간의 무역을 재개하여 관선과 상선을 왕래하도록 한다.

<조건>

○ 논리적으로 완성된 글을 작성할 것.
○ 위 입장을 비판하는 조선의 입장에서 글을 쓸 것.
○ 위의 강화 조건이 오고 간 교섭이 이루어지게 된 배경에 대해 전투 명칭을 활용하여 서술할 것.
○ 위의 강화 조건이 오고 간 교섭이 결렬된 이후 나타난 역사적 사실을 근거로 삼아 해당 전쟁의 승패를 논할 것.

② 논술형 문항 채점하기

출제한 문항에 대한 채점 기준표는 다음과 같이 구성하였다.

채점 기준표

평가 요소	척도 및 배점	채점 기준
17세기 전후 동아시아 전쟁의 배경과 전개 과정 및 결과에 대해 파악하기	3	17세기 전후 동아시아 전쟁인 임진왜란 중 벽제관 전투에서 수세에 밀린 명군이 일본과의 협상을 시도하였으나 실패하였고, 전후 명의 국력 쇠퇴 및 후금의 성장, 조선의 피해와 복구 상황, 일본의 에도 막부의 성립과 문화 발전이 있었음을 정확하게 기술하였다.
	2	17세기 전후 동아시아 전쟁인 임진왜란 중 벽제관 전투에서 수세에 밀린 명군이 일본과의 협상을 시도하였으나 실패하였고, 전후 명의 국력 쇠퇴 및 후금의 성장, 조선의 피해와 복구 상황, 일본의 에도 막부의 성립과 문화 발전이 있었음을 개연성 있게 기술하였다.
	1	17세기 전후 동아시아 전쟁인 임진왜란 후 동아시아 각국의 정세 변화 및 문물 교류의 과정을 대략적으로 기술하였다.
	0	17세기 전후 동아시아 전쟁 후 정세 변화와 문물 교류의 과정을 기술한 내용에 역사적 오류가 많다.
	1	17세기 전후 동아시아 전쟁 과정에서 벽제관 전투가 가진 중요성을 알고 기술하였다.
	0	17세기 전후 동아시아 전쟁 과정에서 벽제관 전투를 기술하지 않았다.

평가 요소	척도 및 배점	채점 기준
17세기 전후 동아시아 전쟁에 대해 평가하기	2	자료 속 내용이 임진왜란 중 명과 일본의 휴전 협상 중 일본의 강화 조건이라는 것을 파악하고, 이 협상 과정에서 전쟁 당사자국인 조선인들은 참여할 수 없었던 점과 전쟁에 대한 자신의 평가를 논리적으로 기술하였다.
	1	자료 속 내용이 임진왜란 중 명과 일본의 휴전 협상 중 일본의 강화 조건이라는 것을 파악하고, 이 협상 과정에서 전쟁 당사자국인 조선인들은 참여할 수 없었던 점과 전쟁에 대한 자신의 평가를 개연성 있게 기술하였다.
	0	자료 속 내용이 임진왜란 과정 중임을 파악하고, 협상 과정에 대한 자신의 평가 및 전쟁에 대한 평가를 기술하지 않았다.

위 표에서 보다시피 평가 요소에 따라 구분하여 채점 기준을 따로 적용하였다. 17세기 동아시아 전쟁 중 임진왜란에서 전개 과정, 결과에 대한 정확한 지식을 활용한다는 점이 첫 번째 평가 요소에서 중요한 채점 포인트가 되었다. 두 번째 평가 요소는 명과 일본의 협상 과정, 또 전쟁의 승패에 대한 자신의 평가를 논리적으로 작성하는 것이다.

임진왜란 도중 제시된, 위와 같은 일본의 요구는 비판받아야 마땅하다. 먼저, 그 무엇보다도 위의 요구는 등장 배경부터가 우리 조선의 의사는 거의 반영되어 있지 않다. 명은 물론 감사하게도 파병 요청에 응답하여 군대를 보내주었다. 또한 평양성 탈환으로 조명 연합군에게로 승기가 기우는 듯하였다. 그러나 ①벽제관 전투 등에서의 패배 이후로 명은 적극적으로 진군하려 하지 않았고, ④우리 조선의 반대에도 불구하고 일본과 협상에 들어갔으며, 이처럼 조선은 환영하지 않는 협상 과정에서 위의 요구를 하였으므로 조선은 요구를 받을 이유조차 없었다.

둘째, 내용이 말도 안 된다. 명 황제의 공주를 천황의 후비로 삼는다든가, 조선 4도를 가져가겠다든가, 조선 왕자를 일본에 볼모로 잡아두겠다든가 하는 요구는 마치 일본, 그들이 승전국임을 전제로 두고 거만하게 제시한 듯하다. 하지만 무엇을 근거로 일본이 승전국이라고 말할 수 있을까? 더군다나 위의 강화 조건이 오고 간 ②교섭이 결렬된 후 발생한 정유재란에서 일본은 도요토미 히데요시가 사망하자 조선에서 철수하였다. 이렇게 먼저 철수를 했다는 점, 그리고 ③강화 조건으로

> 제시한 내용들, 즉 그들이 원했던 것의 많은 부분을 얻지 못했다는 점에서 ⑤일본은 패전국이라면 패전국이지 승전국은 아니게 되었다. 따라서 가장 큰 피해를 본 우리 조선은 정작 거의 개입되지 않은 협상에서 제시한 조건인 데다가 약 7여 년간의 전쟁에서 일본은 결과적으로 패배하였으므로, 우리는 당시의 일본이 보였던 기고만장함을 맹렬히 비판해야 함이 마땅하다.

위 글은 실제 학생이 작성한 답안이다. ①에서 정확하게 벽제관 전투를 언급하고 ②, ③과 같이 임진왜란의 전개 과정과 결과 내용을 활용하였기 때문에 첫 번째 평가 요소를 충족시켰으며, ④, ⑤는 교섭 자체에 대한 비판과 전쟁에 대한 평가하기라는 두 번째 평가 요소를 충족시켰다.

실제 학생이 작성한 또 다른 답안을 함께 보고자 한다.

> 일본이 시작한 임진왜란 이후 ①벽제관 전투에서 봉착하여 ⑥협상을 위해 3국이 모이며 일본이 제시한 이 조약은 말도 안 되는 조건을 가지고 있다. ④3국의 평화와 종전을 위한 협상 조약이 아닌 일본의 이권만을 챙기는 이 조약은 매우 간사하다. 조선의 4도를 일본에 할양하고 왕자와 대신을 일본에 볼모로 보낸다는 말도 안 되는 조약에는 당연히 따를 수 없다. 하물며 조선이 사대하는 명의 공주를 일본 천황의 후비

로 삼는다는 것도 따를 수 없다. 이런 무리한 조건으로 인해 강화는 실패하고 정유재란이 일어났다. ②명과 조선은 막대한 인구와 자본을 잃었고, 거기에 더해 조선은 땅까지 황폐화되었다. 그러나 ③일본은 전쟁이 끝난 후, 아리타 도자기, 하야시 라잔의 제도 정비, 에도 막부 설립 등 여러 문화를 꽃피웠다. ⑤일본의 조선을 통한 명의 정복은 실패했을지 몰라도 이를 통해 여러 득을 본 일본이 전쟁에서의 승자이다.

이 답안에서는 먼저 봤던 답안과 ⑤영역에서 다른 평가를 내렸다. 임진왜란에서 일본이 승자라는 평가를 내리기 위해 ②, ③과 같은 근거를 활용하고 있다. ④와 같이 일본이 제시한 강화 조건에 대한 평은 위 학생과 비슷하다. 그러나 이 답안은 결국 1점이 감점되었는데 바로 ⑥ 때문이었다. 협상 과정에 함께한 나라는 명과 일본이었는데 3국이었다고 표현하여 정확한 역사적 사실을 토대로 작성해야 한다는 항목에서 감점이 되었다.

라. 고3 교실에서의 수업-평가 성찰

지필평가에서 논술형 문항을 출제하고 채점한 경험은, 필자가 만나는 학생들을 파악하여 성취기준을 재구성한 후 그에 따라 수업 활동과 평가를 일체화하는 과정 속에서 이루어졌다. 입시를 최우선으로 여기는 고3 교실이지만, 학생들이 스스로 생각하고 평가하고 판단하며 동아시아를 바라보는 관점을 넓히는 수업과 평가를 진행하고자 노력하였다.

처음 고3 교실에서 모둠으로 수업을 진행하겠다는 오리엔테이션을 했을 때 얼굴을 찌푸리는 학생도 있었다. 수능 준비로 마음이 바쁜 학생은 진도 나가는 동안에 잠깐씩 수능 과목 문제집을 펼치기도 했다. 그렇지만 자료를 읽고 자신의 생각을 서술하고 모둠 친구들의 생각을 나눠 정리해야 하는 시간이 되면, 대부분 학생들은 모둠 친구들과 수업 내용을 소재로 하여 대화를 나누고 활동지를 채워 나갔다. 몇몇 학생들은 동아시아사 수업 시간은 옆 친구와 대화를 나눌 수 있어 숨통이 트이는 시간이라고 하였고, 수업 활동에서 동아시아사에 흥미를 느껴 수능 선택 과목으로 결정하여 열심히 공부하는 학생도 여러 명 있었다.

또한, 지필평가에서 자신의 생각을 쓰는 논술형 문항을 만났을 때, 완벽한 근거를 들어 주장을 펼치는 것은 어렵더라도 수업 활동을 떠올리며 역사적 사건에 대한 자신의 평가와 판단의 내용을 담은 답안을 작성한 학생들이 많았다.

실제 논술형 평가는 수행평가의 일부로 적용되는 경우가 많은 편인데, 평가 기준을 모두 미리 제시하게끔 되어 있다. 그에 따라 학생들은 논술형 평가를 준비하는 과정에서 AI에게 평가 기준을 제시하여 그에 적합한 답을 써 달라고 한 후, 외워 와서 작성하는 사례가 많아졌다. 이런 경우, 교사가 의도했던 학생의 탐구 과정과 그를 표현하는 경험은 사라지게 된다. 평가를 통해 학생이 성장하기를 바라는 기대와 달리, 학생들은 논리적인 사고와 그를 적합하게 표현하는 행위를 AI에게 맡기고 단순 암기만 하게 되고, 이를 채점하는 교사 역시 천편일률적인 답안을 채점하며 무기력을 느끼게 된다.

지필평가에서 논술형 문항을 출제했을 때, 상대적으로 공부할 양이 많아 교과에 대한 내용 지식이 풍부해진 다음 낯선 지문을 분석하여 내용 지식을 토대로 자신의 생각을 펼쳐 나가는 논술 답안을 채점할 때는 학생들의 성장을 발견하며 희열감이 느껴졌다. 또한, 수업 활동에서 충분히 이해하고 생각하고 표현해 본 내용을 지필평가에서 만난 학생들은 이러한 논술형 문항을 어렵게만 여기지는 않았다는 점도 시사점이 있다고 생각한다.

그러나 논술형 평가에 있어 교사의 전문성과 자율권을 인정해야 한다는 전제 조건은 꼭 필요하다. 민원으로부터 보호받지 못하고 자율적으로 평가할 수 없는 조건에서 이루어지는 평가는 교사의 안위를 우선시하게 되어 학생들의 지식·이해 수준만을 확인하는 도구로 변질될 위험이 크다.

9장

탐구 질문을 되새기는 지필평가

1. 질문 중심의 수업-평가, 왜 필요한가

가. 깊이 있는 학습이란

"이걸 왜 배워요?"

학생들의 질문에 당황한 적이 있을 것이다.

'이걸 왜 가르쳐야 할까?'

우리를 당혹스럽게 만드는 이러한 질문이야말로 '깊이 있는 학습'의 시작점이다.

'수업 내용을 잘 이해했는가?'라는 질문은 우리에게 너무나도 익숙하다. 그러나 이제는 이 질문을 '이것을 왜 배워야 하는지 학생들이 이해했는가?', '배움을 학생들이 자신의 삶에 어떻게 연결하고 있는가?'라는 물음으로 바뀌야 할 때다. 이러한 물음 속에서 출발하는 수업이 바로 깊이 있는 학습을 지향하는 수업이다.

깊이 있는 학습에서 중요한 것은 '무엇을 얼마나 배웠는가'가 아니다. '그 배움을 통해 무엇을 이해하고, 어떻게 연결하고, 어디까지 확장할 수 있는가'이다. 예를 들어, 국어 수업에서 '말하는 이'라는 개념을 배울 때, 배움은 '이 시의 화자는 누구인가?' 라는 질문에 답하는 수준에서 멈추지 않는다. '말하는 이' 를 바꾸어 같은 장면을 읽어 보며 시의 분위기나 메시지가 어떻게 달라지는지까지 탐색한다. 단지 문학 개념을 익히는 데 그치지 않고, 관점의 변화가 감정과 의미에 어떤 영향을 주는지를 체감하며 '말하는 이' 가 문학 속에서 어떤 역할을 하는지 의미를 탐구한다.

이처럼 배움은 '지식' 을 넘어 '의미' 를 찾는다. 개념을 삶과 연결된 맥락에서 탐구할 때, 학습은 단순한 지식 습득을 넘어 의미 구성으로 확장된다. 학생은 교사의 설명을 따라가는 학습자가 아니라, 배움 속에서 스스로 질문을 던지고, 연결하고, 해석하는 주체가 된다. 깊이 있는 학습은 바로 이러한 전환에서 출발한다. 그것은 지식의 나열이 아니라 의미의 발견이며, 교과 지식을 삶의 맥락 속에 되새기며 자신의 언어로 성찰하는 배움이다.

나. 질문이 이끄는 수업-평가의 힘

그렇다면 깊이 있는 학습은 어떻게 만들어질까? 그 시작은 교사의 '설명' 이 아니라 '질문' 에 있다. 질문은 학생의 사고를 자극하는 도구일 뿐만 아니라, 배움의 깊이를 더해 주는 발판이기도 하다. 특히 핵심 질문과 단계적인 탐구 질문은 학생의 사고를 구조화하는 스캐폴딩 역할을 한다.

칼라 마셸(Carla Marschall)과 레이첼 프렌치(Rachel French)는 깊이 있는 학습을 위한 교사의 역할을 '정답을 전달하는 사람' 이 아닌 '질문을 통해 사고를 안내하는 사람'[17]이라고 강조한다. 교사는 질문을 전략적으로 배치하여 학생이 단순한 사실 확인에서 개념의 본질을 파악하고, 궁극적으로는 그것을 삶의 맥락에서 자신의 언어로 설명할 수 있도록 돕는다. 예를 들어, 김동식 작가의 단편을 읽고 다음과 같은 흐름으로 질문을 구성할 수 있다.

- 사실 확인 : 무슨 일이 벌어졌는가?
- 의미 탐색 : 왜 그런 선택을 했을까? 그 결정에 담긴 감정은 무엇일까?
- 관점 확장 : 딸의 시점에서 이 장면을 다시 서술한다면, 어떤 분위기와 메시지가 드러날까?
- 삶과 연결 : 내 삶 속에서 한 장면을 다른 사람의 관점으로 생각해 볼까?

이러한 질문은 단순한 지식 확인이 아니라, 사고의 깊이를 단계적으로 확상시키는 안내서가 된다. 학생들은 단계적으로 제시되는 질문을 따라가며 작품을 분석하고, 감정을 이입하고, 자신의 삶에 비추어 보는 경험을 하게 된다. 결국, 깊이 있는 학습은 교사가 설계한 질문이라는 이정표를 따라 학생 스스로 의미를 발견해 나가는 여정이다. 교사의 질문은 그 여정의 징검다리이며, 그 길 끝에서 학생은 개념을 넘어 삶을 이해하고 성찰하는 사고의 주체로 성장하게 된다.

---

17 Marschall, C., & French, R.(2021). 개념 기반 탐구학습의 실천. 신광미, 강현석 역. 학지사. (원저 2018)

깊이 있는 학습은 결국 학생의 삶과 연결되는 배움이어야 한다. 교실에서 익힌 개념과 통찰이 수업을 넘어, 학생 자신의 경험과 세계에 어떤 질문을 던지는지 고민하게 만드는 것, 그것이 진정한 학습의 완성이다.

2. 어떻게 설계할 것인가
- 탐구 질문의 원리

가. 교사의 철학에서 시작하는 질문

모든 수업은 교사의 철학에서 출발한다. 교사는 학생에게 제공할 학습 경험을 설계하며, 자신이 지향하는 교육적 가치와 신념을 수업 디자인 전반에 자연스럽게 반영한다. 결국 교사가 어떤 질문으로 수업을 시작하는가는 곧 '학생을 어떤 존재로 성장시키고 싶은가'에 대한 철학적 응답이다.

따라서 교사의 질문은 단순한 지식 확인에 머물러서는 안 된다. 그것은 학생이 어떠한 미래 역량을 갖추어야 하는지를 성찰한 결과여야 하며, 비판적으로 사고하고, 타인을 이해하며, 자신의 삶을 주체적으로 설계할 수 있도록 돕는 방향성을 담고 있어야 한다.

같은 성취기준이라도 교사가 선택한 질문에 따라 수업의 성격은 달라진다. 어떤 교사는 설명 중심의 질문으로 지식 전달에 집중하고, 또 다른 교사는 의미를 발견하게 하는 질문으로 학생 스스로 배움의 주체가 되도록 이끈다. 이처럼 질문은 교과 교육과정을 어떻게 재구성했는지를 보여 주는 지점이며, 교사의 교육철학이 가장 또렷하게 드러나는 방식이다.

질문은 교사의 전문성과 교육적 성찰이 응축된 결과물이다. 탐구 질문을 설계하려면 성취기준에 대한 깊은 이해뿐 아니라, 학습자의 수준과 맥락, 수업의 흐름을 읽어 내는 안목이 필요하다. 나아가 수업이 끝난 이후에도 학생이 그 질문을 삶의 맥락 속에서 다시 떠올리고 곱씹을 수 있다면, 그 질문은 단지 수업을 위한 도구를 넘어선다.

따라서 수업에서 어떤 질문을 중심에 두는가는 단순한 기법의 문제가 아니다. 그것은 교사가 학습자의 성장을 위해 어떠한 배움을 가치 있게 여기는지 보여 주는 교육철학의 표현이다. 질문은 수업의 품격을 결정한다.

나. 탐구 질문의 단계별 설계

그렇다면 어떻게 질문을 만들어야 할까? 미국의 교육학자 제이 맥타이(Jay McTighe)와 그랜트 위긴스(Grant Wiggins)는 다음과 같은 핵심 질문 생성 과정[18]을 제시한다.

핵심 질문 생성 과정

핵심 질문 개발을 위한 성취기준 분석하기	➡	성취하고자 하는 이해로부터 핵심 질문 도출하기	➡	총체적(일반적) 질문으로부터 핵심 질문 만들기

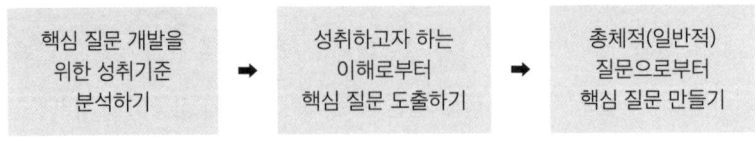

18 McTighe, J., & Wiggins, G.(2016). 핵심 질문 : 학생에게 이해의 문 열어주기. 정혜승, 이원미 역. 사회평론아카데미. pp.67−88.

교육과정에 제시된 핵심 아이디어와 성취기준을 분석하면 무엇을 가르쳐야 하는지를 명확히 파악할 수 있다. 이때 성취기준이 도달하려는 핵심 개념이 무엇인지 확인하고, 그것을 바탕으로 질문을 구상한다. 이어서, 핵심 질문을 구체화하기 위해 칼라 마쉘과 레이첼 프렌치가 제안한 질문의 단계적 구성[19]을 접목하여 탐구 질문을 설계한다.

질문의 단계적 구성

핵심 질문 개발을 위한 성취기준 분석하기	➡	성취하고자 하는 이해로부터 핵심 질문 도출하기	➡	총체적(일반적) 질문으로부터 핵심 질문 만들기	➡	사실적 질문 개념적 질문 호기심 질문

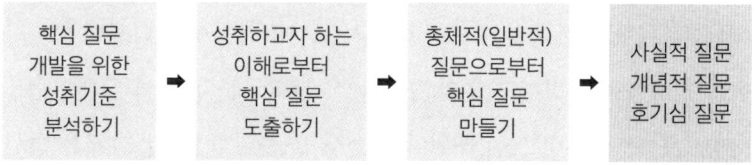

칼라 마쉘과 레이첼 프렌치는 학생들의 사고에 스캐폴딩을 제공하는 '안내 질문'에 대해 다음과 같이 구분하여 설명하고 있다.

- 주제에 집중하고 학생들이 비판적인 지식적 이해를 할 수 있도록 지원하는 사실적 질문
- 학생들의 다양한 반응을 허용할 수 있을 만큼 개방적이지만 교육과 학습을 단원 일반화로 안내하는 방식으로 구성된 개념적 질문
- 사실적이거나 개념적일 수 있지만 '정답'이 없는 것으로 작성되며, 학생들은 증거를 사용하여 자신의 의견을 정당화해야 하는 호기심을 촉발하는 질문

19 Marschall, C., & French, R. (2021). 개념 기반 탐구학습의 실천. 신광미, 강현석 역. 학지사. pp.63–66.

이와 같은 질문의 단계적 제시는 학생들의 사고에 스캐폴딩을 제공하는 '안내 질문' 역할을 담당한다. 좋은 질문은 학습경험 전체를 하나의 흐름으로 조직한다. 수업을 어떻게 설계할 것인지, 어떤 활동을 구성할 것인지, 평가에서 무엇을 되묻고 어떤 방식으로 성찰할 것인지까지 연결되는 구조 속에서, 탐구 질문은 수업과 평가를 유기적으로 엮는 역할을 한다. 하나의 질문이 수업을 열고, 학습경험을 이끌며, 다시 평가의 문항으로 되묻는 흐름 속에서 학생은 단절 없는 배움을 경험하게 된다.

이러한 수업을 가능하게 하려면, 교사는 단편적인 활동 나열이 아니라 학습 전체를 예측하며 질문의 흐름을 설계해야 한다. 특히 성취기준을 바탕으로 '무엇을 반드시 배워야 하는가'를 분명히 한 뒤, 그것을 중심으로 핵심 질문과 탐구 질문을 구조적으로 조직할 필요가 있다. 질문은 수업 흐름 속에서 자연스럽게 드러나야 하며, 다양한 사고를 발산하도록 유도하지만 필수 학습 내용을 놓치지 않도록 안내하는 등댓불이 되어야 한다.

결국 어떤 질문을 수업의 중심에 둘 것인가는 단지 기술의 문제가 아니라, 교사가 어떤 배움을 가치 있게 여기는가에 대한 교육철학의 표현이다. 수업의 구조를 관통하는 탐구 질문은 학생을 배움의 중심에 세우는 동시에 교사의 철학을 수업으로 드러내는 가장 정교한 언어가 된다.

다. 질문이 수업과 평가를 하나로 엮는 방법

탐구 질문은 수업과 평가를 이어 주는 가장 강력한 매개이다. 질문은 수업의 방향을 제시하고, 활동을 조직하며, 평가로 확장되는 학습의 흐름 전체를 하나로 묶어 낸다. 수업의 도입에서 제기된 질문은 활동 과정에서 사고를 안내하고, 마지막 평가에서 다시 성찰을 요구함으로써 학생의 배움을 순환적이고 확장적인 경험으로 만든다.

그렇다면 탐구 질문을 통해 수업과 평가를 어떻게 엮는 것이 좋을까? 무엇보다도 수업과 평가를 관통하는 핵심 질문을 제작하는 것이 중요하다. 이 핵심 질문은 수업의 전체 방향을 결정짓고, 평가에서 다시 되묻는 기준이 된다. 동시에 학생들이 배움을 점차 확장할 수 있도록, 핵심 질문을 중심으로 사실적·개념적·호기심 질문이 이어지는 세부 질문의 연속체를 구성하는 것이 필요하다. 교사의 질문 설계가 이렇게 구조화될 때, 학생들은 질문을 따라 학습의 출발점과 도착점을 연결하며 의미 있는 성장을 경험한다.

수업은 질문을 탐구하며 배움을 확장하는 과정이고, 평가는 그 질문을 되묻는 성찰의 과정이다. 결국 탐구 질문은 수업과 평가를 하나의 학습경험으로 일체화하는 핵심 원리이다. 교사가 설계한 질문이 수업의 시작과 끝을 관통할 때, 학생은 지식의 단편을 배우는 것이 아니라 배움의 맥락과 의미를 연결하며 성장한다. 이처럼 질문은 수업의 품격을 결정할 뿐 아니라, 평가를 학습의 연장선에서 경험하도록 만드는 힘을 지닌다.

3. 질문 중심의 수업-평가 실천하기
- 문학 수업 사례

가. 성취기준에서 핵심 질문 찾기

(1) 성취기준 분석하며 '알고 이해해야 할 내용' 파악하기

수업과 평가는 모두 성취기준에서 시작된다. 성취기준이란 학생이 해당 단원을 마쳤을 때 어떤 개념을 이해하고, 어떤 기능과 태도를 기를 수 있어야 하는지에 대한 도달 목표이다. 따라서 깊이 있는 수업을 설계하려면 먼저 성취기준을 분석하고 구체화하는 작업이 필요하다.

교사는 먼저 국가 교육과정의 핵심 아이디어와 성취기준을 분석하여 무엇을 배워야 하는지 확인해야 한다.

핵심 아이디어

- 문학은 인간의 삶을 언어로 형상화한 작품을 통해 즐거움과 깨달음을 얻고 타자와 소통하는 행위이다.
- 문학작품을 통한 소통은 작품의 갈래, 작가와 독자, 사회와 문화, 문학사의 영향 등을 고려하며 이루어진다.
- 문학 수용·생산 능력은 문학의 해석, 감상, 비평, 창작 활동을 통해 향상된다.
- 인간은 문학을 향유하면서 자아를 성찰하고 타자를 이해하며 공동체의 일원으로 성장한다.

[9국05-04] 보는 이나 말하는 이의 특성과 효과를 파악하며 작품을 감상한다.	
성취기준 분석하기	
지식·이해	• 서정 • 서사
과정·기능	• 보는 이, 말하는 이의 효과 파악하기
가치·태도	• 문학을 통한 타자 이해

내용 체계를 통해 성취기준 [9국05-04]를 분석해 보면 초등학교에서 배운 갈래(장르)에 대한 지식을 바탕으로 서정문학과 서사문학에서 보는 이, 말하는 이가 어떤 효과를 만들어 내는지 탐구하고, 문학을 통해 타인의 삶을 이해하고 공감하는 가치·태도의 성장까지 포괄하고 있다. 이 성취기준에서 학생들이 도달해야 하는 성취 목표는 '보는 이, 말하는 이'를 통해 서정문학과 서사문학에서 어떤 역할을 하는지, 그리고 '보는 이, 말하는 이'가 바뀌었을 때 달라지는 효과들을 파악하며 관점을 바꿔 타인의 삶을 이해하고 공감할 수 있어야 하는 것이다.

(2) 학교 환경을 반영한 성취기준 구체화

국가 수준의 성취기준을 단위 학교에서 실현하기 위해서는 분석한 성취기준을 학교 교육과정이나 학생들의 교육 환경을 반영하여 구체화해야 한다. 다음과 같이 학교 환경을 반영하여 성취기준을 구체화하는 과정을 밟다 보면 수업의 과정인 학습경험까지 설계할 수 있다.

[9국05-04] 보는 이나 말하는 이의 특성과 효과를 파악하며 작품을 감상한다.

	성취기준 분석하기		성취기준 구체화하기
지식·이해	• 서정 • 서사		「귀뚜라미(나희덕)」, 「동백꽃(김유정)」의 보는 이, 말하는 이를 통한 문학적 갈래의 특성 파악하기
과정·기능	• 보는 이, 말하는 이의 효과 파악하기	➡	『회색 인간(김동식)』의 작품 하나를 선정하여 보는 이, 말하는 이를 바꿔 창작하기
가치·태도	• 문학을 통한 타자 이해		결과 공유를 통해 시점 변화에 따른 타자 이해하기

위 사례는 성취기준 [9국05-04]에서 도달해야 하는 '보는 이나 말하는 이의 특성과 효과'를 교과서 작품을 통해 개념을 익히고, 창의적 체험활동 시간에 만나게 될 김동식 작가의 소설집으로 탐구활동을 전개하며 개념을 적용해 본 뒤에 각각 창작한 작품으로 문학적 소통을 나누고, 문학작품을 향유하며, 타인의 삶을 이해하고 공감할 수 있도록 성취기준을 구체화한 것이다.

(3) 수업과 평가를 꿰뚫는 핵심 질문 도출하기

[9국05-04]의 경우, '보는 이, 말하는 이'가 서사문학과 서정문학에서 어떤 역할과 효과를 만드는가를 파악하는 것이 개념이다. 따라서 '보는 이, 말하는 이'가 문학작품 속에서 어떤 역할을 하고, 이에 따라 작품의 분위기나 주제를 드러내는 데 어떠한 효과를 만들어 내는지 개념 요소를 먼저 확인할 수 있도록 '작품에서 보는 이나 말하는 이는 어떤 특

성을 가지고 있는가?' 를 제시하였다. 이를 통해 작품을 감상하며 1인칭–3인칭, 주인공 시점과 관찰자 시점 등의 각기 다른 특성과 같은 시점을 사용한 작품의 경우 어떤 공통점이 있는지, 다른 시점을 사용한 작품의 경우에는 어떤 차이점이 발생했는지 비교하며 시점의 범주를 구분하여 정리할 수 있도록 운영하였다.

또한 개념을 정립한 후 활동은 '보는 이, 말하는 이' 를 다른 사람으로 바꾸면 어떤 변화가 발생할지, 그 효과는 무엇일지 탐구하며 '보는 이나 말하는 이를 바꾸면 작품 전체의 주제나 분위기가 달라질까?' 라는 질문을 통해 학생의 생각을 정교화하고, 자신의 주장을 구체적인 증거로 뒷받침하도록 수업을 설계하였다. 그리고 수업과 평가의 과정에서 학생들이 스스로 질문하고 탐구하면서 이해를 구성해 나갈 수 있도록 학습경험을 위한 세부적인 질문을 탐구 질문으로 설계하였다.

'필수 학습 내용' 으로서 '보는 이나 말하는 이의 특성' 을 작품 속에서 시점을 찾는 사실적 질문, 이러한 시점이 다른 작품 속에서도 어떤 효과를 만들어 내는지 공통된 특징을 찾아보는 개념적 질문, 그리고 작가는 자신의 중심 생각을 펼치기 위해 왜 이 시점을 선택했을지 호기심 질문의 답을 찾다 보면 해당 시점의 개념을 학생 스스로 정리할 수 있을 것이다. 또한 이야기하는 사람을 A로 바꿔 보는 사실적 질문, 시점을 바꾸면 작품의 분위기와 주제는 어떻게 달라지는지 탐구하며 시점에 대한 개념을 정교화하는 개념적 질문, 이야기 하는 사람을 누구로 정했을 때 작품의 분위기나 주제가 더 효과적으로 서술될지에 대해 각기 다른 증거를 제시하며 호기심을 나누는 가운데, 학생들은 시점의 특성과 효과를 보다 체계적으로 정립할 수 있을 것이다.

나. 질문을 탐구하며 배움을 확장하는 17차시

(1) 단계별 학습경험 설계

수업과 평가에서 교사는 응당 그 해답을 알고 있다. 하지만 학생들이 스스로 탐구하며 문제를 해결해 나가는 과정 속에서 자신의 배경지식을 재구조화하고, 자신의 부족함을 다른 친구들과 협력하며 채워 나갈 수 있도록 교사는 기다려야 한다. 그래서 이러한 학습경험이 교실 밖 상황에도 전이되어 진정한 역량으로 자리 잡을 수 있도록 깊이 있는 생각의 기회를 제공해 주어야 한다. 탐구 질문은 이러한 시간을 운영하는 매체이다. 따라서 학생들이 탐구 질문에 어떻게 반응하며 성장해 나갈지 예측하며 수업은 설계된다.

두 개의 핵심 질문에 답을 찾기 위한 단계로서 사실–개념–호기심 질문을 차례로 제시하고, 질문에 답을 찾는 과정으로서 수업을 디자인한다. 학생 스스로 충분히 고민하고 의견을 공유할 수 있는 시간을 제공하면서 '보는 이, 말하는 이'에 대한 개념을 익히고, 다른 작품에 개념을 적용해 보고, 모둠활동을 통해 서로 다른 결과물을 나눈 후에 독서신문을 제작하는 수행평가를 진행한다.

이때 유의할 점은 학생들은 저마다 배움의 속도가 다르기 때문에, 개념을 익힐 때 개인 및 모둠활동의 결과물을 공유하는 성찰의 시간을 운영하여 학생들이 반복적으로 자신이 지금 제대로 알아 가고 있는지 점검하는, 학습에 대한 성찰의 기회를 충분히 제공해야 한다. 충실한 학습경험을 통해 학생 한 사람, 한 사람은 교실 밖 자신의 삶 속에서도 문학 작품을 향유할 수 있게 된다.

핵심 질문에 답을 찾기 위한 단계

<table>
<tr><th colspan="5">학습경험 만들기</th></tr>
<tr><th>핵심 질문</th><th colspan="2">탐구 질문</th><th colspan="2">배움의 과정</th></tr>
<tr><td rowspan="3">[핵심 질문 ①] 작품에서 보는 이나 말하는 이는 어떤 특성을 가지고 있는가?</td><td>사실</td><td>• 작품 속에서 이야기하는 사람은 누구일까?</td><td rowspan="3">탐구</td><td rowspan="3">• 「귀뚜라미(나희덕)」의 말하는 이, 「동백꽃(김유정)」의 보는 이의 관점 알기</td></tr>
<tr><td>개념</td><td>• 주인공인 '나'가 이야기하는 서사문학은 어떤 특징이 있을까?</td></tr>
<tr><td>호기심</td><td>• 작가는 왜 이야기하는 사람을 '나'로 삼았을까?</td></tr>
<tr><td rowspan="3">[핵심 질문 ②] 보는 이나 말하는 이를 바꾸면 작품 전체의 주제나 분위기가 달라질까?</td><td>사실</td><td>• 이야기하는 사람을 A로 바꾸면 작품의 내용은 어떻게 변화될까?</td><td rowspan="2">실행</td><td rowspan="2">• 『회색 인간(김동식)』에 수록된 작품 중 하나를 선정하여 말하는 이, 보는 이를 바꿔 써 보기</td></tr>
<tr><td>개념</td><td>• A의 입장에서 이야기를 서술하면 주제는 어떻게 바뀔까?</td></tr>
<tr><td>호기심</td><td>• A로 바꿨을 때 더 효과적인 부분은 무엇일까?(증거 제시하기)</td><td>성찰</td><td>• [모둠활동] 원작과 달라진 변화를 중심으로 관점이 만들어 내는 표현 효과 감상하기</td></tr>
<tr><td colspan="3"></td><td>전이</td><td>• 삶 속에서 다른 작품의 관점과 작가 의도 분석하기</td></tr>
</table>

(2) 실제 수업 진행 과정

수업은 교과서에서 익힌 '보는 이, 말하는 이'에 대한 개념을 김동식 작가의 『회색 인간』 중 한 작품에 적용하여, 말하는 이를 바꾸었을 때 원작과 달라진 변화를 중심으로 관점이 만들어 내는 표현 효과를 공유하는 데 집중하였다. '말하는 이'를 누구로 하느냐에 따라 어떤 변화가 발생하며, 작가는 왜 '말하는 이'를 '작가' 또는 '등장인물'로 정했을지 원작을 다시 감상해 보기도 하며 '말하는 이'가 작품 속에서 어떤 역할을 담당하는지 되새겨 보았다.

결과물이 나오기까지 학생들은 먼저 대중가요 노랫말의 말하는 이를 바꿔 보는 배움 열기 활동을 개인별로 수행하고, 교과서 작품을 통해 확인 학습을 진행한 다음, 다시 다른 작품(김동식 작가의 작품)에 배움을 적용하는 학습경험을 반복적으로 수행하였다.

핵심 질문은 두 개에 불과했지만, 17차시의 수업 속에서 '필수 학습 내용'을 놓치지 않도록 이끌어 주는 등댓불이 되었고, 탐구 질문을 해결하기 위해 노력한 학생 주도 탐구활동의 유의미한 경험은 다른 문제 상황에서도 용기 있게 도전할 수 있는 성취감을 제공하였다.

다. 개념에서 삶의 성찰로 배움 확장하기

- 학생 변화의 실제

학생 스스로 충분히 고민하고 의견을 공유할 수 있는 시간을 제공하면서 '보는 이, 말하는 이'에 대한 개념을 익히고, 다른 작품에 개념을 적용해 보고, 모둠활동을 통해 서로 다른 결과물을 나눈 후에 독서신문을 제작하는 수행평가를 진행하였다.

『회색 인간(김동식)』 중 선택 작품 시점 바꾸기 사례

[원작] 작가의 시점 (전지적 작가 시점)	[시점 바꾸기] 딸의 시점 (1인칭 주인공 시점)
울고 불며 매달리는 딸을 달래고 싶었을까, 어미는 품에 숨겨둔 초코바 하나를 꺼냈다. 원래는 딸의 생일 선물로 주고 싶었던 초코바였다. 그게 아니더라도, 최후의 최후까지 아껴두었다가 딸이 더 이상 움직이지 못할 정도로 지쳤을 때, 그때 건네주고 싶었던 초코바였다. "아끼고 아껴서 정말로 참을 수 없을 만큼 배가 고파지면, 그때 먹어." "엄마!" 메말라 버린 줄 알았던 눈물을 펑펑 흘리는 딸의 머리를 쓰다듬으며, 어미는 웃었다. "엄마가 미리 주는 생일 선물이야…. 우리 딸 잘 참아서. 우리 딸 생일이 오면, 그때까지 살 수만 있으면 좋으련만…. 생일 축하한다." 어미는 그 말을 끝으로 눈을 감았다. "엄마!" 더는 말을 뱉어내지 못하고 숨찬 호흡만 내쉬던 여인은, 하루가 지나자 숨마저도 뱉어내지 못했다. 하루를 더 어미 곁에서 울던 딸은, 서쪽으로 걸었다. 어미의 말대로 들쥐처럼 숨어서, 배고픔을 참고 참아가며, 걸어갔다.	나는 울고 불며 엄마를 붙잡았다. 엄마가 품에 숨겨 있던 초코바를 꺼냈다. 나는 영문도 모른 채 초코바를 받으면서 엄마가 말하는 것을 들었다. "울지 말고, 아끼고 아껴서 정말로 참을 수 없을 만큼 배가 고파지면, 그때 먹어." "엄마!" 나는 엄마와 떨어지기 싫어 더 이상 나올 눈물도 없다고 생각했던 눈물을 펑펑 흘렸다. 그런 나를 쓰다듬어 주면서 엄마는 웃었다. "엄마가 미리 주는 생일 선물이야…. 우리 딸 잘 참아서. 우리 딸 생일이 오면, 그때까지 살 수만 있다면 좋으련만…. 생일 축하한다." 엄마는 그 말을 끝으로 눈을 감았다. "엄마!" 엄마는 말을 뱉이내지 못하고 숨찬 호흡만 내쉬었다. 엄마는 하루가 지나자 숨마저도 뱉어내지 못했다. 나는 하루 종일 엄마 곁에서 울었다. 하루가 지나고 나는 서쪽으로 걸어갔다. 엄마 말대로 들쥐처럼 숨어서, 배고픔을 참고 참아가며 걸어갔다.

김동식 작가의 『회색 인간』 중 한 작품에서 '전지적 작가 시점'을 '1인칭 주인공 시점(딸의 시점)'으로 바꾼 학생 작품을 보면, 단순한 시점 변화가 아니라 깊이 있는 이해가 드러난다.

원작에서는 '울고 불며 매달리는 딸을 달래고 싶었을까, 어미는 품에 숨겨둔 초코바 하나를 꺼냈다.' 라고 서술했지만, 학생이 딸의 시점으로 바꾼 작품에서는 '나는 울고 불며 엄마를 붙잡았다. 엄마가 품에 숨겨 있던 초코바를 꺼냈다.' 로 표현하였다. 이러한 변화를 통해 학생들은 시점의 변화가 이야기의 분위기와 메시지에 어떤 영향을 주는지를 직접 탐색하게 된다. 그리고 학생은 단지 문학적 장치를 이해하는 데 그치지 않고, '타인의 입장에 서서 생각하기' 가 실제로 얼마나 낯설고 복합적인 감정을 수반하는지를 체험한다.

라. 교실을 넘어선 학습의 전이

이 과정은 하나의 문학 활동을 넘어, 학생이 삶을 다르게 바라보는 계기가 된다. 인물의 내면을 상상하던 학생은 어느 순간, 자신의 주변 인물과 상황에도 질문을 던지게 된다. '저 사람은 왜 그런 행동을 했을까?', '내가 놓치고 있는 감정은 없었을까?' 같은 질문은 타인을 이해하고 자신을 성찰하는 출발점이 된다.

성취기준과 관련된 활동 외에도 다양한 문학적 향유를 경험할 수 있도록 내용을 구성하여 모둠별로 독서신문을 제작해 보고, 학급자치 시간에 학급별로 김동식 작가의 작품을 선정하여 소설 이어 쓰기를 진행하며 작가와의 만남을 준비하였다.

교과가 학교 활동과 연계되어 몰입감 있게 학생들이 참여하다 보니, 학생의 삶과 연계된 학습, 학습에 대한 성찰을 자연스럽게 강화할 수 있었고, 학생들의 관심과 호기심이 지속되어 깊이 있는 학습을 실현할 수 있었다.

모둠별 독서신문 제작 사례

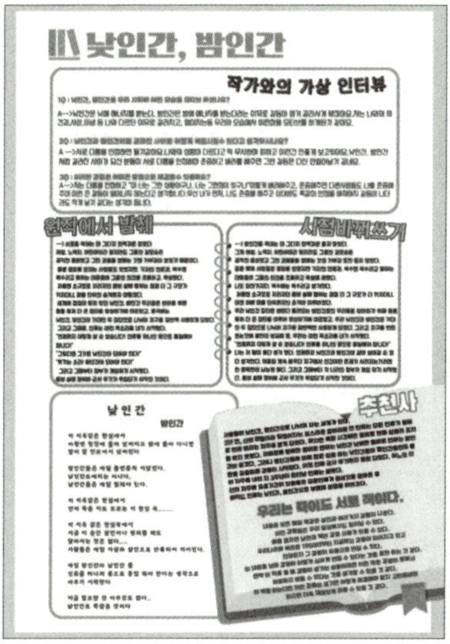
낮인간, 밤인간

작가와의 가상 인터뷰

원작에서 발췌

시점바꿔쓰기

낮 인 간

추천사

우리는 타이드 서를 먹이다.

무인도 부자노인

작가와의 가상인터뷰

희망이란 거짓말

원작에서 발췌

노인 : 1인칭 주인공 시점

오늘, 포기하려는 이들에게 이 책을 추천합니다.

김동식 작가의 '무인도 부자 노인'은 무엇이 희망을 만들어 내는가에 대해 생각하게 된다.

당신에게 내일을 위해 하루 더 살게 하는 힘은 무엇인가?

5컷줄거리

마. 탐구 질문을 되새기는 지필평가

(1) 평가의 핵심 : 핵심 질문 되묻기

『교육과정-수업-평가-기록 일체화』[20]에서 이명섭은 '다시 되묻기'를 평가의 원칙으로 주장하였다. 따라서 평가는 수업을 설계하는 과정과 함께 시작된다.

평가의 원칙은 간단하다. '배울 것을 제대로 잘 배웠는가?'를 되묻는

20 이명섭(2022). 교육과정-수업-평가-기록 일체화. 교육과실천.

것이다. 이를 통해 학생에게 의미 있는 피드백을 주는 것이 진정한 평가이다. 따라서 교사가 재구성한 성취기준을 학생에게 되묻는 것은 평가의 기본이다. 평가는 수업을 설계하는 순간부터 함께 시작된다.

본 수업에서 성취기준 [9국05-04]를 실현하기 위해 두 개의 핵심 질문을 설계하였다. 그리고 두 핵심 질문을 탐구하는 과정으로서 배움의 과정이 진행되었으니 당연히 평가에서는 이를 되물어야 한다.

[핵심 질문 ①] 작품에서 보는 이나 말하는 이는 어떤 특성을 가지고 있는가?

[핵심 질문 ②] 보는 이나 말하는 이를 바꾸면 작품 전체의 주제나 분위기가 달라질까?

(2) 수업-평가를 하나로 엮는 탐구 질문 활용하기

거꾸로 말하면, 그동안 평가를 위해 필요한 학습경험을 수업에서 제공해 왔다. 핵심 질문을 중심으로 세부 질문으로서 사실적-개념적-호기심 질문을 단계별로 제시하며 학생 스스로 배움을 확장하도록 이끌었던 시간이 수업이다. 그리고 각기 다른 학습 속도를 가진 학생들이 느리더라도 탐구 질문의 답을 찾아낼 수 있도록 맞춤형 지원을 제공한다. 이것이 바로 학습으로서의 피드백이다. 교사는 수업-평가-피드백의 과정 속에서 학생들의 각기 다른 성장을 지원하기 위해 배움의 과정을 예측하고, 즉각적이고 개별적인 피드백을 제공하며 배움의 종착점에 도착한다.

이제 학습한 것을 다시 되묻기를 통해 평가 문항을 설계해 보자. 두 개의 핵심 질문 중에 개념 요소는 지필평가 문제로, 활동 속에서 개인적인 발상과 경험은 수행평가로 평가를 설계한다.

수업의 과정 속에서 함께 진행된 수행평가가 학생들의 발산적 사고와 창의적인 역량을 포용했던 것과 달리 지필평가는 '필수 학습 내용' 인 개념을 정확히 알고 성취기준에 도달했는지를 명료하게 측정해야 한다.

두 가지 핵심 질문을 활용하여 학습한 것을 되묻는 평가 문항을 제작

평가 문항 설계

<table>
<tr><th>평가 만들기 : 성취기준 도달도</th><th>피드백 설계
(관찰의 초점=학습으로서의 피드백 계획)</th></tr>
<tr><td>지필평가, 논술평가</td><td rowspan="5">• 학기초부터 김동식 작가와의 만남을 안내하고, 설렘 속에서 학생들이 만남을 준비할 수 있도록 도서 추천 및 읽기 활동을 지속적으로 지원함.
• 작품 속에서 말하는 이와 듣는 이의 관섬이 삭가의 어넌 의노인시 파악하게 하고, 이를 바탕으로 창작 활동에서 작품에서 강조하고자 하는 주제와 분위기를 드러내기에 적합한 관점을 선정하도록 도움.
• 다른 모둠의 결과물을 감상하며 각기 다른 관점이 만들어 내는 작품의 의미와 분위기를 공유함으로써 또래 성장이 활성화되도록 유도함.</td></tr>
<tr><td>• [지필평가] 작품에서 보는 이나 말하는 이의 관점에 주목하여 작품을 이해하고 해석하였는가?
• [논술형 평가] [A]를 [B]와 같이 말하는 이를 바꾸었을 때, [A]와 다른 [B]의 효과를 서술하시오.</td></tr>
<tr><td>수행평가(독서신문 제작)</td></tr>
<tr><td>평가 요소</td></tr>
<tr><td>1. 작품 선정을 위한 토의 활동에 협력적으로 참여하였는가?
2. 원작의 말하는 이와 다른 관점으로 창작하였는가?
3. 관점을 바꿔 드러내고자 한 창작 의도(작품의 의미와 분위기)를 감상문에 담았는가?
4. 모둠의 작품 감상문을 독서신문으로 제작하였는가?
5. 원작과 달라진 변화를 중심으로 다른 모둠의 작품을 감상하였는가?</td></tr>
</table>

하였다. '보는 이나 말하는 이'에 주목하여 작품에서 그것이 어떤 특성과 효과를 만들어 내고 있는지 파악하고, 말하는 이를 바꾸게 되면 작품은 어떻게 달라지는지 다시 성취기준으로 돌아와 되물어 보는 것이 지필평가이다.

(3) 지필평가 : 수업에서 익힌 개념을 확인하는 시간

지필평가는 단순히 학생이 지식을 암기했는지를 묻는 자리가 아니라, 수업을 통해 형성된 개념을 실제로 이해하고 적용할 수 있는지를 확인하는 시간이다. 논술형 문항은 이러한 목적을 드러내는 대표적인 예로, 학생의 사고를 일정한 방향으로 안내하기 위해 '조건'을 제시한다.

논술형 1번 문항은 네 개의 단어를 활용해 문장을 완성하도록 구성되었다. 이는 작품 속 '말하는 이'의 상황을 올바르게 파악했는지를 점검하는 문제로, 수업에서 다룬 개념을 학생이 자기 언어로 풀어내는지를 확인할 수 있다. 논술형 2번은 '말하는 이'를 바꾸어 읽었을 때 작품의 분위기가 어떻게 달라지는지를 탐구하게 했다. 이는 단순한 재생산이 아니라, 배운 개념을 바탕으로 새로운 해석을 시도하도록 이끈 것이다.

이처럼 지필평가는 수업에서 익힌 개념을 복습하는 단계에 머무르지 않는다. 학생이 수업 시간에 경험한 사고 과정을 다시 불러내어 스스로의 이해 수준을 점검하고, 이를 토대로 새로운 사고를 확장할 수 있도록 돕는다. 다시 말해, 지필평가는 학습한 개념을 확인하고 정리함으로써 배움을 자기 것으로 다지는 중요한 학습의 일부이다.

【논술형 1-2】 다음 글을 읽고 물음에 답하시오.

㉠ 높은 가지를 흔드는 매미 소리에 묻혀
내 울음 아직은 노래 아니다.

㉡ 차가운 바닥 위에 토하는 울음,
풀잎 없고 이슬 한 방울 내리지 않는
㉢ 지하도 콘크리트 벽 좁은 틈에서
숨 막힐 듯, 그러나 ㉣ 나 여기 살아 있다
귀뚜르르 뚜르르 보내는 ㉤ 타전 소리가
누구의 마음 하나 울릴 수 있을까.

[A]
지금은 매미 떼가 하늘을 찌르는 시절
그 소리 걷히고 맑은 가을이
어린 풀숲 위에 내려와 뒤척이기도 하고
계단을 타고 이 땅 밑까지 내려오는 날
발길에 눌려 우는 내 울음도
누군가의 가슴에 실려 가는 노래일 수 있을까.

- 나희덕, <귀뚜라미>

[논술형 1] 위 글을 다음과 같이 정리했을 때, ㉮에 들어갈 말을 <조건>에 맞게 쓰시오. (5점)

시구	▪ 차가운 바닥에 토하는 울음 ▪ 지하도 콘크리트 벽 좁은 틈에서 내는 울음	➔	▪ 누구의 마음을 울리는 노래 ▪ 누군가의 가슴에 실려 가는 노래
	▪ 내 울음 아직은 노래가 아니다.	➔	▪ 누군가의 가슴에 실려 가는 노래일 수 있을까.
의미	㉮		

<조건>

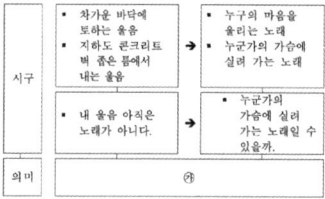

- ○ '소리, 생존, 노래, 감동'의 단어를 사용하여 작성할 것.
- ○ '지금은 (　　　　　　)(이)지만, 가을이 되면 (　　　　　　)이/가 되고 싶다.'의 형식이 되도록 작성할 것.
- ○ 빈칸에 적합한 내용을 완성하여 전체 문장을 쓸 것.

[논술형 2] [A]를 <조건>에 맞게 바꾸어 쓰시오. (5점)

<조건>

- ○ 시의 화자를 '매미'로 설정할 것.
- ○ 귀뚜라미를 위로하고 격려하는 내용을 담을 것.
- ○ 시에 나타난 매미의 특성이 드러나도록 쓸 것.
- ○ [A]의 중심 내용을 유지할 것.

【논술형 3】 다음 글을 읽고 물음에 답하시오.

[A]
ⓑ "느 집엔 이거 없지?"
하고 생색 있는 큰소리를 하고는 제가 준 것을 남이 알면 큰일 날 테니 여기서 얼른 먹어 버리란다. 그리고 또 하는 소리가
"너, 봄 감자가 맛있단다."
"난 감자 안 먹는다, 니나 먹어라."
나는 고개도 돌리려 하지 않고 일하던 손으로 그 감자를 도로 어깨 너머로 쑥 밀어 버렸다.
그랬더니 그래도 가는 기색이 없고, 뿐만 아니라 쌔근쌔근하고 심상치 않게 숨소리가 점점 거칠어진다.

[논술형 3] [A]를 <조건>에 맞게 바꾸어 쓰시오. (5점)

<조건>

- ○ 서술자를 '점순'의 시점으로 바꿀 것.
- ○ 등장인물 '나'의 이름은 '하성'으로 지칭할 것.
- ○ [A]의 내용과 형식을 유지할 것.

(4) 명확한 채점 기준으로 성취기준 확인

논술형 1번 문항은 작품 속 '말하는 이'의 상황을 올바르게 파악하는 문제였다. 채점 기준은 '의미가 통하는가'를 최우선으로 두었고, 의미가 어긋날 경우 부분 점수도 부여하지 않도록 명확히 설정하였다. 이는 단순한 문장 완성이 아니라, 학생이 수업에서 다룬 개념을 이해했는지를 확인하는 핵심 기준이었다. 실제로 모든 학생이 원작과 의미가 통하는 답안을 작성하여 성취기준에 도달했음을 보여 주었다.

논술형 3번 문항은 서사문학에서 '보는 이'와 '말하는 이' 개념을 확인하는 문항이었다. 17차시 수업 전체를 이끌었던 탐구 질문이 총괄평가에서 다시 등장함으로써, 학생이 스스로 성취기준에 도달했는지 성찰할 기회를 제공하였다. 발문 '[A]를 〈조건〉에 맞게 바꾸어 쓰시오.'는 수업 과정에서 반복적으로 경험한 익숙한 형태였기에 학생들은 자신 있게 도전했고, 그 과정에서 자신의 언어로 개념을 재정리하며 성장할 수 있었다.

논술형 3번 문항의 채점 기준 역시 작품의 중심 의미와 어긋나면 부분 점수를 주지 않았다. 다만 〈조건〉은 최소한으로 제한하여 학생들이 문학적 향유와 창의성을 발휘할 수 있는 여지를 보장하였다. 이를 통해 모든 학생이 자기 나름의 언어로 배움을 재구성하며 성취기준에 도달할 수 있도록 하였다.

또한 채점 과정에서 맞춤법 오류는 성취기준 도달 여부와 직접적인 관련이 없다고 판단하여 감점하지 않았다. 대신 개별 피드백을 통해 주의할 점을 안내함으로써 채점의 초점이 '성취기준 확인'에 있음을 분명히 하였다.

결국 다시 되묻는 평가는 학생이 그동안의 학습경험을 자기 언어로 재구성하여 개념을 내면화하도록 돕는다. 특히 수업 전 과정을 관통한 탐구 질문이 반복적으로 제시될 때, 학생들은 성취기준을 확인하는 동시에 배운 내용을 삶의 맥락에서 성찰하게 된다. 이러한 경험은 단발적 학습을 넘어 지속 가능한 배움으로 확장되며, 학생들의 삶 속에서 살아 움직이는 지식으로 전이된다.

<table>
<tr><th>번호</th><th>정 답</th><th>정답으로 인정하는
유사답안</th><th>배점</th><th colspan="2">채점기준
(부분 점수 인정 범위)</th><th>비고</th></tr>
<tr><td rowspan="4">논술형
1</td><td rowspan="4">지금은 현실의 고통 속에서 생존을 위해 소리치고 있지만 가을이 되면 나의 노래가 다른 사람들에게 감동을 주는 존재가 되고 싶다.</td><td rowspan="4">① '소리, 생존, 노래, 감동'의 네 가지 단어를 모두 사용하고
② 정답과 의미가 통하는 완결된 내용으로 작성한 경우

①~②의 조건을 모두 충족한 경우, 유사답안으로 인정함.</td><td rowspan="4">5</td><td>세 가지 단어를 사용하였고 작성한 내용이 완결성 있게 의미가 통하는 경우</td><td>3</td><td rowspan="4"></td></tr>
<tr><td>두 가지 단어를 사용하였고 작성한 내용이 완결성 있게 의미가 통하는 경우</td><td>2</td></tr>
<tr><td>한 가지 단어를 사용하였고 작성한 내용이 완결성 있게 의미가 통하는 경우</td><td>1</td></tr>
<tr><td>※ 정답과 의미가 통하지 않는 경우에는 부분점수 없음</td><td></td></tr>
<tr><td rowspan="3">논술형
2</td><td rowspan="3">지금은 우리들이 하늘을 찌르는 여름이지만 이제 곧 가을이 오면
여름 내 힘들었던 너희들의 노래도 어린 풀숲 위에 내려와 힘들었던 너희처럼 울던 그 누군가에게는 가슴 가득 울리는 감동이 될 거야.</td><td rowspan="3">① 시의 화자를 '매미'로 설정하여
② 귀뚜라미를 위로하고 격려하는 내용을 전개하였으며
③ 원시에 나타난 매미의 특성이 드러나고
④ [A]의 중심 내용을 유지한 경우

①~④의 조건을 모두 충족한 경우, 유사답안으로 인정함.</td><td rowspan="3">5</td><td>①~④의 조건 중 세 가지를 충족한 경우</td><td>4</td><td rowspan="3"></td></tr>
<tr><td>①~④의 조건 중 두 가지를 충족한 경우</td><td>3</td></tr>
<tr><td>①~④의 조건 중 한 가지를 충족한 경우</td><td>2</td></tr>
<tr><td rowspan="2">논술형
3</td><td rowspan="2">"느 집엔 이거 없지?"
하고 짐짓 생색을 내며 큰소리를 하고는 내가 준 것을 남이 알면 큰일 날 테니 여기서 얼른 먹어 버리라고 했다. 그리고
"너, 봄 감자가 맛있단다."
"난 감자 안 먹는다, 너나 먹어라.
하성이는 고개도 돌리려 하지 않고 일하던 손으로 그 감자를 도로 어깨 너머로 쑥 밀어 버렸다.
내가 어떤 마음으로 용기를 내서 표현했는데, 부끄럽기도 하고 당황스럽기도 하고, 서운한 마음에 눈물이 차오르고 숨소리가 점점 거칠어진다.</td><td rowspan="2">① 서술자='점순'의 시점
② 등장인물 '나'='하성'으로 지칭
③ [A]의 내용과 형식를 유시

①~③의 조건을 모두 충족한 경우, 유사답안으로 인정함.</td><td rowspan="2">5</td><td>①~③의 조건 중 두 가지를 충족한 경우</td><td>4</td><td rowspan="2"></td></tr>
<tr><td>①~③의 조건 중 한 가지를 충족한 경우</td><td>3</td></tr>
</table>

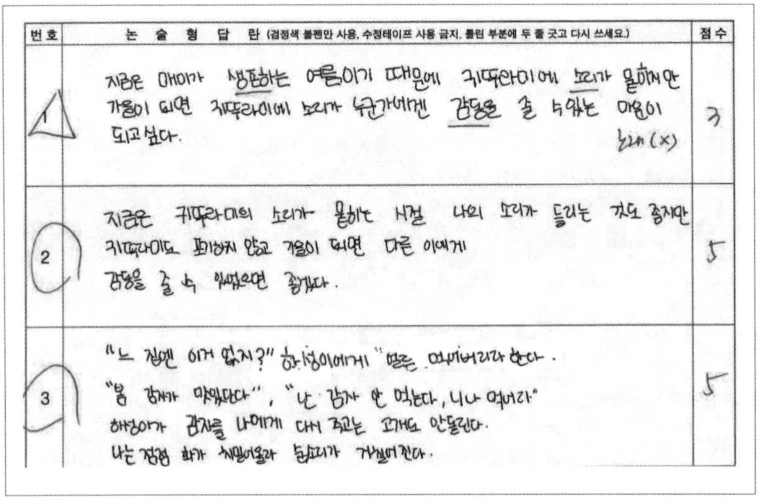

번호	논 술 형 답 란 (검정색 볼펜만 사용. 수정테이프 사용 금지. 틀린 부분에 두 줄 긋고 다시 쓰세요.)	점수
1	지금은 매미가 생존하는 여름이기 때문에 귀뚜라미에 소리가 묻히지만 가을이 되면 귀뚜라미에 소리가 누군가에게 감동을 줄 수 있는 마음이 되고 싶다. 노래(×)	3
2	지금은 귀뚜라미의 소리가 묻히는 시절 나의 소리가 들리는 것도 좋지만 귀뚜라미도 포기하지 않고 가을이 되면 다른 이에게 감동을 줄 수 있었으면 좋겠다.	5
3	"느 집엔 이거 없지?" 하성이에게 "얼른 먹어버리라 한다. "봄 감자가 맛있단다", "난 감자 안 먹는다, 니나 먹어라" 해성이가 감자를 나에게 다시 주고는 고개도 안 돌린다. 나는 점점 화가 치밀어올라 눈소리가 거칠어진다.	5

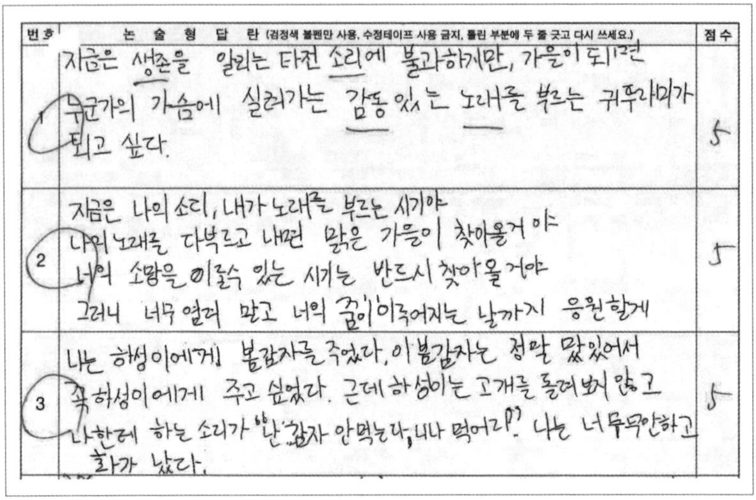

번호	논 술 형 답 란 (검정색 볼펜만 사용. 수정테이프 사용 금지. 틀린 부분에 두 줄 긋고 다시 쓰세요.)	점수
1	지금은 생존을 알리는 단전 소리에 불과하지만, 가을이 되면 누군가의 가슴에 실려가는 감동 있는 노래를 부르는 귀뚜라미가 되고 싶다.	5
2	지금은 나의 소리, 내가 노래를 부르는 시기야 나의 노래를 다부르고 나면 맑은 가을이 찾아올거야 너의 소망을 이룰수 있는 시기는 반드시 찾아올거야 그러니 너무 염려 말고 너의 꿈이 이루어지는 날까지 응원할게	5
3	나는 하성이에게 봄감자를 주었다. 이 봄감자는 정말 맛있어서 꼭 하성이에게 주고 싶었다. 근데 하성이는 고개를 돌려보지 않고 나한테 하는 소리가 "난 감자 안먹는다, 니나 먹어라!" 나는 너무 무안하고 화가 났다.	5

번호	논 술 형 답 란 (검정색 볼펜만 사용, 수정테이프 사용 금지, 틀린 부분에 두 줄 긋고 다시 쓰세요.)	점수
1	지금은 생존의 소리이지만, 가을이 되면 감동의 노래가 되고 싶다.	5
2	지금은 매미 떼가 하늘을 찢고던 시절 귀뚜라미가 귀뚜르르 뚜르르 소리를 내며 매미의 마음을 울리고 여린 풀잎 위에 내려와 뒤척거리고 매미가 귀뚜라미에게 너의 노래가 내 마음을 울리고 있어라고 말하며 지금은 다른 누군가의 마음에 노래가 된다 말한다. 시의 화자 ≠ 매미 (?)	4
3	"노점엔 여겨 없지?" 하고 큰소리로 말하던 내가 그리고 "너, 볶음자가 맛있단다." 라고하고 하상에게 왜 "난감자 안먹는다"라고 못했는지. 생존만 하면 뭐하나.. 그리고 감자를 어깨 넘어로 쓸쓸히 없게 웃으라고 거절하셨다. 나의 울음자.	5

번호	논 술 형 답 란 (검정색 볼펜만 사용, 수정테이프 사용 금지, 틀린 부분에 두 줄 긋고 다시 쓰세요.)	점수
1	지금은 매미에게 소리이지만, 가을이 되면 너가 생존하고 싶고 사람들에게 감동의 노래가 되고 싶다	5
2	내가 지금 하늘을 찌르는 시절 내가 없는 위치에 땅 밑에 한 귀뚜라미가 있네 가을이 되면 내 울음은 없어지고 저 귀뚜라미에게 감동의 노래가 들리겠지	5
3	노점엔 이거 없지 아는 사람이 알면 안되니까 빨리먹어 너 볶음감자가 맛있단다 빨리먹어줘 난 감자 안 먹는다 너는 나의 호의를 무시했어? 국어식-1	4

4. 질문이 열어 가는 새로운 교실의 가능성

작은 질문, 큰 변화의 시작

이 장을 시작하며 던진 질문을 다시 떠올려 보자.

"이걸 왜 배워요?"

처음에는 당황스러웠던 이 질문이 이제는 다르게 들린다. 이것이야말로 깊이 있는 학습의 신호탄이며, 교실을 변화시킬 수 있는 소중한 출발점이라는 것을 우리는 확인하였다.

17차시의 문학 수업 사례에서 보았듯이, 단순히 '말하는 이가 누구인가?'를 묻는 대신 '말하는 이를 바꾸면 작품이 어떻게 달라질까?'라는 질문을 던졌을 뿐인데, 학생들은 문학적 장치를 넘어 타인의 관점을 이해하고 자신의 삶을 성찰하는 경험을 하게 되었다. '좋은 질문 하나가 가진 힘'이 이토록 크다.

탐구 질문이 만드는 수업-평가의 일체화

그동안 우리는 수업과 평가를 분리된 활동으로 여겨 왔다. 수업에서는 가르치고, 평가에서는 확인하는 것으로 말이다. 하지만 탐구 질문을 중심으로 한 접근에서는 이 둘이 자연스럽게 하나의 흐름을 이룬다.

수업에서 탐구한 핵심 질문이 논술형 평가 문항으로 다시 등장하고, 학생들은 익숙한 질문 앞에서 자신 있게 도전하며 자신의 언어로 개념을 재구성한다. 이것이 바로 '다시 되묻는 평가'의 교육적 의미다.

평가는 더 이상 학습의 끝맺음이 아니다. 오히려 배움을 내면화하고 성찰하는 또 다른 학습의 시작이 된다. 논술형 답안을 통해 대부분의 학생들이 성취기준에 도달했다는 것을 확인할 수 있었고, 무엇보다도 맞춤법의 정확성보다 성취기준 도달 여부에 집중하는 '성취기준 중심의 평가 철학'을 실현할 수 있었다.

교실을 넘어 삶으로 전이되는 질문의 힘

탐구 질문의 진정한 가치는 배움이 교실에서 끝나지 않는다는 점에 있다. 수업 시간에 반복적으로 제시된 질문들이 학생의 사고에 머물며 일상의 다양한 순간에 다시 떠오른다. 문학 수업에서 '다른 사람의 시점에서 생각해 보기'를 경험한 학생은 삶의 현장에서도 '저 사람은 왜 그런 행동을 했을까?', '내가 놓치고 있는 감정은 없을까?'라는 질문을 던지게 된다.

이처럼 질문이 삶 속에서 살아나는 순간, 교실에서의 학습은 비로소 진정한 역량이 된다. 수업에서 익힌 개념과 통찰이 학생 자신의 경험과 세계에 질문을 던지게 만드는 것, 그것이 진정한 학습의 완성이다.

교육철학이 담긴 질문의 설계

탐구 질문은 단순한 수업 기법이 아니다. 그것은 교사의 교육철학이 응축된 결과물이며, '학생을 어떤 존재로 성장시키고 싶은가?'에 대한 명확한 답변이다.

같은 성취기준이라도 어떤 교사는 지식 전달에 치중하는 반면, 어떤 교사는 의미 발견으로 학습을 이끈다. 이 차이를 만드는 것이 바로 질문이다. 사실적-개념적-호기심 질문의 단계적 구성은 학생의 사고를 체계적으로 확장시키는 비계 역할을 하며, 모든 학생이 자신의 속도로 깊이 있는 학습에 도달할 수 있도록 돕는다.

질문은 교사의 전문성과 교육적 성찰이 드러나는 지점이다. 성취기준에 대한 깊은 이해, 학습자의 수준과 맥락을 읽어 내는 안목, 그리고 수업 전체의 흐름을 예측하는 능력이 모두 질문 속에 담긴다.

2022 개정 교육과정과 탐구 질문의 만남

2022 개정 교육과정이 강조하는 '깊이 있는 학습', '학생 주도성', '삶과의 연계'는 모두 탐구 질문을 통해 자연스럽게 실현된다.

질문은 지식 전달 중심의 수업을 학생 중심의 탐구활동으로 바꾸고,

단편적인 평가를 성찰과 성장의 기회로 전환시킨다. 더 나아가 교과 간 융합과 통합의 자연스러운 매개체가 되어, 하나의 주제를 여러 교과의 관점에서 탐구하거나 실생활의 문제를 다양한 교과 지식으로 해결하는 통합적 사고력을 기를 수 있다.

AI 시대에 더욱 중요해지는 것은 정보를 암기하는 능력이 아니라, '적절한 질문을 던지고 의미를 구성하는 능력'이다. 탐구 질문 중심의 교육은 바로 이런 미래 역량을 기르는 가장 효과적인 방법이다.

질문에서 시작되는 교실 문화의 변화

결국 깊이 있는 학습을 위한 지필평가는 단순히 평가 방법의 개선이 아니다. 그것은 질문에서 시작되는 새로운 교실 문화의 창조이다.

교사는 답을 전달하는 사람에서 질문을 통해 사고를 안내하는 사람으로, 학생은 수동적 지식 수용자에서 능동적 의미 구성자로 변화한다. 수업과 평가가 분절되지 않고 하나의 학습 여정으로 연결되며, 교실에서의 경험이 삶의 전 영역으로 확산된다.

무엇보다 이러한 변화는 특별한 시설이나 도구가 필요한 것이 아니다. 교사의 철학적 성찰과 질문 설계 역량만 있으면 된다. 완벽한 시스템을 구축할 필요도 없다. 하나의 단원에서, 하나의 차시에서, 심지어 하나의 질문에서부터 시작할 수 있다.

질문이 만드는 교육의 미래

'오늘, 내 교실에서는 어떤 질문으로 수업을 시작할 것인가?'

'그 질문이 학생들의 삶에 어떤 변화를 가져올 것인가?'

이 물음에 대한 답을 찾아가는 과정에서 교사는 성장하고, 학생은 변화하며, 교실은 살아난다. 질문 하나하나가 사고의 징검다리가 되고, 그 위를 스스로 건너는 경험이 학생을 배움의 주체로 세운다.

탐구 질문은 수업을 열고, 평가를 구성하며, 삶으로 이어지는 깊이 있는 배움의 출발점이다. 좋은 질문은 교실을 벗어나 학생의 삶에서 다시 살아나고, 그 질문은 삶의 어느 한순간에 다시 떠올라 학생 스스로를 돌아보게 만드는 성찰의 언어가 된다.

교사가 설계한 한 문장의 질문이 학생의 내면에 오래 머물며 삶을 관통할 수 있다면, 그것이야말로 깊이 있는 배움의 가장 아름다운 결실이다.

질문의 힘을 믿고, 질문으로 시작하는 교실을 만들어 가는 모든 교사들에게 이 장이 작은 용기와 구체적인 안내가 되기를 바란다.

'탐구 질문을 되새기는 수업과 평가', 이것이 바로 우리가 함께 만들어 갈 교실의 미래다.

수업과 평가, 교실의 배움을 삶으로 확장하다

평가와 수업, 성장의 발판이 되다

이 책은 성취기준 중심의 수업–평가, 피드백이 있는 평가, 삶과 연계된 프로젝트 기반 평가의 사례를 통해 평가가 학생의 성장을 위한 도구가 될 수 있음을 보여 주었다. 저자들은 평가를 수업 장면 속에서 학생들이 배운 내용을 성찰하며 의미를 구성하도록 돕는 학습의 과정으로 재구성하였다. 이러한 시도는 평가의 패러다임을 바꾸었다. 학생들은 시험을 두려워하기보다 자신이 얼마나 성장했는지 확인하고, 또 어떤 점을 보완해야 하는지를 배우는 기회로 평가를 경험하였다.

물론 이런 변화가 처음부터 쉽게 이루어진 것은 아니다. 교사 혼자 힘으로는 평가의 본질적 인식을 전환하기 어렵다. 성취기준을 분석하고 수업과 평가를 연계하는 과정은 많은 시간과 고민을 필요로 한다. 때로는 기존의 관행에 부딪히기도 하고, 새로운 시도를 설명하고 설득해야 하는 부담도 따른다. 그럼에도 교사들은 멈추지 않았다. 교실 속 배움이 단순한 지식 전달에 머물지 않고 학생의 삶 속으로 이어지기를 바라는 마음, 교사의 실천이 아이들의 내일을 바꾸어 줄 수 있다는 믿음이 있었기 때문이다.

이 책이 보여 주는 여러 교실의 모습은 이를 분명히 증명한다. 수업과 평가가 일체화될 때, 교실은 학생들의 깊이 있는 학습을 지원하는 발판이 된다. 더 나아가 교실 속 배움은 학생의 삶 속으로 전이되어, 교과 지식이 그들의 삶 속 지혜로, 한 차시의 활동이 지속적인 성장으로 확장된다. 이는 단순히 평가 방식을 바꾼 결과가 아니라, 교사와 학생이 배움의 의미를 새롭게 발견한 과정이다.

교육 시스템의 전환을 위하여

그러나 교사 개인의 열정만으로는 그 한계가 분명하다. 평가가 수업이 되는 교실을 실현하려면 학교, 교육청, 교육부가 함께 나서야 한다.

학교는 교사들이 모여 성취기준을 공동 분석하고, 수업-평가 계획을 함께 설계하며, 실천 결과를 공유할 수 있는 시간을 보장해야 한다. 협의가 단순한 절차가 아니라 실질적인 성찰의 장이 되려면, 시간과 공간이라는 조건이 반드시 뒷받침되어야 한다. 교사들이 서로의 경험을 허심탄회하게 공유하며 수업을 개선할 수 있을 때, 교실 속 변화는 더 넓게 퍼져 나간다.

교육청의 역할도 중요하다. 지나치게 세세한 지침은 교사들을 문서 업무에 묶어 두고, 교육의 본질에서 멀어지게 한다. 교육청은 지침을 간소화하고, 평가의 본질적 의미를 강조하는 방향으로 지원해야 한다. 연수와 학교 간 사례 공유, 교사 학습공동체 지원 등의 실질적인 뒷받침은 교사의 성장을 돕는 든든한 토대가 된다. 또한 현장을 신뢰하며 자율성을 존중하는 태도가 필요하다. 그래야만 교사들이 진정성 있게 수업과 평가를 혁신할 수 있다.

교육부는 더 근본적인 전환을 준비해야 한다. 교육과정은 학생의 전인적 성장을 지향하지만, 평가는 여전히 변별과 선발 중심에 머물러 있다. 이 괴리를 해소하지 않고는 현장의 변화를 기대하기 어렵다. 절대평가로의 단순 전환을 넘어, 학생 개개인의 성장 과정을 기록하고 다양한 역량을 드러낼 수 있는 새로운 평가 체제가 마련되어야 한다. 대학 입시와 연결된 평가에서도 이러한 변화가 반영될 때, 교실에서 시도되는 수업-평가 문화는 더욱 힘을 얻게 된다.

무엇보다 교육 여건의 개선이 전제되어야 한다. 교사가 수업 준비와 피드백, 평가를 균형 있게 감당하려면 적정한 수업 시수와 학급 규모가 보장되어야 한다. 현재와 같이 과도한 수업 부담과 대규모 학급은 교사의 전문성을 약화시키는 가장 큰 걸림돌이다. 여건이 개선될 때 비로소 교사의 전문적 자율성이 발휘되고, 수업과 평가가 온전히 학생 성장으로 이어질 수 있다. 교육 여건의 전환은 교사 편의를 위한 요구가 아니라, 학생 개개인에게 충분한 피드백과 성장을 보장하기 위한 가장 현실적인 조건이다.

삶으로 확장되는 배움의 길

평가와 수업이 일체화된 교실은 단순히 성적을 매기는 공간이 아니다. 학생이 배운 것을 스스로 되돌아보고, 자신만의 언어로 정리하며, 자신의 삶에 적용하며 사유하는 생각의 힘을 기르는 곳이다. 공교육의 본질은 소수를 선별하는 데 있지 않다. 모든 학생이 잠재력을 발견하고 그 가능성을 실현할 수 있도록 돕는 데 있다. 이를 위해 사회 전반의 인식 변화가 필요하다. 평가를 성장의 도구로 바라보고, 다양성을 존중하며, 과정을 중시하는 문화가 자리 잡을 때, 학생들의 배움은 교실을 넘어 삶으로 확장된다.

교사들의 실천은 여전히 진행 중이다. 저자들의 시도는 특별한 몇 사람의 사례가 아니라, 이미 많은 교사들이 고민하고 나누는 길과 맞닿아 있다. 그렇다면 학교와 교육청, 교육부 그리고 사회는 어떤 역할을 다하고 있는가. 지침 제작과 모니터링을 넘어 실질적 변화를 이끌 준비가 되어 있는가. 대학 입시와 평가 체제의 근본적 전환을 추진할 의지가 있는가. 공교육의 가치를 지지하고 학생 성장의 문화를 만드는 데 함께하고 있는가.

평가가 수업이 되는 교실은 교사와 학교, 교육청과 교육부 그리고 사회가 함께 만들어 가야 할 과제이다. 제도적 변화에는 시간이 필요하지만, 학생의 성장은 지금 이 순간에도 멈추지 않는다. 그렇기에 교사는 오늘 만나는 학생을 위해, 지금 가능한 수업과 평가를 실천해야 한다. 쉼 없이 변화를 준비하는 교사들의 실천이 학생들의 깊이 있는 학습을 이끌고, 교실 속 배움을 삶 속으로 확장하는 성장의 길을 열어 줄 것이다.

함께 길을 여는 교사들에게

이 책을 덮는 지금, 누군가는 여전히 수업과 평가의 변화를 앞두고 막막함을 느낄 수도 있다. 하지만 작은 시도 하나가 교실의 공기를 바꾸고,

학생들의 눈빛을 달라지게 한다는 사실을 우리는 이미 경험으로 알고 있다. 완벽할 필요는 없다. 중요한 것은 학생과 함께 배우며 멈추지 않고 나아가려는 교사의 마음이다.

이 책을 통해 수업-평가의 변화를 모색하는 모든 선생님들께 따뜻한 응원을 보낸다. 교실 속 작은 실천이 모여 큰 흐름이 되고, 그 흐름은 결국 학생들의 삶을 변화시킬 것이다. 선생님의 발걸음 하나하나가 학생의 성장을 밝혀 주는 변화의 등불이 될 것이라 믿는다. 우리의 교실은 그렇게 조금씩 달라지고 있으며, 그 길 위에 선생님이 함께하고 있다는 사실만으로도 이미 큰 힘이 된다.

• 교육과실천이 펴낸 수업 도서 •

학생 주도성을 돕는 프로젝트 수업

최선경 지음

주도성이 살아있는 프로젝트 수업이 무엇이며 어떻게 구현할 수 있는지를 교사의 마음가짐에서부터 교사와 학생의 관계 형성, 기초 근육 키우기, 협업과 실행, 교사와 학생의 성찰을 통해 보여준다.

학생 주도성을 키우는 수업 평가

권영부 지음

2022 개정 교육과정은 깊이 있는 학습을 위해 '핵심 아이디어 중심의 수업 설계, 교과 내 영역 간 및 교과 간 내용의 연계성 고려, 삶과 연계한 의미 있는 학습, 탐구 방법의 학습 및 학습에 대한 성찰, 기초소양 학습' 등을 강조하고 있다.

느린 학습자와 발달장애 학생을 돕는 생성형 AI와 에듀테크 수업

윤혁, 김주향, 송연철 지음

느린 학습자 및 발달장애 학생의 학습을 위한 에듀테크에 대해 관심은 많지만 어디서 정보를 얻어야 할지, 또 어떻게 시작하면 좋을지 망설이는 이들에게 기본적인 방향을 안내하고, 느린 학습자 및 발달장애 학생을 위한 에듀테크 수업 준비를 소개한다.

에듀테크 & AI 수업

그림책사랑교사모임 지음

에듀테크와 AI 교육이 결합한 그림책 활용 수업은 2022 개정 교육과정의 핵심 가치인 '학생 중심 교육'과 '미래 역량 함양'을 실현하는 데 효과적인 방법이다. 창의적이고 비판적인 사고를 키우는 그림책 활용 수업을 담았다.

중등 그림책 수업

그림책사랑교사모임 지음

이 책은 한 번쯤 '중학교, 고등학교에서도 그림책 수업이 가능할까', '그림책 수업은 어떻게 하는 걸까' 고민해 본 중등 교사들에게 풍성한 그림책 목록과 함께 학습을 돕는 다양한 수업 활동을 펼쳐 보인다.

특수교육에서의 교육과정 재구성과 수업

한재희 지음

특수교육에서 교육과정 재구성이 왜 중요하며, 그것이 교실에서 어떻게 실현되어야 하는지를 성공 사례와 실패 사례를 통해 보여준다. 13가지 수업공개를 통한 살아있는 특수교육의 상상력과 도전들, 교사와 아이들의 성장을 고민하는 교사들을 위한 길잡이

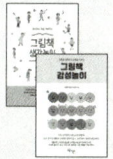

• 교육과실천이 펴낸 교사 성장 도서 •

수업의 본질

김태현 지음

수업은 교사의 자존에서 시작되어, 디자인을 거쳐 실행되고, 성찰을 통해 비로소 깊어진다. 이 책은 기술이 아닌 존재에서 출발해, 질문과 이야기, 각자의 색깔로 수업을 빚어가는 교사의 여정을 담아낸다.

교사의 시선

김태현 지음

'교사의 시선'으로 교사가 매일 경험하는 일상, 그 보통의 하루가 가지는 가치를 깊이 들여다본다. 그리고 교사이기 이전에 한 인간으로서 겪어야 하는 보편적인 고통에 대해서도 생각해본다.

교사, 삶에서 나를 만나다

김태현 지음

내 곁에 많은 사람이 있는 것 같지만, 결국에는 나 혼자 쓸쓸히 교사의 삶을 버텨가고 있다. 그렇게 혼자 외롭게 있을 때, 이 책이 교사의 고단한 일상에 같이 있으면서 작은 위로가 되었으면 한다.

교사 정치기본권 보장

서용선 지음

대한민국은 왜 교육에 절망하는가? 교사에게 좋은 교육을 만들 책임을 부여하라! 바로 그것이 교사 정치기본권. OECD 회원국 중 교사의 정치기본권을 인정하지 않는 유일한 나라. 미국, 독일, 프랑스, 일본 등 해외사례와 서른 가지의 현장 속 Q&A.

나는 교사다 그러므로 생각한다

그림책사랑교사모임 지음

이 책은 교사로 살아가며 마주치는 물음표들에 대한 사유와 성찰을 담았다. 교육의 본질, 교사라는 직업, 교육 현장으로서의 교실과 학교에서 일어나는 43개 물음을 앞에 두고, 55개의 철학 사상과 그림책을 소환해 해답을 향해 한 걸음씩 다가간다.

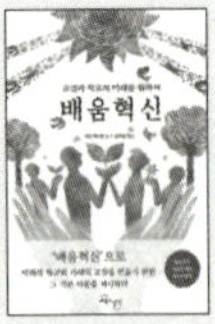

배움혁신

사토 마나부 지음, 손우정 옮김

교사는 동료 교사와 함께 수업을 나누고 아이들의 배움을 연구하면서 진정한 행복을 누리는 직업이다. '배움 혁신'을 통해 코로나 팬데믹 3년이 우리에게 남긴 상처를 치유하고, 21세기형 학교와 배움으로 나아가는 큰 지혜와 용기를 얻으시기 바란다.